좀비, 해방의 괴물

Pandemic † Apocalypse † Utopia

좀비, 해방의 괴물

김형식 지음

팬데믹,
종말, 그리고
유토피아에 대한
철학적 사유

한겨레출판

우리는 스스로를 일상의 예속과
정치의 예속으로부터 해방시켜야 한다.
– 에피쿠로스Epikouros

인간은 오직 미신으로부터, 종교로부터,
그리고 국가로부터 해방되는 만큼 자유롭다.
– 바뤼흐 스피노자Baruch de Spinoza

아무 데도 아닌 곳에서부터, 아무도 아닌 사람으로부터,
또 아무것도 아닌 것으로부터, 다시 시작해야만 하는,
(그것이) 나의 의무가 아닐까 해.
– 사뮈엘 베케트Samuel Beckett

서문

좀비가 '일상의 폐허'를 끝장내는 방법

재난의 시작

2019년의 마지막 날 세계보건기구WHO는 신종 바이러스의 등장과 유행을 경고했다. 그로부터 한 달이 채 지나기 전, 국내에서 첫 확진자 발생이 보고되면서 분위기는 심상치 않게 돌아갔다. 쏟아지는 뉴스 속보들과 방역 당국의 반응은 무언가 '대사건'이 시작되었다는 인상을 주기에 충분했다.

언론은 하루가 다르게 급증하는 확진자 수치를 앞다투어 보도했다. 방역 수칙을 지키지 않은 사람들의 동선이 헤드라인을 장식했다. 그들로 인해 고통받는 가정, 이웃, 지역사회의 모습이 중계되었다. 의료 현장에서는 방역 물품과 병상이 부족하다며 아우성쳤다. 처음 겪는 상황에 사람들은 당혹감에 빠지고, 보이지 않는 바이러스가 주변을 죄어오는 듯한 공포에 떨기 시작했다. 고령의 중증 환자가 늘어나면서 사망자가 증가했고, 준비 없이 친구와 가족을 떠나보내야 하는 사람들은 슬픔에 잠겼다.

서로의 안부를 염려하며 전화를 걸어온 사람들은 통화의 마지막에 이렇게 덧붙이곤 했다. "코로나 끝나면 조만간 보자." 소란스러운 뉴스와는 별개로 사람들은 사태가 머지않아 종식될 거라고 믿는 듯했다. 건강이 우선이니 아쉽더라도 만남은 '당분간' 유예되어야 한다. 역병의 맹위는 잠시뿐일 테니, 사태가 '조만간' 마무리되면 만나도록 하자. 나는 부드러운 목소리로 흔쾌히 대답했지만, 솔직히 말하자면 아무것도 확신하지 못하고 있었다. 과연 이 터널에 끝은 있을까? 재난이 종식되는 날이 올까? 이것은 다만 하나의 시작에 불과한 것은 아닐까?

일시적인 유행으로 그칠 거라는 일부의 낙관적 예상과는 달리 사태는 2년이 넘어가도록 사그라들 기미를 보이지 않는다. 금세 해결될 거라 믿고 기다리는 동안 일시 정지된 일상은 기약 없는 가사 상태로 빠져들었다. 재난이 지루하게 이어지고 장기화하면서, "코로나 끝나면"이라는 말은 '조만간'이나 '곧'이라는 의미 대신, 언제가 될지 특정할 수 없는 불확실한 미래시제가 되었다. 이제 이렇게 말하는 사람은 마음에도 없는 약속을 인사치레로 하는 것이다. 혹은 그다지 만나고 싶지 않다는 의사를 완곡하게 돌려서 전달하는 것이다.

낯선 전염병에 대처하면서 우리의 일상은 송두리째 뒤바뀌었다. 당연한 듯 누려왔던 것이 금지되어 할 수 없는 일이 되었다. 새로운 제한과 방역 수칙에 적응해야 하고, 낯선 물건이 생필품이 되었다. 어디를 가든지 마스크를 착용하고 손을 깨끗이 소독해야 한다. 직접 대면을 최소화하고 메신저나 화상회의 등 온라인 플랫폼을 통해 소통해야 한다. 때마다 백신을 접종하고, 운이 나빠 확진자와 접촉했다면 자가 격리에 들어가야 한다.

일상을 있게 하는 영웅?

2020년 초여름, 나는 마스크를 눌러쓰고 지하철을 타러 갔다가 역사 곳곳에 붙어 있는 포스터를 발견했다. 서울시에서 제작한 듯 보이는 공익광고 포스터에는 다음과 같은 문구가 큼지막하게 적혀 있었다. "일상을 있게 하는 영웅, 당신이 고맙습니다." 이와 함께 포스터 속에는 의료진을 비롯해 소방관, 경찰관, 택시 기사, 버스 기사, 택배 기사 등 여러 직군의 시민들이 방역복과 마스크를 착용한 채 일하고 있는 모습을 찍은 사진들이 있었다. 전염병이 사회를 불안과 혼란으로 몰아가는 와중에도 일상의 최전방에서 맡은 소임을 다하는 사람들을 담은 것일 테다. 포스터는 재난에도 흔들림 없이 자리를 지키며 최선을 다하는 사람들이 '일상'을 여전히 '있게 하는' 중요한 역할을 하고 있다고, 그들이야말로 이 시대의 '영웅'이라고 칭송한다. 포스터는 커다란 현수막으로도 제작되어 시내 여기저기에 게시되었다.

재난이 닥치고 위기가 계속될수록 우리는 어떻게든 일상을 유지하려고 안간힘을 쓴다. 팬데믹 상황에서 잘 드러나듯이, 그럴수록 사회가 찬사를 보내고 '영웅'으로 호명하는 건 의료진과 소방관이다. 소방관은 누군가 위기에 빠졌을 때 만사를 제쳐두고 구하러 달려온다. 그들은 마치 슈퍼히어로처럼 홀연히 나타나 화재 현장에서 갇힌 사람을 구출하고, 위중한 생명을 살려낸다. 의료진은 다치거나 질병으로 고통받는 사람들을 치료하고, 밤낮없이 쏟아져 들어오는 응급환자를 돌보느라 정신이 없다. 엎친 데 덮친 격으로 감염병이 퍼지면서, 이들은 두꺼운 방호복 안에서 구슬땀을 흘려가며 인명을 구하는 데 힘쓰고 있다.

자신의 안위보다 타인을 먼저 생각하며, 생명을 구하려 분투하는 일은 고귀하다. 이들은 사회의 안전을 지키고 일상이 무탈하게 굴러가도록 하는 주춧돌 역할을 한다. 이들의 헌신과 희생으로 세계는 별 탈 없이 유지될 수 있다. 특히 지금과 같은 재난 상황이라면 더욱 그렇다. 소방관과 의료진이 훌륭한 이웃이자 나무랄 데 없이 도덕적인 시민이라는 사실에 반대를 표명할 사람은 없을 것이다. 이들의 행동은 '윤리적'이며, 일상을 '있게 하는' 데 필수적이다.

나는 "일상을 있게 하는 영웅, 당신이 고맙습니다"라는 문구를 보고 사회학자 위르겐 하버마스Jügen Habermas를 떠올렸다. 2001년 세계를 경악에 빠뜨린 9·11 테러의 참혹한 광경을 기억하고 있을 것이다. 테러리스트들은 운항 중인 비행기를 납치해 뉴욕의 세계무역센터 빌딩에 충돌시켰다. 이들의 테러로 3,000여 명이 사망했고 수만 명이 다쳤으며, 이후에도 수많은 사람이 오랜 기간 후유증에 시달렸다. 하버마스는 테러 직후 진행된 인터뷰에서, 9·11 테러에서 활약한 소방관들을 '영웅'이라고 생각하느냐는 질문에 이렇게 대답한다. "다른 사람들을 구하기 위해 자신들의 목숨을 걸었던 뉴욕의 소방관들이 보여주었던 용기와 규율, 헌신은 찬사를 받을 만합니다. 그렇다고 왜 그들을 '영웅'이라고 불러야 합니까?"[1] 하버마스는 테러 당시 소방관들의 행동이 찬사를 받을 만한 것임은 분명하지만, 그렇다고 해서 그들을 '영웅'이라 부를 필요는 없다고 말한다.

하버마스의 대답은 터무니없고 비윤리적이며, 심지어 위험한 발언처럼 들린다. 이것은 안전한 책상 앞에 앉아서는 위험한 구조 현장 일선에서 목숨 걸고 고생하는 소방관들의 노고를 무시하는 지식인의 오만이 아닌가? 그 대신 일반적으로 통용되는 '정치적으로 올바른' 대답, 사회와 이웃을 배려하는 따뜻한 대답, 윤리적이라고 가정되는 안전한 태도란 다음과 같은 것이다. "위기 상황에서 목숨을 걸어가며 타인의 생명을 구하는 소방관만큼 위대한 직업은 없다. 만일 소방관이 없다면, 당신이 위기에 처했을 때 어떻게 살아남을 수 있겠는가? 영웅이란 이와 같은 헌신과 희생정신을 갖춘 사람들에게 어울리는 호칭이다. 이들이 영웅이 아니라면 도대체 누가 영웅이라 불릴 자격이 있단 말인가?"

다시 지하철 포스터로 돌아가보자. 공익광고는 "일상을 있게" 하는 일이야말로 가장 윤리적이며 영웅적인 일이라고 웅변한다. '있게 한다'는 말은 자칫 없어질 수도 있는 무엇, 혹은 없어질 위기에 처한 것을 구해내 이전과 같은 상태로 계속되도록 유지한다는 의미다. 이전부터 '계속 있어온 일상'은 재난의 쇄도 앞에서 망가지고 중단될 위기에 처한다. 영웅의 역할이란 재난으로부터 일상을 구해내고 앞으로도 '있도록' 지켜내는 것이다. 따라서 영웅이란 일상을 수호하고 유지하는 사람이다. 이것이 오늘날 세계가 주장하는 윤리적 규범이자 영웅의 조건이다.

그런데 하버마스는 이들이 영웅이 아니라고 주장한다. 그리고 나도 그의 의견에 동의한다. 물론 재난으로부터 생명을 구하는 일이 중요하고 필수적이라는 사실을 부인하려는 건 아니다. 그들 덕분에 우리는 안전하게 지내고 있으며, 위기가 닥치더라도 소중한 생명과 재산을 보전할 수 있다. 한 명의 시민으로서 소방관과 의료진의 헌신과 노고에 마음 깊이 감사한다. 그럼에도 불구하고 나는 윤리가 생존을 유지하는 일에서 그쳐서는 안 된다고 생각한다. 윤리는 세계를 재난으로부터 구출하는 일, 그 이상의 것이어야 한다. 나는 일상을 지키는 것만으로는 충분히 윤리적이지 않으며, 물론 영웅적이지도 않다고 주장할 것이다. 영웅에게 주어진 과업이란 일상을 안전하게 수호하는 것이 아니라, 일상을 파괴하고 끝장내는 것이기 때문이다. 그것만이 재난과 위기가 횡행하는 시대에 가장 윤리적이라고 말할 수 있는 행동의 준칙이다.

좀비는 종말을 꿈꾸는가?

최근 들어 큰 인기를 끌고 있는 좀비는 치명적인 '감염병 괴물'이자 전 지구적인 '팬데믹 재난'을 초래하는 괴물이라는 점에서, 현시대의 위기를 다각도에서 바라볼 수 있도록 돕는 좋은 지침서가 될 수 있다.

영화 〈월드워 Z〉²⁰¹³의 원작자이자 소설가 맥스 브룩스^{Max Brooks}는 좀비를 그저 식인 괴물로만 치부해서는 안 된다고 조언한다. 잡아먹는 '포식자 좀비'와 잡아먹히는 '먹잇감 인간'이라는 단순한 구도라면, 좀비는 다른 괴물들과 다를 게 없다. 인육을 탐하는 괴물은 좀비 말고도 얼마든지 많다. 하지만 좀비가 다른 괴물들과 변별되는 지점은 인간을 숙주로 만들어 스스로를 복제하는 전염병의 형태를 띤다는 것이다.[2] 좀비는 인간을 사냥하고 뜯어먹는 포식자 괴물일 뿐 아니라, 인간의 신체를 경유해 끝없이 번성하고 퍼져나가는 최악의 전염병이다.

브룩스는 좀비에게 다양한 사회적 의미를 부여한다. 그에 따르면 오늘날 '세계적인 현상'으로 자리 잡은 좀비는 여러 '사회 붕괴 현상'을 다각도에서 살펴볼 수 있는 '완벽한 렌즈'로 기능한다. '실존하는 위협'으로서의 좀비는 사회를 붕괴시키고 인류의 자멸을 초래할 약점을 거침없이 폭로하는, 일종의 '재난 종합 선물 세트'와도 같다.

좀비는 도시 전체를 삼켜버리는 거대한 허리케인처럼 도시 공간을 일거에 마비시키고 초토화하는 가공할 '자연재해'이다. 좀비는 군인과 민간인을 구분치 않고 무차별적으로 공격하는 끔찍한 '학살 전쟁'도 된다. 좀비는 감염되는 순간 주변의 살아 있는 누구도 남겨두지 않는 무시무시한 '싹쓸이 역병'도 된다. 이처럼 우리는

좀비를 통해 인류를 자멸로 몰아갈 약점들을 파악할 수 있다.[3]

무엇보다도 좀비는 끈질기게 출몰해 인류의 생존을 위협하는 감염병 자체의 현현顯現이다. 바이러스는 스스로 신진대사를 할 수 없기에 생물과 무생물의 경계에 놓인 모호한 존재다. 좀비 역시 삶과 죽음 사이를 방황하는 '살아있는 시체living dead'라는 점에서 바이러스와 유사하다. 그것은 사스SARS이자 에이즈AIDS이며, 물론 코로나19Covid-19가 될 수도 있다.

우리는 좀비라는 '완벽한 렌즈'를 경유함으로써, 팬데믹 사태의 원인과 전개 양상을 살펴보고, 더 나아가 앞으로의 대처 방안을 모색해볼 수 있다. 그뿐 아니라 좀비는 인류에게 언제 닥칠지 모를 다양한 위협을 들추어내 살펴보며, 장래의 재난에 대비하도록 일깨운다. 좀비는 위기에 빠진 현 세계를 적확하게 분석하고 진단해, 치료하고 회복시키는 일을 돕는 흥미롭고 유용한 길잡이자 우화인 셈이다.

아이작 마리온Issac Marion의 소설 《웜 바디스》의 한 장면에서 줄리는 좀비 R에게 세계가 멸망에 이르게 된 이유에 관해 설명한다. 그에 따르면 세계가 이 꼴이 된 건 좀비의 탓이 아니다. 좀비들이 나타나기 전부터 이미 세상은 '제정신이 아니었다.' 여기에 우리가 좀비로부터 얻을 수 있는 중요한 교훈이 있다. 줄리는 세계가 좀비 때문에 멸망한 것이 아니라고 말한다. 좀비는 종말의 원인이 아니라 결과다. 종말은 그동안 인간이 자행해온 일들의 축적으로 인해 닥치게 되는, 지극히 예측 가능한 귀결이자 합당한 종착지일 뿐이다. 좀비가 나타나기 전에 인간들에 의해 '이미' 세계는 멸망했다.

이어서 줄리는 과거의 세계가 어떤 지경에 처해 있었는지 설명한다. 세계는 정치적, 사회적으로 붕괴한 상황이었다. 세계적인 대홍수가 범람해 도시가 초토화되고 사람들이 죽어 나갔다. 끊임없이 폭동이 발발하고 전쟁이 벌어졌다. 곳곳에서 폭탄이 터지고 테러가 발생했다.[4] 즉, 사자死者들이 깨어나기 전에 세계는 이미 붕괴되었으며, 자연재해와 전쟁, 테러 등으로 제정신이 아닌 상태였다. 줄리가 언급한 좀비가 출현하기 이전 세계의 모습은 지금의 상황과 별반 다르지 않은 듯 보인다. 팬데믹을 제외하더라도 2011년 동일본 대지진과 후쿠시마 원자력 사고, 2015년 파리 테러, 2021년 미국 국회의사당 점거 폭동 등, 몰락의 조짐은 도처에 있다.

그렇다면 우리는 이렇게 말해볼 수 있다. 코로나19 바이러스는 재난의 원인이 아니라 결과다. 이것은 무엇을 의미하는가? 우리는 코로나19를 외부에서 침범한 재난이자 세계를 망친 주범이라 여긴다. 바이러스를 마치 어떤 '악'이라든가, 책임을 물을 수 있는 행위 주체라도 되는 양 원망하고 비난할 대상으로 생각한다. 코로나19로 인해 평온했던 삶이 망가지고 일상이 파괴되었으며, 수많은 사람이 고통받고 죽어가고 있다고 말이다. 그러나 이것은 겉으로 드러난 현상일 뿐이며, 사태의 본질을 은폐한다.

이상한 일상, 평범한 재난

팬데믹을 둘러싸고 벌어지는 수없이 많은 견해 간의 충돌과 혼란들 가운데에서, 우리가 한시라도 빨리 깨달아야 할 진실은 팬데믹은 '대사건'이 아니라는 것이다. 팬데믹은 경악할 만한 예외적인 사건도, 공포에 질릴 무시무시한 재앙도 아니다. 경외해야 할 초자연적 신비 현상도, 은밀히 진행되는 모종의 음모도, 해독해야 할 비밀스러운 암호도 아니다. 재난은 지극히 합당하고 예상 가능했던 사태의 예사로운 발발일 뿐이다.

　재난의 위력에 호들갑을 떨고 잃어버린 일상에 불만을 터뜨리지 말자. 다만 익숙한 견해들의 관성으로부터 비켜서서 근본적인 질문을 던져보자. 재난은 왜 찾아왔는가? 일상과 재난의 관계는 어떠한가? 세계는 종말할 것인가? 인류에게 미래가 있을까? 재난 이후의 세계는 어떤 모습이어야 하는가?

　우리는 재난으로 인해 평범한 일상의 소소한 즐거움들을 빼앗겼다고 한탄한다. 그러나 사태의 본질은 오히려 그 반대다. 우리는 '평범한 재난들'로 가득한 '이상한 일상'을 살고 있다. 오래전에 이미 망가져버린 '이상한 일상'이 차곡차곡 쌓이다 가시화된 결과물로 드러난 자연스럽고 평범한 현상이 재난이다. 재난이 도래하기 전부터 일상은 처참히 파괴되어 있었다. 그렇다면 일상은 어쩌다가 이렇게 황폐해졌으며, 인류는 예고된 재난을 왜 막지 못했는가?

앞으로 우리는 '종말' '세계' '자본주의' '팬데믹' '좀비' '유토피아' '자유' '미래'라는 여덟 가지 주제를 중심으로 제기된 질문들에 대한 답을 탐색할 것이다. 그 과정에서 좀비를 비롯한 여러 장르물은 흥미로운 사고실험으로 기능하며 우리의 여정과 함께할 것이다. 여덟 가지 주제는 각기 독립적이지만, 점차 연결되고 종합되는 과정을 거치기에 중간부터 진입한다면 다소 낯설게 느낄 수도 있다는 점을 언급해둔다.

본격적으로 시작하기에 앞서, 먼저 당부의 말을 하나 덧붙이고 싶다. 머지않아 우리는 재난의 시퀀스 막바지에 있을, '일상의 회복'이라는 이름을 한 향락주의의 유혹과 마주하게 될 것이다. 재난의 위세가 잦아들고 처음의 두려움이 사그라지고 나면, 우리는 모든 걸 잊어버릴지도 모른다. 언제 그랬냐는 듯, 마치 팬데믹이 존재하지 않았던 것처럼 금세 과거의 일상으로 회귀해 다시 '즐기는 삶'을 영위할지도 모른다.

설사 그렇게 되더라도 재난을 그저 흘러간 고난이나 지나간 힘든 시절로 회상하지는 말자. 감상에 빠져드는 대신, 재난이 휩쓸고 지나간 자리에서 곧바로 사유의 운동을 다시 시작해야 한다. 지금이야말로 냉철하게 사태를 진단하고 근본적인 대응 방법을 모색해야 할 시점이다. 재난은 일상을 환기하고 세계를 생경한 공간으로 다시 돌아보도록 만든다. 우리는 재난을 사유함으로써 현재를 반성하고 성찰하며, 새로운 미래를 창안할 결절점結節點을 마련할 수 있다. 만일 일상이 반복되고 세계가 변하지 않는다면, 또 다른 재난의 습격은 필연적이며 시간문제일 뿐이다.

팬데믹 사태는 우리에게 시급하고 중대한 변화를 요청하고 있다. 진정한 영웅이란 지리멸렬한 일상을 파괴하고 변화를 가져다 주는 자다. 영웅이란 지금과는 전혀 다른 가능성을 개방하고, 우리를 새로운 삶으로 이끄는 자다. 윤리란 나 자신과 타인, 그리고 세계를 위해 편안하고 친숙한 것들을 기꺼이 포기하는 결단이다. 윤리는 위험을 무릅쓰며 낯선 준칙과 도덕을 받아들이는 용기와 행동의 과정 안에 있다. 우리의 목표는 일상의 수호나 유지가 아니라 일상을 끝장내는 것이어야 한다. 일상의 폐허 위에서 다른 시작을 예비해야 한다.

오늘날 만연한 절망과 체념의 교설은 우리에게 애써봐야 소용 없으며 상황은 바뀌지 않을 거라고 속삭인다. 세계는 우리에게 되지 않을 일을 시도하면서 헛되이 힘쓰지 말라고, 주어진 상황에 만족하고 즐기는 삶을 향유하라고 유혹한다. 그러나 우리는 온갖 종류의 종말의 테제를 단호히 거부해야 한다. 현실의 가능한 열매들에 만족하라는 달콤한 향락의 테제로부터 빠져나와야 한다. 늦기 전에 보다 근본적인 대답을 찾아 나서야 한다. 실질적인 변화가 여전히 가능하며, 다른 삶은 얼마든지 실존한다고 선언해야 한다.

차례

3. 자본주의

**곤경에 빠진
탈영토화된 괴물**

91

4. 팬데믹

**지극히
매끄러운 세계에 닥친
필연**

139

5. 좀비

**몰락한
아버지의 세계를
폭로하는 타자**

205

1.
종말

대안적 세계를 향한 급진적 사유

종말 이후의 세계

화려했던 공연이 예고 없이 중단됐다. 급작스러운 종료에 배우들이 황망히 퇴장한다. 애타게 기다려도 커튼콜은 없다. 암전된 극장이 싸늘하게 식어간다. 폐허 위에 매캐한 연기가 자욱하다. 무대는 마치 존재한 적 없던 것처럼 까맣게 잊혀갈 것이다.

장황했던 이야기가 마침표 없이 끝났다. 엎질러진 잉크가 모든 걸 지워버린다. 즐거운 기억도 슬픈 기억도 증발한다. 걷던 길이 문득 사라졌다. 순례자가 미로 안에서 빙글빙글 표류한다. 고단했던 구도求道의 여정은 끝내 종착지에 이르지 못한다.

최후를 알리는 나팔 소리가 울려 퍼진다. 스산한 소음들 사이로 마지막 멜로디가 공허하게 메아리친다. 그것은 세계의 주위를 끝없이 맴도는 영원한 돌림노래가 될 것이다.

종말은 최종적이고 절대적인 완결이다. 종말 너머에 무엇이 있더라도, 나는 그것을 보거나 경험할 수 없다. 만일 종말의 '이후'나

'다음'이 있다면, 그것은 종말이 아니다. '종말 이후'란 일종의 형용모순인 셈이다. 그런데 나는 여기서 종말과 '종말 이후'를 이야기하려 한다. 물론 그것은 최종적인 대문자 종말, 이른바 '만물의 종말'은 아니다. 나의 관심은 그보다 작은 '종말들'과 '그 이후'를 향해 있다.

철학자 게오르크 헤겔Georg Wilhelm Friedrich Hegel의 말대로 태어난 모든 것은 죽게 마련이며, 시작된 것은 처음부터 끝나게 될 운명이다. 못내 아쉽고 슬픈 일이 되겠지만 우리의 삶과 세계 역시 최후의 날을 맞이할 것이다. 여러 가지 걱정과 함께 의문들이 떠오른다. 인류는 정말 종말을 맞이하게 될까? 종말은 언제쯤 올까? 과학자들은 종말이 머지않았다고 경고하는데 정말 그런가? 종말은 어떻게 도래할 것이며 종말 이후엔 무엇이 남는가? 종말을 맞이하는 세계란 무엇인가? 종말 이후에도 세계는 계속되는가?

우리는 경건한 추모의 자리에서 죽음이란 시간에서 벗어나 영원으로 들어가는 것이라는 말을 듣곤 한다. 죽은 사람은 세속적인 시간의 흐름으로부터 비켜나 변하지 않는 영원의 시간 안에 있기 때문이다. 남겨진 이들은 나이 들어 늙어가고 세계는 하루가 다르게 변해가지만, 떠난 이는 영원히 젊으며 그들의 세계는 죽음의 순간에 고정되었다. 그들의 시간은 그대로 멈춘 채 영원 속에 고요히 머무는 듯 보인다.

그러나 철학자 이마누엘 칸트Immanuel Kant는 죽음이란 시간에서 벗어나는 것이 아니라, 단지 "시간 속의 한 점에서 다른 점으로 움직이는 것일 뿐"이라고 지적한다.[1] 중단되지 않는 무한한 시간의 흐름이란 곧 모든 시간의 끝남과 다르지 않기 때문이다. 칸트가 보기에 유한한 인간에게 영원이나 종말과 같은 시간 개념은 경험하거나 증명할 수 있는 대상이 아니기에, 이론적인 탐구나 지식의 대상이 될 수 없다.

종말의 '다음날'을 '경험'할 수 있을까? 유한자인 인간의 관점에서 종말의 다음을 상상해보자. 정해진 서사를 따라 진행되는 RPG 게임 장르에서 선택한 분기의 가능한 세계를 모두 경험한 플레이어는 마침내 서사의 최종장, 게임의 엔딩 장면에 다다른다. 서사의 마지막 이야기를 감상하고 뒤따르는 제작자 크레딧을 모두 보고 나면, 플레이어는 다시 메뉴로 돌아온다. 이제 플레이어는 게임을 종료하거나, 아니면 게임을 처음부터 다시 플레이할 수 있다. 그런데 몇몇 게임은 여기서 색다른 선택을 할 수 있다.

〈파랜드 택틱스 2〉[1997]와 〈사이버펑크 2077〉[2020]은 RPG 장르라는 공통점을 제외하면 별다른 접점이 없어 보인다. 발매 시기뿐만 아니라, 여러 가지 면에서 두 게임은 상당히 다른 형태의 게임이다. 전자가 중세 판타지 세계를 배경으로 한다면, 후자는 2077년 가상의 미래세계를 배경으로 한다. 전자가 낡은 2D 그래픽의 저해상도 게임이라면, 후자는 화려한 3D 그래픽과 4K 해상도를 자랑한다. 전자가 별다른 자유도 없이 한 방향으로 진행되는 전형적인 일본식 RPG라면, 후자는 자유도가 높아 다양하게 분기되는 스토리와 멀티 엔딩을 자랑하는 게임이다. 두 게임은 여러모로 달라 보이지만, 엔딩을 감상한 이후에 다시 게임의 세계로 돌아올 수 있다는 공통점이 있다.

일본 개발사 TGL 사의 〈파랜드 택틱스 2〉에서 타락한 천사 앨비스를 무찌르고 모험을 마친 주인공 일행은 다시 마을로 돌아올 수 있다. 엔딩 이후의 마을에서 플레이어는 이전처럼 마음껏 돌아다닐 수 있다. 세계는 변함없이 지속되는 것 같고 플레이어는 여기저기를 두리번거리며 사람들에게 말을 걸고 세계를 관찰할 수 있다. 그러나 얼마 지나지 않아 세계가 정체되어 있으며, 할 수 있는 게 없다는 사실을 깨닫게 된다. 마을 사람들은 계속 같은 말만 반복할 뿐이고, 작은 마을은 봉쇄되어 밖으로 나갈 수 없다. 진행 가능한 이벤트가 모두 종료되었기 때문에 플레이어는 무엇도 바꿀 수 없다. 세계는 그 자리에 고정된 채 머물고 아무 일도 일어나지 않는다.

폴란드 개발사 CD PROJEKT의 〈사이버펑크 2077〉은 초거대 군산복합체 기업들에 의해 지배당하는 미래사회를 그린다. 주인공 V는 사소한 의뢰를 해결하는 용병으로 일하며 생계를 꾸리고 있다. V는 의뢰를 해결하던 중 의도치 않게 타인(조니)의 정신이 뇌로 들어오는 사고를 겪게 된다. V와 육체를 공유하게 된 조니는 반기업 활동가로 다국적기업 아라사카를 몰락시키려다 실패한 바 있다. V는 자신이 당한 사고의 이면에 아라사카의 거대한 음모가 있음을 파악하게 되고 조니와 함께 아라사카의 계획을 파훼하고자 한다(이는 플레이어의 선택에 따라 달라진다). 엔딩 이후에 플레이어는 다시 게임으로 돌아와 방대한 2077년의 미래세계를 자유롭게 돌아다닐 수 있다. 물건을 구매하고 드라이브를 즐기거나 미처 마치지 못한 서브 이벤트를 경험하고, 경찰과 협력해 범죄자를 소탕할 수 있다.

하지만 돌아다니다 보면 세계가 얼어붙은 듯 멈추어 있다는 사실을 알 수 있다. 국지적 규모의 소소한 변화만이 세계가 지속되는 듯한 착시를 일으킬 뿐, 세계는 궁극적으로 변화하지 않는다. 그것은 반복되는 패턴의 유희에 불과하다. 감옥 같은 세계 안에 갇혀 있는 플레이어는 조만간 흥미를 잃고 게임을 끄게 될 것이다. 물론 23년의 시차가 있기에 두 게임에서 구현된 세계의 규모는 비교가 의미 없을 만큼 큰 차이를 보인다. 그러나 엔딩 이후 세계의 모습은 유사하다. 세계는 끝났다. 세계가 지속되는 듯 보인다 해도 사실은 변화하지 않는다. 그것은 현재의 반복이 불러오는 착각일 따름이다. 동일한 것의 반복은 지속이 아니다. 어떤 경우에도 엔딩의 이후를 경험할 수는 없다.

종말 이후의 세계도 이와 동일한 아포리아에 봉착한다. 변화를 가져올 수 있고, 세계를 관측하고 행동할 수 있는 행위자가 사라진 후의 세계는 미지의 무엇으로만 남아 있을 수 있다. 마치 모든 가능성이 사라지고 끝나버린 게임 속의 닫힌 세계처럼, 우리의 세계 또한 인간의 사라짐과 더불어 영영 닫히게 된다. 여기서 우리는 종말과 영원이 모두 인간이 경험 불가능한 것이며, 무한의 시간성에 속한다는 것을 알 수 있다. 종말 이후는 영원과도 같다. 그리고 영원은 변화하지 않으며 고정된 상태로 끝없이 반복되는 종말과 다르지 않다. 시간의 흐름을 감지하고 경험할 누군가가 없다면, 동일한 한 점에 불과한 영원과 종말은 구분되지 않으며 의미를 갖지 못한다. 여기에서 세계와 종말의 관계와 관련하여 하나의 사실을 정식화할 수 있다. 사건 없이 무한히 반복되는 굴레에 놓인 세계, 영원회귀하는 세계란 곧 종말과 다름없다.

물리학에 익숙한 사람이라면 의문을 가질 수도 있다. 잠깐, 시간이란 실체가 없는 개념이지 않은가? 현대 물리학 이론에 따르면 시간이란 실질적으로 존재하지 않는다. 인간이 시간이라고 인식하는 것은 사실 시간이 아니다. 인간은 시간 자체를 감각하는 게 아니다. 인간이 시간이라 생각하고 느끼는 곳에는 다만 물질의 끊임없는 변화와 흐름만이 존재한다. 시간이란 사물이 한 방향으로 흐르는 것, 즉 엔트로피entropy˙가 계속해서 증가하는 흐름의 양상을 바라보는 인간 뇌의 착시 현상일 뿐이다.

씨앗이 발아해서 나무가 되고, 어린아이가 커서 어른이 되었다가 늙어서 죽음에 이르고, 꽃이 피고 잎이 무성해지면 다시 낙엽이 되어 떨어지는 세계의 특정한 이행 방향에 인간은 '시간'이라는 이름을 붙였다. 그런 세계 속에서 태어나고 자라고 진화해온 인간은 만물의 변화를 시간이라는 개념을 통해 인식할 뿐이다. 만일 땅바닥에 떨어진 깨진 유리잔이 저절로 다시 붙어 결합하는 장면을 본다면 인간의 뇌는 시간이 거꾸로 흐른다고 착각할 것이다.

다른 사람이나 외부 세계와의 모든 교류를 차단한 공간에서 오로지 나만 홀로 있다고 가정해보자. 모든 감각기관이 차단된 채 어디인지 알 수 없는 장소, 아무런 빛도 냄새도 촉감도 느낄 수 없

˙   열역학 법칙에서 물질의 열적 상태를 나타내는 개념. 흔히 미시적 관점에서 대상의 무질서한 정도를 나타낸다. 열역학 제2법칙에 따르면 모든 계(system)의 엔트로피는 언제나 무질서도가 높아지는 한 방향으로만 흐를 수 있다.

는 곳에서 바닥이나 주위의 벽, 심지어 나의 신체조차 감각할 수 없다고 상상해보자. 인간 대다수는 눈을 감은 채 1분을 정확히 세는 일조차 쉽게 해내지 못한다. 절대적인 고립과 단절 속에서 처음에는 시간을 인식해보려고 애쓰겠지만, 얼마 가지 않아 시간관념은 왜곡되고 시간의 흐름을 인지할 수 없게 될 것이다. 과연 세계가 존재하는지 의구심을 가질 것이고, 내가 살아 있긴 한 건지 불확실해지다가, 결국 나의 존재조차 미궁에 빠지게 될 것이다.

인간은 외부의 세계, 다른 존재, 다른 사물들과의 관계 속에서만 시간의 흐름과 지속을 파악하고 인식할 수 있다. 촬영한 동영상을 거꾸로 돌리듯 어떤 신비로운 방법이 있어서 엔트로피를 감소시키는 방향으로 사물이 흐르게 한다면 인간은 시간이 역행한다고 인식할 것이다. 인간은 언제나 특정한 방향으로 흐르는 사물들이 존재하는 세계에서 태어나고 자라왔다. 시간이란 그런 세계 속에서 뇌가 만들어낸 추상적 관념이다. 시간은 어떤 실체가 있는 개념이 아니라 생명체가 사후에 만들어낸 상상이다.

따라서 사물이 흐르는 특정한 방향을 시간이라는 이름으로 인지하는 인식주체가 없다면, 시간이라는 개념 또한 존재하기를 그칠 것이다. 모든 존재자가 존재하기를 그친다면 말이다. 그곳에는 다만 물질의 끝없는 이합집산만이 존재할 뿐이다. 그리고 언젠가 모든 것들의 무질서도가 균등해지는 평형상태에 다다르면, 우주의 마지막 순간이 찾아올 것이다. 존재자가 없는 곳에서는 시간이 없으며, 시간이 없는 곳에서는 영원과 끝이 다르지 않다.

다시 칸트로 돌아가보자. 칸트에 따르면 종말의 날 이후에도

'다음날'이 오겠지만, 인간은 그 '다음날'을 맞이할 수 없다. 보거나 듣거나 알 수 없다. 지각할 수도 느낄 수도 없다. 만일 종말의 '다음날'을 경험한 인간이 있다면, 그것은 완전한 종말('만물의 종말')이라 부를 수 없다. 예컨대 기독교에서 일컫는 심판의 날, 즉 죄 많은 자들은 지옥에서 처벌받고 축복받은 자들을 위한 새로운 천지가 창조되는 날은 칸트가 보기에 종말이 아니다. 그것은 다만 지금과는 다른 새로운 날들이 다시 시작되며 다른 형태로 이어지는 것이기 때문이다.

종말은 모든 행위자의 완전한 절멸을 의미한다. 종말 이후에는 시간과 공간을 인식하고 사유하고 기록할 그 누구도 남아 있지 않다. 따라서 종말 이후를 예측한다 해도 그것이 맞는지는 도저히 확인할 방법이 없다. 그것을 생각하는 건 불가능하며 실질적으로 아무런 소용없는 일인 것이다.

여기서 다시 의문이 생긴다. 인간이 사라진다면 세계의 종말이나 영원이나 마찬가지고 아무것도 의미가 없다니, 지나치게 인간 중심적인 관점이 아닌가? 옳은 지적이다. 그러나 여기서 나는 인간이 없으면 세계도 있으나 마나라는 식의 오만한 인간중심주의를 말하는 것은 아니다. 세계는 인간이 없다고 해도 멀쩡히 돌아갈 것이다. 다만 인간으로서 종말 이후의 세계를 제대로 인지하고 파악할 방법이 없다는 이야기다. 여기서는 인식주체인 인간의 실존적 한계로 인한, 관측 불가능한 세계를 사유의 대상으로 삼는 일에 관한 어쩔 수 없는 인간중심주의를 말하고 있다. 이를테면 '겸손한 인간중심주의'인 셈이다. 가변적이고 유한한 삶에 속박된 존재인 인간은 유한을 넘어서는 영원이나 종말과 같은 무한의 시간 개념과 '직접' 마주할 수 없다.

세계 종말 시나리오

비록 종말 이후의 세계를 실제로 경험할 수는 없더라도, 우리의 상상력은 그 너머를 그려볼 수 있다. 현시점에서 종말 시나리오를 검토하고 이후의 세계가 어떨지 상상해보자. 만일 좀비 바이러스가 창궐하고 대유행이 시작된다면 세계는 어떻게 될까?

어딘지 모를 장소에서 알 수 없는 사정으로 정체불명의 병원체가 유출된다. 치명적인 신종 감염성 질환 발생이 보고된다. 전파력이 강한 바이러스가 삽시간에 퍼진다. 손 쓸 새 없이 감염자가 급증하면서 의료체계가 과부하에 빠진다. 정부가 부랴부랴 해당 지역을 봉쇄하는 긴급조치를 발표한다. 비상사태가 선포되어 경찰과 군부대가 동원된다. 하지만 얼마 가지 않아 방역라인이 무너지고 바이러스가 전역으로 퍼져나간다. 사망자가 급증하고 수습하지 못한 시신이 여기저기 방치된다. 최소한의 식량과 생필품마저 부족해지면서 사람들은 생존의 위기에 놓인다. 상가와 주택이 약탈과 방화로 파괴되고 범죄가 만연해진다.

좀비나 재난을 다루는 영화에서는 이런 식의 풍경을 흔히 볼 수 있다. 물론 정부가 앞장서서 재난에 대응하고 적극적으로 대처한다면 확산 속도를 다소 늦출 수 있을지도 모른다. 그러나 과연 바이러스를 완전히 틀어막아 재난을 방지하고 무고한 희생을 막을 수 있을까? 우리는 과거 사례에서 정부가 사태를 축소하거나 숨기기에 급급해하며 전면적인 대응을 망설이다가 골든타임을 놓치고 마는 경우를 많이 보아왔다. 정치인들은 지지율 추이에만 골몰한 나머지 상황의 심각성을 오판하거나 별것 아닌 일로 치부하기 마련이다. 게다가 세계화가 이루어진 현대 사회에서 인간과 물류의 이동을 완전히 통제하기란 쉬운 일이 아니다. 바이러스는 정부나 국제기구의 대응보다 한발 앞서 자신의 복제품을 세계 곳곳에 퍼뜨리기 마련이다.

초기 진화에 실패하면 바이러스가 걷잡을 수 없이 퍼져나가고 희생자가 급격히 늘어나면서 전 지구적인 팬데믹이 시작될 것이다. 뒤늦게 세계 여러 나라의 정부와 국제기구는 심각성을 깨닫고 본격적인 대응에 나서겠지만 이미 때는 늦었다. 언론은 여기저기서 온갖 불확실하고 부정확한 정보를 떠들어댈 테고 유언비어와 가짜뉴스가 속출할 것이다. 사람들은 공포에 질려 의약품과 생필품을 눈에 보이는 대로 쓸어 담을 것이고, 공공서비스와 치안이 마비되기 시작할 것이다. 여기저기에서 폭동과 소요 사태가 벌어지면서 얼마 남지 않은 정부의 자원을 앗아갈 것이다.

브룩스는《좀비 서바이벌 가이드》에서 정부가 좀비 바이러스의 전파를 막을 수 없게 된다면, 이후에는 다음과 같은 일들이 벌어질 것으로 예측한다. 정부가 좀비 바이러스와의 전쟁에서 패배하게 되면 세계는 끝없는 혼돈에 빠져들게 된다. 이전까지 사회를 지탱해왔던 법과 도덕 따위는 모조리 무용지물이 될 것이다. 그 와중에 정부의 핵심 인사를 비롯한 기업가, 귀족, 부자들은 세계 곳곳에 은밀히 숨겨져 있는 안전지대로 들어가 살아남을 것이다.[2]

이들이 자취를 감추고 중앙정부의 통제가 사라지게 되면 남아있는 공권력은 무기를 지닌 폭력 집단으로 돌변할 확률이 높다. 그들은 무장한 도적 떼가 되어 사람들을 죽이고 약탈을 시작할 것이다. 특히 인구가 많은 도시는 생존을 위한 치열하고 잔인한 전쟁터로 바뀔 것이다. 고갈되어가는 자원을 두고 사람들은 끝없는 싸움을 벌일 것이고, 노인과 약자부터 도태되어 사라지기 시작할 것이다. 결국 극소수의 사람만이 간신히 목숨을 부지할 수 있을 것이다. 기간시설마저 마비되면 지옥이 펼쳐질 것이다. 먼저 수도와 가스가 끊기고, 곳곳에서 전기공급이 중단되기 시작할 것이다. 전화와 통신이 끊기면서 소란스럽던 언론을 비롯해 모든 소통이 사라질 것이다. 머지않아 마지막까지 버티던 해적 라디오를 비롯한 1인 미디어도 잠잠해지는 날이 찾아올 것이다. 더 시간이 흐르면 도로와 철도가 파괴되어 사용할 수 없게 될 것이다. 관리자가 사라진 원자력 발전소에서 원자로가 녹아내리고 방사능이 유출되면 주변 일대가 초토화되어 생명체가 살 수 없는 땅으로 변할 것이다.

소수의 인간은 용케 살아남을 수도 있다. 그들은 독재자의 강압통치로 유지되는 폭력 집단에 소속되어 약탈을 다니거나, 혹은 믿을 만한 사람들끼리 소규모 집단을 이뤄 자원을 찾아 끝없이 방랑할 것이다. 운이 정말 좋다면 안전하고 고립된 장소를 발견해 터를 잡고 자족하며 삶을 이어갈 수도 있다. 물론 이것도 언제 끝장날지 모른다. 폭력 집단은 언제나 반란과 내분의 위험 속에 있고, 소규모 집단은 다른 집단의 침입과 살해 위협에 상시 노출되어 있다. 자족하는 공간이 영원히 발각당하지 않는 안전한 곳이라는 보장은 없다. 어쨌든 인류는 오랜 시간 어렵사리 일궈온 문명을 상실하고 다시 야만의 시대로 회귀하게 되는 것이다. 물론 이것은 인류의 일부라도 살아남을 때의 시나리오다.

　인류가 완전히 자취를 감춘다면, 종말 이후의 세계는 어떤 모습일까? 브룩스는 인류가 사라지고 살아 있는 시체가 세계의 주인이 된 '좀비 아포칼립스*'의 풍광을 다음과 같이 묘사한다. 동물들 가운데 가축화된 종은 인간의 뒤를 이어 빠르게 멸종하게 될 것이다. 살아남은 종들은 어떻게든 변화된 생태계 안에서 적응법을 찾아낼 것이고, 운이 좋다면 이전보다 번창할 수도 있다. 종말 후의 세계에 남은 것이라곤 초토화된 스산한 풍경뿐이다. 도시는 모두 불타 재가 되어 버렸고, 거리와 도로에는 인적을 찾아볼 수 없다. 집과 건물들은 점차 무너져 내릴 테고, 바닷가엔 주인을 잃은 선박들이 녹슬어 허물어질 것이다. 인간은 모조리 뜯어먹혀 하얗게 뼈만 남아 있을 테고, 인간을 대신해 살아 있는 시체가 세상을 지배하고 있을 것이다.[3]

●　좀비로 인한 인류의 멸망.

군이 좀비 아포칼립스가 아니라 해도 어떤 방식으로든 인류가 멸종한 뒤 초토화된 세계의 모습은 이와 크게 다르지 않을 것이다. 인간이 힘들게 건설해놓은 장비와 시설들은 점점 낡고 기능을 잃어 결국은 폐허가 되어버릴 것이다.

하지만 세계는 인류의 생존 여부에 별다른 흥미나 관심을 두지 않는다. 인간이 사라지고 문명이 파괴된 뒤에도 세계는 여전히 존속할 것이다. 비록 초토화되고 잿더미가 되었지만, 나머지 것들은 무심하게 계속되고 자기 삶을 살아갈 것이다. 지구를 파헤치고 오염시켜왔던 시끄러운 존재가 영영 자취를 감추었다. 세계는 오랜만에 고요를 되찾을 것이고 생태계가 회복되면 다른 생명들이 꽃을 피울 것이다. 그리고 언젠가 인간이라는 생명체가 존재했었다는 사실조차 까맣게 잊혀갈 때쯤, 다른 종이 지구를 지배하고 문명을 건설해 번창하게 될지도 모를 일이다.

그러나 브룩스는 곧바로 우리가 그 풍경을 보지 못할 거라고 지적한다. 왜냐하면 우리는 그런 세계가 오기 한참 전에 죽어 존재하지 않을 것이기 때문이다.[4] 그의 말대로 인간은 종말 이후를 영영 보거나 듣거나 알 수 없다. 그러니 종말에 관해 사유하는 게 무슨 의미가 있단 말인가? 하지만 그렇지 않다. 우리는 물론 종말의 이후를 '경험할' 수 없지만, 그렇다고 종말에 관한 탐색이 무의미하다거나 불필요한 것은 아니다.

초자연적 종말

칸트는 종말 자체를 '사변적'으로 고찰하는 일에는 별다른 관심이 없다. 오직 찰나의 시간만을 허락받은 인간에게 종말이란 유한한 시간 너머에 있는 미지의 대상이기 때문이다. 그러나 칸트는 여기서 멈추지 않고 다른 관점에서 종말에 관한 탐구를 이어가고자 한다.

> 종말에 대한 준비, 그것도 무서운 종말에 대한 준비는 최고의 지혜와 정의(최대 다수의 인간들의 견해에서)에 알맞은 유일한 방책(이다).[5]

칸트는 종말에 관해 사유하고 대비하는 행위는 "최고의 지혜와 정의에 알맞은 유일한 방책"이라고 말한다. 반복해 말하지만, 인간에게 종말을 인식하거나 경험하는 일은 '불가능'하다. 그런데 종말에 대한 이런 언급은 무슨 의미인가? 불가능한 종말에 관해 왜 계속 이야기해야 하는가? 그것은 종말에 관한 사유가 다른 중요한 쓸모를 갖기 때문이다. 칸트의 생각을 좀 더 따라가보자.

칸트는 종말을 세 가지 종류로 구분한다. 바로 '초자연적(신비적) 종말', '자연적 종말', 그리고 '반자연적(빗나간) 종말'이다.[6] 첫 번째로 '초자연적(신비적) 종말'을 살펴보자. 칸트가 살았던 시기에 종말론은 주로 "빈자의 억압" "정직과 신념의 일반적인 상실" "세계 구석구석에서 일어나고 있는 참혹한 전쟁" "도덕적 퇴폐와 범죄의 급속한 증가" "여러 가지 죄악"과 관련해 이야기되었으며, 사람들은 "천재지변과 폭풍우와 홍수"와 같은 자연재해에서 임박한 최후의 심판, 즉 종말의 전조를 볼 수 있다고 주장했다.[7] 이렇게 보면 종말론은 그때나 지금이나 크게 변한 게 없는 듯 보인다. 우리는 여전히 종말을 어떤 신비주의적인 세계관 내에서 파악하거나, 도덕적으로 부패하고 방종한 인류에게 내려지는 신의 심판이라는 식의 초월적 구도와 결부하길 좋아한다. 칸트는 이런 종류의 종말을 '초자연적 종말' 혹은 '신비적 종말'이라 부른다.

초자연적 종말은 인간의 이해 범위를 초과하는 종류의 종말로, 도무지 알 수 없는 질서에 속하는 힘과 원인에 의해 초래되는 종말이다. 그것은 예컨대 성경의 〈요한계시록〉에 묘사된 하늘이 불타고 천사들이 내려오는 심판의 날, 혹은 세계에 멸망을 가져다주는 사악한 고대 악마의 재림, 혹은 이유를 알 수 없이 별안간 도래하는 불가사의한 재난의 연쇄들 같은 것이다.

이런 종류의 종말에 관해서는 별로 할 말이 없다. 인간의 이해 범위와 예측, 능력을 벗어나는 초자연적 종말은 아무리 탐구해봐야 삶과 세계에 실질적 도움을 주지 않는다. 그것은 우리의 논의 범위를 초과하는 신비의 영역일 뿐이지 적절한 사유의 대상이 될 수 없다. 초자연적 종말은 불가능하며 일어나지 않는 종류의 재난이다. 만에 하나 초자연적 종말이 발생한다고 해도, 그것은 이성의 인식과 사유 가능성 너머에 있는 초월적이고 신비로운 영역에 속한다. 그런 재난이나 종말이 실제로 닥친다 하더라도, 거기에 대처할 방법을 찾을 수 없다.

현실에서 초자연적 재난은 존재하지 않으며 발생하지 않지만, 여전히 주위에서 이런 것들에 관한 온갖 이야기를 찾아볼 수 있다. 사람들은 자력으로 해결할 수 없는 고난과 마주할 때면, 쉽게 거대한 힘이나 초월적인 섭리를 상상하기 마련이다. 일종의 회피이자 방어기제인 셈이다. 이를테면 지진이나 큰 산불은 진노한 신이 인간에게 내리는 징벌이다. 이들의 주장에 따르면 재난이라는 현상은 단지 겉모습에 불과할 뿐, 그 이면에는 모종의 초자연적 힘이나 신비로운 이치가 배후에서 작동하고 있다.

신비주의자들은 스스로 미래의 비밀을 엿보았다든가, 귀신이나 악마의 속삭임, 조상님의 경고 혹은 조언, 혹은 신의 준엄한 계시를 들었다는 등 신비를 느끼거나 체험했다고 주장하곤 한다. 사주나 풍수지리 전문가들은 스스로 과학이나 통계학에 기반한다고 주장한다. 신내림을 받아 과거와 미래를 꿰뚫어 본다고 주장하는 역술인이나 예언가는 자신의 영험함과 영적인 능력을 과시한다. 이들은 자신의 주장을 뒷받침할 수정 구슬, 타로카드, 수맥 감지기 등 그럴듯해 보이는 온갖 종류의 신비로운 도구들을 동원하기도 한다. 이들은 한결같이 신이 전달하는 계시나 메시지를 절대로 무시하거나 흘려들어서는 안 된다고 경고한다.

하지만 칸트는 신비란 대개 애매모호하기 짝이 없는 것이라 정확히 개념화할 수 없을뿐더러 논증 불가능한 대상이라고 단언한다. 그들이 주장하는 신비란 우발적이고 우연적인 현상이며, 그들만의 상상과 주장에만 의존하기에 반복될 수 없고, 측량할 수 없는 대상이다. 따라서 신비는 검증되거나 학문의 연구 대상이 될 수 없다. 철학자 프리드리히 니체Friedrich Nietzsche가 선언했듯 신은 죽었고, 우리 대부분은 그것을 알고 있다. 따라서 초자연적 종말을 걱정하거나 이를 대비하겠다고 힘을 뺄 필요가 없다. 세속주의가 보편화된 현대 사회에서 초자연적 종말은 소수의 신비주의자나 종교적 근본주의자들, 혹은 오컬트 영화에서나 찾아볼 수 있는 것이 되었다.

오컬트 영화 〈곡성〉2016에는 초자연적인 재난 앞에서 혼란과 고통을 겪는 개인의 모습이 잘 묘사되어 있다. 조용하던 작은 마을에 잔혹한 사건이 연달아 발생한다. 갑자기 미쳐버린 사람들이 가족과 이웃을 살해한 것이다. 마을 사람들은 당혹스러움에 빠지고 어떻게든 대처할 방법을 찾아보려 애쓰지만, 재난의 원인을 알 수 없기에 해결 역시 불가능하다. 수사에 나선 경찰은 야생버섯 중독으로 인한 환각 증세 때문이라고 결론 내리지만, 마을 사람들은 일본에서 온 낯선 외지인(쿠니무라 준 분)을 의심하기 시작한다.

그러던 와중 종구(곽도원 분)의 딸 효진(김환희 분)이 알 수 없는 이유로 아프기 시작하더니 성격마저 괴팍해져간다. 종구는 의사와 신부를 찾아가 도움을 청해보지만, 이들은 아무런 도움을 주지 못한다. 초자연적 재난이 닥칠 때, 통용되던 모든 지식이나 제도적 장치는 무력함에 빠진다. 그것은 재난이 초월적인 힘에 의해 초래된 것이기 때문이다. 따라서 〈곡성〉에서 가능한 해결책은 신비에 맞서는 또 다른 신비에 의존하는 것뿐이다. 종구는 무당 일광(황정민 분)을 찾아가 굿을 청한다. 잠시 딸의 증세가 잦아드는 듯 보이지만, 얼마 가지 않아 사태는 더욱 악화된다. 정체를 알 수 없는 신비로운 존재 무명(천우희 분)은 일광과 정반대의 주장을 하며 종구에게 선택을 강요한다. 영화는 무명이 마을의 오래된 수호신이라고 암시하고 있다. 결국 종구는 일광의 말을 따르고 그와 가족은 파멸하기에 이른다.

그렇다면 일광과 무명 중 누가 악한 존재였을까? 만약 일광 대신 무명을 믿었더라면 파멸을 피할 수 있었을까? 그것도 아니라면 혹시 외지인이 재난의 원흉인가? 그렇다면 해결 방법은 무엇인가? 이런 질문에 진지하게 몰입하는 순간, 우리는 초월성의 수렁에 빠지고야 만다. 초월적인 무엇을 상정하는 순간 합리적인 논의는 시작부터 봉쇄당하고 사태는 해결 불가능한 것이 되어버리기 때문이다. 오컬트 영화는 현실에는 없는 가상의 이야기를 그려내고 있을 뿐이라는 사실을 명심하자. 그것을 잊고 그 안에서 해결책을 물색하다가는 오컬티즘의 굿판에 동참하기 십상이다. 현실에는 초자연적이거나 신비로운 힘도, 원인을 알 수 없는 기묘한 재난도, 악령이나 귀신도 없다. 만약 신비적 재난이 닥쳤다고 여겨질 때, 해결하는 방법은 간단하다. 신비라는 구도 자체를 깨부수고 그로부터 탈출하는 것이다. 그것만이 합리적이고 유일한 해결책이다.

인간의 비판적 이성은 거대한 재난 앞에서 마비되고 그것이 신비로운 힘에서 비롯했다고 착각하기 마련이다. 그리고 두려움에 사로잡혀 또 다른 신비주의를 경외하고 갈구하게 된다. 오컬티즘과 무속 신앙에 심취해 일단 신비라는 구도를 내면화해버린다면, 신비로부터 빠져나오기란 쉽지 않다. 애초에 어떤 재난도 신비로운 힘에 의한 것이 아니라는 사실을 염두에 둬야 한다. 세계에 닥친 모든 재난은 합리적으로 설명할 수 있는 분명하고 명백한 원인이 있으며, 얼마든지 사유 가능한 대상일 뿐이다. 초자연적 종말이란 없으며, 미래에도 오지 않을 것이다. 따라서 우리는 초자연적(신비적) 재난 혹은 종말이라는 범주를 폐기할 것이다.

자연적 종말

애초에 좀비는 초자연적 힘에 의해 탄생하는 괴물이었다. 프랑스 출신 감독 자크 투르뇌Jacques Tourneur의 부두교좀비영화 〈나는 좀비와 함께 걸었다〉1943에는 이런 모습이 잘 그려지고 있다. 영화에서 초자연적 요소는 배경이 되는 아이티섬 전체에 깔린 이질적인 종교, 즉 아이티 민속종교인 부두교와 그들의 문화 자체다. 백인들이 가정하는 문명 세계(유럽 대륙)에서 한참 떨어진 외딴섬에서 이방인들은 밤이면 광기의 축제를 벌이며 환락의 시간을 보낸다. 유럽 사회 바깥에는 여전히 광신적인 이교도가 번성하고 있으며, 이들의 주술은 기괴하고 무시무시하다. 낯선 땅에서 백인들은 야만적인 문화와 주술에 의해 타락하고 파멸에 이르는 가련한 존재다.

어느 날 백인 제시카(프란세스 디 분)가 넋을 놓아버리고 멍한 바보가 된다. 외부에서 온 간호사 베시(크리스틴 고든 분)는 제시카를 치료하려 애써보지만, 현대 의학과 종교 모두 제시카의 증상을 고치지 못한다. 제시카의 병은 초자연적 재난이기 때문이다. 제시카는 기독교에서 금기시하는 이단의 주술로 인해 좀비가 되어버렸다. 부두교 주술사가 신비로운 종교의식을 거행해 멀쩡한 인간의 영혼을 빼앗고 꼭두각시 좀비로 만들어버린 것이다. 좀비는 서구적 이성으로는 이해하거나 파악할 수 없는 미지의 대상이다.

우리는 이해 불가능한 대상을 두려워한다. 신을 경외하거나 악마를 두려워하는 이유는 그들을 이해할 수 없기 때문이다. 우리는 또한 이해 불가능한 대상을 혐오한다. 좀비는 무서운 존재지만, 신과 같은 숭배의 대상은 아니다. 좀비는 꺼림칙하고 혐오스러운 존재다. 당시 백인들에게 부두교좀비는 기괴하고 끔찍한 괴물일 뿐이었다. 그들은 좀비라는 인간성을 상실한 괴물을 상상함으로써 타자를 이해하려는 시도를 손쉽게 포기해버렸다. 백인들에게 백인 사회의 바깥은 이상하고 불가해한 세계이며, 유색인이란 이질적이며 괴이한 비인간에 불과하다.

하지만 21세기로 오면서 좀비는 초자연적 힘으로부터 벗어난다. 오늘날 좀비가 초래하는 공포는 이해 불가능성에서 오지 않는다. 그것은 아연한 전염의 속도에서, 인력으로는 도무지 어찌할 수 없는 막대한 규모와 물량에서 오는 공포다. 더 이상 좀비는 초자연적 재난이 아니다. 최근의 좀비영화는 과학적인 설정을 끌어들인다. 이제 좀비는 마법이나 주술 대신 바이러스 유출, 이종 간의 감염병, 유전자 조작 실험 등의 요인으로 탄생한다.

사실 현대의 좀비 아포칼립스에서 좀비의 탄생 배경은 그다지 중요한 요소가 아니다. 부두교좀비영화의 관심은 좀비의 신비로운 탄생 과정, 그리고 좀비가 된 백인을 원래대로 되돌리는 방법과 과정에 쏠려 있었다. 하지만 현대의 좀비영화는 그런 것에 관심이 없다. 좀비 사태를 해결하는 방법은 사실 간단하다. 그냥 모조리 죽여 없애면 된다. 괴물이자 타자인 좀비는 마음껏 제거해도 되는 대상이기 때문이다. 다만 그 전염 속도가 너무 빨라 제거하는 것보다 생겨나는 숫자가 더 많은 게 문제가 될 뿐이다. 좀비는 초자연적 공포에서 벗어나 대규모의 자연재해나 감염병 사태에 가까운 양상으로 변모했다.

현대의 좀비영화에서 묘사되는 일련의 사태를 '자연적 종말'로 분류할 수 있다. 물론 좀비 사태를 완전한 자연적 종말로 분류하기는 어려울 수 있다. 영화에서처럼 좀비가 현실에서도 실제로 존재 가능하며, 좀비 아포칼립스가 발생할 수 있을지 증명하기 어렵기 때문이다. 다만 좀비가 출현한 이후 세계의 모습과 인류가 종말로 치닫는 전개의 과정이 자연적 종말에 가깝다고 말할 수 있다.

자연적 종말에 관해 좀 더 알아보도록 하자. 초자연적인 재난이나 신비로운 힘에 의거하지 않더라도 시간이 지나면 종말은 얼마든지 '자연스럽게' 찾아올 수 있다. 세계는 끊임없이 움직이고 변화하고 있기에 언젠가 인류가 살 수 없는 환경이 마련될지 모른다. 지구의 수명은 한정되어 있으며, 우주 또한 영원하지 않다. 따라서 시기가 문제가 될 뿐 '끝'은 필연적인데, 이런 게 바로 '자연적 종말'에 해당한다. 초자연적 종말과 달리 자연적 종말은 이성으로 파악하고 이해할 수 있는 종류의 종말이다. 자연적 종말은 세계의 법칙과 자연적 질서에 따라 진행되고 도래하는 종말이다.

자연적 종말은 아무런 일이 일어나지 않더라도 결국엔 도래하고야 마는 것이지만, 예기치 못한 신종 전염병의 대유행이나 급속도의 기후변화 등으로 인한 급작스러운 종말 또한 자연적 종말에 속한다. 이런 종말은 이해 가능하며, 과학과 논리에서 벗어나지 않는다. 이를테면 여러 할리우드 재난영화에서 흔히 묘사되는 기후변화, 빙하기의 도래, 지구 자기장의 소멸, 소행성 충돌 등은 모두 자연적 종말에 해당한다. 만일 좀비영화에서처럼 좀비 바이러스가 개발되고 사고로 유출되어 종말이 찾아온다면, 이것 또한 인간이 의도하지 않았지만 초래되는 자연적 종말이 될 것이다.

자연적 종말이 초자연적 종말과 다른 점은 자연적 종말은 세계의 질서 내에서 발발하고 진행되는 종말이기에 우리가 그것을 올바르게 인식하고 사유할 수 있으며, 대처할 수도 있다는 점이다. 앞으로 어떻게 결정하고 행동하느냐에 따라 자연적 종말은 늦춰지거나 앞당겨질 수 있다. 인간이 이성을 올바르게 사용하고 칸트가 말하는 '최고선'에 도달하기 위해 최선을 다하더라도, 언젠가 자연적 종말이 찾아온다는 사실은 자명하다. 다만 인간은 예정된 자연적 종말의 도착을 최대한 지연시키고자 노력할 수 있을 따름이다. 그러나 만일 지나치게 때 이른 자연적 종말이 찾아온다면, 그것은 인간의 잘못된 행동의 결과이다.

우리는 자연적 종말을 사유함으로써 현재를 비판적으로 성찰하고 도덕성을 고취할 수 있다. 이해할 수 없고 언제 일어날지도 모를 초자연적이고 신비로운 종말을 상상하며 공포에 빠지거나 이성을 마비시키는 것은 칸트가 바라는 바가 아니다. 칸트는 종말을 철저히 이성에 의거해 사유함으로써, 궁극적으로 '실천적 관심'을 향해 나아가야 한다고 보았다. 중요한 것은 종말을 둘러싼 여러 담론이 보여주는 종말의 가능성, 조건, 논점을 도덕적 층위에서 사유하는 것이다. 종말로부터 우리는 미래를 새롭게 규정할 일련의 도덕 준칙들을 끌어낼 수 있다.

이성의 힘으로 이해 불가능한 초자연적 종말에서 우리는 아무런 쓸모를 찾을 수 없다. 신비주의자나 사이비 종교의 지도자는 대개 세계가 인간의 죄악으로 가득해졌기 때문에 종말이 닥친다고 주장한다. 신의 분노를 잠재우려면 하루빨리 땅에 떨어진 도덕과 신앙심을 복원해야 한다고 말하곤 한다. 이들이 경고하는 죄악이란 주로 이교도 문화, 성적 문란, 동성애 따위다. 이런 시대착오적인 진단들로는 어떠한 새로운 도덕 준칙도 도출해낼 수 없다.

우리는 초자연적 종말을 포기하고, 그 대신 자연적 종말로부터 실질적이고 실천적인 쓸모를 끌어내야 한다. 종말이 인간의 잘못된 행동의 결과로 도래하는 것이라면, 종말의 위기는 인간이 이성을 적절히 사용하지 못하고 있으며, 그 결과 세계가 잘못된 방향으로 나아가고 있다는 것을 일깨워주는 결정적인 척도가 된다. 자연적 종말을 피하기 위해서는 지금과 다른 세계의 청사진을 스케치하고, 새로운 도덕 준칙을 설정하며 행동으로 나서야 한다. 종말을 향한 두려움과 공포는 인류에게 최고선의 실현을 추동하는 실천적 계기이자 강력한 도덕적 동기로 작용할 수 있다.

반자연적 종말

마지막으로 '반자연적 종말' 혹은 '빗나간 종말'에 관해 알아보자. 반자연적 종말이란 인간이 세계의 궁극적 목적을 오해함으로써 초래되는 종말이다. 자연적 종말은 인간이 의도한 종말이 아니다. 반면 반자연적 종말은 인간 스스로 의도를 품고 직접 불러오는 종말이다. 이는 인간이 모든 책임을 져야 하는 형태의 종말이다. 최고선을 곡해한 인간은 그것을 이루겠다는 엇나간 열망을 품고 추구하다가 재난을 초래하고 세계에 종말을 불러올 수 있다.

이를테면 인간이 모두 죽어야 메시아가 강림하고 구원받을 수 있다는 그릇된 신념에 사로잡힌 광신도가 있다고 가정해보자. 그는 자신의 꿈을 이루기 위해 정체를 숨기고 각고의 노력 끝에 미국 대통령이 되었다. 마침내 바라던 막대한 힘을 획득한 그는 전 세계를 상대로 전쟁을 선포하고 핵무기를 발사한다. 결국 3차 세계대전이 일어나고 인간은 공멸에 이른다. 극단적인 예지만, 이런 것이 반자연적 종말에 해당한다.

역사 속에서 우리는 반자연적 종말의 모습을 어렵지 않게 찾아볼 수 있다. 가장 가혹한 종류의 반자연적 종말 중 하나는 나치 독일이 자행한 유대인 집단 학살일 것이다. 당시 나치 독일이 유대인을 바라보는 태도는 이런 식이었다. 유대인은 인류의 진보를 좀먹는 암적인 존재로서, 인류가 겪은 온갖 재난과 범죄의 배후에는 전부 유대인이 있다. 유대인은 끝을 모르는 탐욕으로 세계 경제를 장악하고도 부를 누구와도 나누지 않는다. 유대인은 선민의식으로 가득해 자신들만의 폐쇄적 집단과 문화를 고집하고 있다. 독일이 1차 세계대전에서 패배한 것도 사실은 유대인 탓이다. 유대인 때문에 독일은 극심한 사회 분열과 불안, 그리고 빈곤에 시달리고 있다. 사악한 유대인 무리는 결국 세계를 파멸로 몰아갈 것이다. 따라서 독일이 앞장서서 인류를 위하는 선의로 유대인을 모두 제거해야만 한다. 그리고 위대한 아리아인*이 그 자리를 대신 채워 인류를 선도해 나가야만 한다. 이런 위업을 달성하고 세계를 올바른 방향으로 이끌기 위해서는 근본적인 혁명(2차 세계대전)이 필요하다.

영화 〈킹스맨: 시크릿 에이전트〉2015에서 거대 IT 기업을 소유하고 있는 발렌타인(사무엘 L. 잭슨 분)은 겉보기엔 환경보호에 적극적으로 앞장서는 기업가다. 그런데 그는 환경을 위한다는 이유로 황당한 주장을 펼친다. 발렌타인에 따르면 인간은 지구라는 거대

---

* 아리아인(Aryan)이란 '고귀한 자'를 의미하는 산스크리트어 '아리아(ārya)'에서 비롯했으며, 고대 중앙아시아를 중심으로 살던 민족을 말한다. 오늘날 '인도이란인'으로 분류되는 이들은 유럽과 인도, 그리고 중국까지 활발하게 진출해 수많은 민족의 기원이 된 것으로 알려져 있다. 나치 독일은 아리아인이 인류의 원형이며, 게르만족이야말로 아리아인의 순수한 혈통을 보존하고 있는 계승자라고 주장했다.

한 숙주에 기생하는 세균이나 바이러스와 같은 존재다. 인간이 많지 않다면 괜찮지만, 최근 인간-바이러스의 수가 급격하게 늘면서 지구의 자정작용(면역력)이 제대로 작동하지 못하게 되었다. 그로 인해 끝없는 환경파괴와 오염이 발생했고, 지구는 돌이킬 수 없이 망가지고 있다. 질병에 감염된 신체에서 열이 나듯이 지구 온난화는 인간-바이러스에 감염된 지구의 상태가 심각하다는 사실을 일깨워주는 지표다.

이에 발렌타인은 인류가 공멸을 피할 유일한 해결책은 인구를 극단적으로 줄이는 것뿐이라는 결론에 다다른다. 그는 전 세계에 유심칩을 무료로 보급하고, 사람들의 폭력성을 강화하는 전파를 보내 서로 죽고 죽이는 무차별적인 대량 학살극을 벌인다. 물론 발렌타인을 비롯한 부자들과 기업인, 귀족, 유력 정치가 들은 안전한 곳에 숨어 있다. 그들은 장엄한 정화의식(대량 학살)을 바라보며 환호하고, 지구가 다시 회복되어 평화를 되찾기를 기다리고 있다. 이들은 최고선(환경보호)의 달성을 핑계로 반자연적 종말을 추구하고 있다.

반자연적 종말을 추구하는 모습은 슈퍼히어로 영화 속 빌런에게도 쉽게 찾을 수 있다. 슈퍼히어로 영화의 빌런은 편협하고 극단적인 자신만의 논리로 무장하고 세계 정복을 꿈꾸곤 한다. 〈엑스맨〉 시리즈의 매그니토(이안 맥켈런 분)가 대표적이다. 〈엑스맨〉에서 돌연변이는 스파이더맨이나 캡틴 마블과 같이 우연한 사건에 휘말려 후천적으로 비범한 능력을 획득한 존재가 아니다. 그들은 처음부터 남들과는 조금 다른 기질을 지닌 채 태어난다. 2차 성징을 거치면서 본격적으로 능력이 발현되는데, 그때부터 이들은 자신이 남들과는 조금 다르다는 사실을 깨닫게 된다.

돌연변이는 슈퍼히어로처럼 근사하고 멋진 능력을 지닌 선망의 대상이 아니다. 돌연변이는 핵무기 실험이 늘어나고 원자력 발전소가 마구잡이로 건립되면서 방사능 오염에 지속적으로 노출되어 탄생한다. 따라서 돌연변이는 기형이거나 장애를 지닌 사람일 경우가 많다. 외모가 급격히 변하거나 스스로 능력을 통제하지 못해 주변의 가족을 죽이는 일도 있다. 시리즈의 3편에 해당하는 〈엑스맨: 최후의 전쟁〉2006에는 이런 돌연변이들의 모습이 잘 그려지고 있다. 돌연변이는 자신의 능력에 감사하거나 자랑스러워하지 않는다. 그것은 주로 숨기고 부끄러워해야 할 질병, 혹은 신이 내린 저주 같은 것으로 여겨진다. 돌연변이들은 인간 사회에서 차별당하고 심지어 가족으로부터 버림받는다. 때마침 돌연변이 증상을 '치료'할 수 있는 '큐어'가 개발되면서 이를 둘러싼 논란과 갈등이 시작된다.

급진적인 돌연변이 집단을 이끄는 매그니토는 사회의 통념과 편견을 거부하고, 돌연변이야말로 새롭게 진화한 인류라고 주장한다. 그가 보기에 돌연변이는 스스로 선택한 것이 아니기에 부정하거나 거부할 수 있는 것이 아니다. '치료'받아야 할 질병은 더더욱 아니다. 그것은 다만 타고난 정체성일 뿐이다. 매그니토는 돌연변이라면 마땅히 자신을 긍정하고 남들과는 다른 신체와 능력에 자부심을 느껴야 한다고 말하며, 돌연변이라는 이유로 차별받지 않는 사회를 만들어야 한다고 주장한다. 그러나 그는 목적을 달성하기 위해 타인을 해치거나 죽이고, 더 나아가 돌연변이가 지구를 지배해야 한다고 주장하며 다른 인간들을 제거하려 시도한다.

드라마 〈아이 좀비〉2015~2019에서도 비슷한 예를 찾아볼 수 있다. 여기에 등장하는 좀비는 우리가 흔히 아는 인육만을 탐하는 괴물 같은 존재가 아니다. 이성을 상실한 바이러스좀비가 자연재해와 같은 '자연적 종말'의 한 예라면, 이성을 회복한 좀비는 주로 '반 자연적 종말'과 연관되어 등장한다. 〈아이 좀비〉에서 좀비 바이러스에 감염된 인간은 일반적인 인간과 크게 다르지 않다. 차이점이 있다면 좀비는 평범한 음식에 아무런 맛이나 욕구를 느끼지 못한다. 그 대신 인간의 뇌를 섭취함으로써만 식욕과 허기를 채울 수 있다. 만일 뇌를 먹지 못하고 굶주린 채 오랜 시간이 지나면, 그들은 식인 괴물로 변한다. 먹이(인간의 뇌)를 구하기 어렵기에, 많은 좀비가 굶주림에 시달리다 못해 범죄를 저지르고 만다. 좀비의 확산이 계속되면서 그들의 정체가 세상에 알려지게 되고, 인간과 좀비 사이에 극심한 반목이 시작된다. 공포와 분노에 빠진 인간들은 좀비를 모두 격리해 통제해야 한다고, 심지어 모조리 죽여 없애야 한다고 주장한다. 좀비들은 제 나름대로 집단을 형성해 생존권을 위해 저항하기 시작한다.

〈아이 좀비〉 시즌 5에는 급진적이고 폭력적인 좀비 단체가 출현한다. 좀비 단체의 지도자는 좀비가 인간보다 진화한 존재라고 주장하며 다른 좀비들을 설득한다. 그는 이렇게 말한다. "네안데르탈인, 카파얀족, 코닝고족, 티무쿠아족, 피쿼트족, 이들의 공통점이 무엇일 거 같나? 절멸종들이지. 인류의 나무에서 떨어진 가지들이지. 더 강한 누군가가 와서 경쟁할 수 없었던 거야. 머지않아, 그 냥 사라져버리는 거야. 인간, 호모 사피엔스는 지구에서 꽤 좋은 시간을 보냈지. 하지만 이제 좀비가 등장했어. 과학은 명확해." 그에 따르면 좀비는 지구에 새롭게 등장한 진보된 존재로서 인간보다 강하고 뛰어나다. 자연은 약육강식의 논리에 의해 지배된다. 강한 존재가 약한 존재를 죽이고 먹는 것은 세계의 섭리다. 그것은 만고불변의 법칙이다. 따라서 좀비는 열등한 인간에게 통제받거나 지배당할 이유가 없다. 인간이 가축을 길러 잡아먹듯이, 좀비가 인간을 지배하고 사육하는 것은 당연하다.

우리는 여기에서 나치의 우생학과 동일한 구도—즉, '진화된 좀비'와 '진화된 돌연변이', 그리고 이와 대비되는 '미개하고 열등한 인간'의 구도—를 발견한다. 이들은 능력이 뛰어난 자가 그렇지 못한 자들 위에서 군림하는 게 옳다고 생각하며 반자연적 종말을 추구한다. 이처럼 반자연적 종말주의자들은 새로운 사회, 더 나은 세계를 추구한답시고 잘못된 판단을 내리고 실행에 옮기다가 재난과 종말의 위험을 초래한다. 반자연적 종말은 올바르게 사유하지 않은 채 섣불리 행동에 나설 때 초래될 수 있는 위험을 경고한다. 반자연적 종말을 피하기 위해서는 사변적 이성을 적절히 활용해야 한다. 자연의 목적을 사유하고 최고선의 추구를 늘 염두에 두어야 한다.

종말의 쓸모

정리해보자. 유한한 인간은 무한의 시간에 속하는 종말 자체를 사변적 이성의 대상으로 사유할 수 없다. 무한을 향한 사변적 이성의 부적절한 사용은 자칫 우리를 초월성에 빠지게 하고 신비주의로 몰아갈 위험이 있다. 그 대신 칸트는 종말을 둘러싼 상황들과 종말의 과정, 종말에 대처할 방법을 탐구함으로써, 종말을 실천 이성의 대상으로 사유할 수 있다고 보았다. 종말은 현실에 존재하지 않은 미래에 관한 과감하고 급진적인 사유다. 종말을 통해 우리는 고정되고 완고한 현실에서 벗어나 새로운 세계와 미래를 상상할 자유를 획득할 수 있다.

사회학자 크리샨 쿠마르Krishan Kumar는 "종말에 대한 관심은 (…) 가능한 대안적 세계들을 발명하고 상상하는 일에 관여"하며, "우리의 정신을 인간 조건의 가능성들에 대해 열어놓는"다고 말한다.[8] 여기서 종말이란 이미 실현된 과거형의 사태가 아니다. 그것은 앞으로 다가올 미래의 종말에 대한 상상을 통한 사고실험을 의미한다. 종말에 관한 사유는 "대안적 세계들"을 마음껏 상상하고, 그것을 욕망하며, 그것을 실현하는 일에 발 벗고 나서도록 만든다. 종말을 사유함으로써 정신은 현실적인 제한에서 벗어나, 지금은 없는 대안과 가능성들을 향해 개방된다. 종말의 도움이 없다면 현실은 끝없는 회귀의 운명에서 벗어나지 못하며, 변화를 감행할 동력을 상실하기 마련이다.

　물론 모든 종류의 종말에 관한 사유가 그런 역할을 할 수 있는 것은 아니다. 특히 '초자연적 종말'의 범주를 경계해야 한다. 초자연적 종말은 사유할 수 없고, 도래하지 않는 종말이다. 우리는 거기에 대비할 필요가 없고 아무런 책임도 지지 않는다. 종말이 온다면 그것은 '때 이른 자연적 종말'이거나, 최고선을 왜곡하는 '반자연적 종말'의 형태로 도래할 것이다. 두 종말은 인간의 책임이다. 우리는 초자연적 종말을 폐기하고, 자연적 종말과 반자연적 종말을 사유하며 장래의 위협에 대처해야 한다.

　종말에 관한 논의는 무엇보다 윤리의 중요성을 강조한다. 종말이 인간의 활동에 뒤따르는 결과라는 건, 인간이 어떻게 행동하느냐에 따라 종말이 오지 않을 수도 있다는 사실을 함축한다. 미래는 미리 결정된 고정적인 대상이 아니라 현재의 결정에 따라 얼마든지 변경될 수 있는 가변적인 대상이다. 미래를 사유하고 결정할 때 주의해야 할 점은 행동의 시급함에만 사로잡힌 '무사유적 열정'이다. 그것은 자칫 자연의 목적을 곡해한 반자연적 종말로 이어질 수 있다. 반자연적 종말은 실천적 이성의 다급함에 제동을 걸고 사변적 이성의 사용을 강조한다. 우리는 행동으로 나서기 전에 우선 그것이 세계의 궁극적 목적과 최고선의 실현에 부합하는지 먼저 따져보아야 한다. 사유가 선행되지 않은 행동은 또 다른 형태의 재난에 불과할 수 있다.

　칸트는 종말에 대한 사유가 공포스러운 동시에 숭고하다고 말한다. 유한한 인간에게 종말이란 분명 두렵고 회피하고 싶은 대상이다. 하지만 종말에 관한 사유는 인간이 최고선을 달성할 방법을 모색하도록 추동하기 때문에 숭고하다. 종말에 관한 사유를 통해 우리는 현재를 비판적으로 성찰하고 미래를 실험하며, 새로운 윤리와 도덕 준칙을 끌어낼 수 있다. 종말에 쓸모가 있다면, 그것은 종말 자체가 아니라 종말에 관해 사유하고 대비하는 과정 가운데 존재한다.

2.
세계

사유의 종말에서 사유의 책임으로

세계란 무엇인가?

재난과 관련된 논점을 분명히 하기 위해 우리가 살아가는 세계란 무엇인지, 그리고 그 세계에 닥칠 유력한 재난의 시나리오에는 어떤 것이 있는지 알아보자.

세계는 단일한 총체로 존재하지 않으며, 다양한 규모와 층위로 중첩되어 존재한다. 철학자 알랭 바디우Alain Badiou는 세계의 층위를 다섯 가지로 구분한다. 그것은 각각 개별자들의 심리학의 세계에 해당하는 사적인 세계, 여러 종류의 닫힌 집단들의 세계로 구성되는 사회학의 세계, 개방된 과정으로서의 세계인 인류의 세계, 동식물을 비롯한 생물군과 여타의 자연의 세계를 포함하는 지구의 세계, 마지막으로 우주론와 물리학의 층위에 해당하는 우주의 세계다.[1]

첫 번째로 재현, 정념, 의견, 기억에 관련되는 우리 내면의 세계가 있다. 이는 몸과 정신을 지닌 각각의 개별자들로 이루어진 '사적 세계'다. 사적 세계의 '실질적 종말'은 개체의 사라짐, 곧 죽음을 일컫는 말이 될 것이다. 우리는 늦든 빠르든 다소간의 시기적인 차이가 있을 뿐, 언젠가 저마다 고유한 종말과 마주하는 순간이 오리라는 것을 잘 알고 있다.

사적 세계에 찾아오는 재난은 질병의 형태일 수도, 혹은 예상치 못한 사고의 형태일 수도 있다. 이를 '1종 재난'이라고 부르자. 현대 과학기술은 1종 재난의 최종적인 형태인 죽음을 거스르기 위해 질병의 치료법과 노화의 메커니즘 등을 연구하고 있다. 사적 종말과 마주치는 운명을 거스르려는 것은 인간의 영원한 열망이며, 인류가 탄생한 이래 끊임없이 시도됐다. 지금으로서 분명한 건 가까운 장래에 죽음을 피할 결정적인 방법을 찾기는 어려울 것이라는 점이다.

우리는 '상징적 의미'에서 사적 세계의 종말을 생각해볼 수 있다. 나는 나와 나를 둘러싼 작은 단위의 사적 세계의 근본적인 변화를 위해서, 어떤 단절과 도약의 순간을 지시하는 행동에 나설 수 있다. 이를테면 나는 오래된 꿈의 실현을 위해 직장을 그만둔다거나, 사랑하는 이를 만나 가족을 이루겠다는 중요한 결정을 내릴 수 있다. 이는 나의 신상과 행복에 커다란 영향을 미치는 변화다. 이런 결단은 이전까지의 사적 세계에 상징적인 종말을 가져다줄 것이며, 이를 통해 나는 전혀 다른 세계로 진입한다.

두 번째로 다양한 닫힌 집단들로 구성되는 집합적 세계가 존재한다. 이는 언어, 직업, 가족, 국가, 민족, 종교, 문화 등으로 정의되는 세계로, 고정된 정체성에 의존하는 '사회적 세계'다. 사회적 세계는 정체화된 여러 개인으로 이루어진 다수의 집단으로 구성된다. 개별자는 혈연적·인종적·지리적·문화적·민족적·젠더적·세대적 친연성 등을 기준으로 집단을 분류한 뒤, 특정한 집단에 자신의 정체성을 투영한다. 정체화 과정을 통해 집단에 소속됨으로써 거기서 심리적 안정감을 획득한다. 다양한 경계로 한정되는 사회적 세계는 내부자들끼리 공유되는 고유하고 공통된 문화와 정체성을 지닌다고 상상된다.

우리는 혁명, 봉기, 전쟁 등을 통해 사회적 세계를 근본적으로 끝장내고자 시도할 수 있다. 마찬가지로 사회적 세계의 종말을 '실질적 차원'과 '상징적 차원'으로 나누어보자. 사회적 세계의 실질적 종말은 반인륜적 범죄나 테러, 학살 전쟁 등으로 나타날 수 있다. 이를 '2종 재난'이라고 부르자. 실재하는 특정한 정체성 집단을 말살하려는 제노사이드는 2종 재난의 한 형태다. 또한 종교전쟁이라든가 홀로코스트에서도 2종 재난의 시도를 목격할 수 있다. 우리는 특정한 사회적 세계의 실질적 종말을 가져오려는 시도가 얼마나 끔찍한지 잘 알고 있으며, 이를 피하고자 노력해야 한다.

이를 위해 필요한 것은 사회적 세계의 '상징적 종말'이다. 사회적 세계의 상징적 종말은 상상된 집단의 해체를 의미한다. 우리는 소속과 정체화로부터 안정감을 획득하지만, 그것은 외부 집단에 대한 배제와 배척으로 이어지게 마련이다. 사회적 세계는 임의적이며 상상된 가상의 집단에 불과하다. 임의로 구성된 다수 집단은 소속된 자와 소속되지 않은 자를 구별해 폭력의 근거를 조달한다. 특수한 정체화로 구성되는 세계는 끝장나야 하며, 우리는 정체화에서 벗어난 상태를 진정으로 '해방된 인류'라 부를 수 있다. 그것이 바로 다음 단계의 세계다.

세 번째로 보편적인 하나의 세계로서의 '인류의 세계'가 존재한다. 이는 닫힌 집단들로 구성되는 세계를 폐지하는 개방된 과정의 세계다. '인류의 세계'는 사회적인 경계나 배타적인 정체화로 폐쇄되지 않고 보편적 인류로 구성되는 하나의 실존 세계다. 이 세계는 모든 차이를 포괄하는 하나의 세계, 끊임없는 변화의 과정에 놓여 있는 생성 중인 세계다.

인류의 세계도 실질적 종말에 이를 수 있다. 이것을 '3종 재난'이라고 부르자. 2종 재난은 특정한 사회적 세계를 겨냥한 전쟁이나 학살로 발생한다. 3종 재난은 인류 전체의 위기인 핵전쟁이나 환경파괴, 혹은 코로나19 바이러스와 같은 보다 포괄적이고 광범위한 규모의 재난에 의해 초래된다.

3종 재난은 특정 지역이나 인종, 젠더 등에 국한되지 않는 종류의 재난이다. 현대 좀비영화나 재난영화들이 보여주는 것이 3종 재난에 속한다. 그러나 이는 '지구적 재난'과는 다르다. 인류가 종말해도 지구가 사라진다거나 생태계가 절멸하지는 않는다. 인간이 없어도 생명은 여전히 지속될 것이고 지구는 남아 있을 것이다.

인류의 세계에서도 상징적 종말의 추구가 가능하다. 이것은 인류 전체를 근본적으로 쇄신하려는 거대한 프로젝트다. 바디우는 지난 20세기를 "새로운 인간을 창조하려는 관념에 사로잡혀 있"었던 세기로 정의한다. 20세기의 인류는 과거의 인류와 급진적으로 단절된 다른 무엇이 되고자 했다. 예컨대 20세기의 인류는 프롤레타리아 혁명, 아리아인이 지배하는 세계 등을 상상했다. 그러나 새로운 인간을 창조하겠다는 계획은 과거의 인류에 대한 실질적인 파괴 행위로 이어졌다.[2]

인류적 프로젝트는 보편적 인류의 범주에서 벗어난 특정 집단을 말살하는 행위, 즉 2종 재난이라는 도착적 범죄로 쪼그라든다. 그리하여 20세기의 야심 찬 두 가지 프로젝트는 아우슈비츠와 스탈린식 공포정치라는 철저한 실패로 귀결되었다. 이에 따라 20세기는 "너무나 참담하고 너무나 무시무시한 사건의 장소가 되었고, 따라서 세기의 단위를 말하는 데 적합한 유일한 범주는 범죄"가 되었다.[3] 20세기는 인류를 향한 잔혹한 '테러의 세기'이자 거대한 '범죄의 세기'로서 고발당했다. 이들은 세계의 목적과 최고선을 곡해한 '반자연적 종말'을 추구했다.

제3제국 나치 독일은 세계에서 가장 뛰어난 아리아인이 인류를 지배하고 선도하는 세계를 상상했다. 물론 아리아인은 가상의 사회적 세계다. 그들은 아리아인의 세계를 실현하기 위해 그 대척점에 있다고 상상한 사회적 세계, 즉 유대인 세계의 전면적인 말살이라는 2종 재난을 계획하고 행동으로 옮겼다. 공산주의는 평등한 인민들의 연합과 단결로 구성되는 새로운 세계를 꿈꾸었다. 그러나 공산주의는 보편의 프롤레타리아에 의한 정치 대신, 일부에 불과한 당에 의한 지배와 당의 존속만을 목표로 삼는 체제로 나아가게 된다.

이런 역사적 과오들로 인해 우리는 보편적 인류에 관한 사유를 상실했다. 그것은 금기가 되고 말았다. 그리하여 오늘날 우리는 보편적 인류를 분할하는 부분적인 세계들, 즉 정체화로 구성되는 사회적 세계들만이 존재하는 상황을 마주하게 됐다. 정체화된 세계들은 주도권을 잡기 위해 서로 혐오하고 물어뜯으며 끝없는 내전을 벌이고 있다. 새로운 세계로 나아가기 위해서는 사회적 세계를 폐지하고 보편의 세계를 향해야 한다는 사실을 잊어서는 안 된다.

네 번째는 생물과 무생물, 그리고 자연적 요소들을 포괄하여 구성되는 생태학의 세계다. 이는 식물, 동물, 박테리아와 같은 인간 아닌 존재들뿐만 아니라 암석, 숲, 해양 등의 환경을 더불어 포함하는 '지구의 세계'다. 인간은 수많은 다른 존재자와 함께 지구라는 작은 행성을 공유하며 살아간다. 지구적 세계에 몰아닥치는 재난(4종 재난)에는 아마도 소행성 충돌, 기후변화 등이 있을 것이다. 하지만 이런 재난이 과연 지구의 종말까지 초래할 것인지는 확실치 않다. 그것은 물론 3종 재난보다는 큰 규모의 재난이겠지만, 이 역시 인류와 일부 종을 사라지게 만드는 데 그칠 수 있다. 어떤 생명은 살아남을 것이고 변화한 환경에 맞춰 다른 방향으로 진화해 나갈 것이다. 인간중심주의적 관점에서 인류의 종말을 지구의 종말과 등치시킬 필요는 없다.

물론 '4종 재난'이 불가능하다는 것은 아니다. 20억 년 후에 지구의 핵이 굳어 태양의 방사선을 막아주는 자기장이 사라지게 되면, 생명이 살아갈 수 없는 극한 환경으로 변할 것이다. 지구라는 행성 자체의 완전한 종말은 대략 70억 년 후로 예상된다. 모든 에너지가 고갈된 태양이 적색거성으로 변해 팽창하기 시작하면, 지구는 거기에 휩쓸려 흔적도 없이 사라지게 될 것이다.

다섯 번째는 이론물리학과 우주론이 다루는 '우주의 세계'다. 우주라는 세계의 마지막 층위까지 넘어가면, 여기서 인간은 지극히 일부만을 파악할 수 있을 뿐이다. 우주 대부분은 이미 인간이 영원히 닿을 수 없을 만큼 멀리 달아났으며, 관측 가능한 우주는 얼마 남지 않았다. 물론 이것만으로도 우주는 무한에 가깝게 거대하다.

현재 우리가 예상할 수 있는 유력한 '5종 재난', 즉 우주의 종말 시나리오는 다음과 같다. 125억 년 후면 태양은 핵융합 반응을 끝내고 백색왜성이 된다. 태양이 질량을 잃게 되면 태양계 내의 행성들은 뿔뿔이 흩어져 사라지고, 1,000억 년이 지나면 태양계는 완전히 해체된다. 100조 년이 지나면 우주에는 새로운 별이 탄생하지 않게 되고, 모든 것들이 끝없이 멀어지며 천천히 식어가는 '차가운 종말big freeze'만이 남게 된다.

4종 재난이나 5종 재난 앞에서 인간이 할 수 있는 일은 거의 없다. 우주의 세계에서 볼 때 인간은 티끌처럼 작고 사소한 먼지에 지나지 않는다. 현 상태에서 인류의 영향력은 3종 재난은 충분히 불러올 수 있지만, 본격적인 4종 재난에는 미치지 못한다. 따라서 우리가 앞으로 논의하게 될 종말과 재난은 3종 재난과 그 이하의 규모가 될 것이다. 관점을 광의로 확장한다면 지구적 세계의 일부가 포함될 수도 있다. 우선은 국지적 규모에서의 4종 재난이 다가오는 것을 막기 위해 기후변화의 추이와 환경 문제에 지속적인 관심을 가져야만 한다는 정도로 말해두자.

우리는 세계를 다섯 가지로 구분 지었고, 그에 따라 재난을 다섯 가지로 나누었다. 그것은 각각 1종 재난(사적 재난), 2종 재난(사

회적 재난), 3종 재난(인류적 재난), 4종 재난(지구적 재난), 5종 재난
(우주적 재난)이다. 구분을 살펴보면 세계의 층위와 거기에 닥치는
재난의 규모가 해당 세계의 물리적 범위 및 크기와 대체로 일치한
다는 사실을 알 수 있다.

그렇다면 여기서 합당한 의문이 떠오를 수 있다. 우리는 첫 번
째 세계보다 더 작은 세계들이 존재한다는 사실을 알고 있다. 곰
팡이나 박테리아, 바이러스의 세계, 혹은 그보다 더욱 작은 원자들
로 구성된 미시 세계 말이다. 그렇다면 바이러스가 원인이 되는 재
난이 3종 재난의 형태로 나타나는 현상을 어떻게 설명해야 할까?
왜 그것은 0종 재난이 아닌가? 그 이유는 인간의 영향력이 확장
되면서 세계의 층위를 지속적으로 교란해왔기 때문이다. 만일 인
간이 없었더라면, 혹은 인간이 있더라도 이렇게 세계 전체를 헤집
어 놓고 돌아다니지 않았더라면, 바이러스로 인한 재난의 피해는
지금보다 현격히 작았을 것이다. 그것은 아마도 숙주만을 해치는
사적 재난이거나 주변의 작은 집단에게 영향을 미치는 정도로 끝
났을 가능성이 크다.

반대로 시야를 확장해 5종 재난까지 나아가면 거기서 인간은
아주 작은 점일 뿐이며, 아무런 힘이 없는 미약한 존재처럼 느껴
진다. 신체라는 한계에 붙잡혀 있으며 유한한 삶만을 허락받은 인
간에게 우주는 무한에 가까운 거대하고 영원한 세계다. 하지만 그
렇다고 해서 나의 삶, 내가 인식하고 감각하며 살아가는 세계, 내
가 느끼는 감정과 고통, 나를 둘러싼 주위 환경들이 보잘것없다
거나 무의미한 것은 아니다. 그것이야말로 나에게 주어진 전부이

자 영향력을 발휘하고 바꿀 수 있는 유일한 현실이다. 그러니 우리의 세계, 나의 삶에 직접적인 영향을 미치는 세계, 행동을 통해 실질적인 변화를 끌어낼 수 있고 종말의 도래에 관여할 수 있는 세계가 어디인지 파악하자. 그리고 우리의 관심과 사유, 역능力能, puissance과 잠재력을 거기에 집중하도록 하자.

새로운 인류와 범죄의 세기

여기서 함께 이야기해야 할 사안은 이른바 '사유의 종말' 테제다. 세계의 종말은 다름 아닌 사유의 종말로부터 비롯하기 때문이다. 우리의 세기를 규정짓는 사유의 종말은 인류를 쇄신하고자 했던 20세기와 연관된다. 검토해보아야 할 주요한 논점은 다음과 같다. 흔히 말하듯 20세기는 범죄와 테러의 세기였는가? 그것은 무참한 실패로만 역사에 기록되고 남아야 하는가? 그것은 사유하거나 재현되지 말아야 할 '금기'이자 '악'의 범주인가?

세계의 근본적인 변화를 사유하고 언급할 때마다 우리는 끊임없이 출몰하는 나치즘과 스탈린이라는 유령과 마주하게 된다. 세계는 유령을 가리키며 이렇게 다그치고 심문한다. "과거를 반추하라! 다른 세계를 추구하는 이념이 '최악의 결과'로 이어졌음을 잊지 말라! 네가 추구하는 세계가 저들이 추구했던 지옥과 무엇이

다른가?" 우리는 끊임없는 자아비판과 자기 증명을 수행해야 하는 처지에 놓인다. 특히 혹독한 비난과 경고를 받는 것은 '공산주의' 이념이다.

이로써 우리는 더 이상 새로운 세계를 사유할 수 없다. '새로운 인류'라는 프로젝트는 곧바로 테러 모의나 범죄 작당으로 몰려 위험하고 치욕스러운 꼬리표가 붙고, 결국 폭력적인 방식으로 근절된다. 근본적인 변화의 추구가 인류적 범죄로 귀결되었다는 역사의 비극은 세계를 이대로 유지하고 싶어 하는 보수주의자들에 의해 끊임없이 소환되며 변혁의 동력을 앗아간다. 따라서 우리는 본격적으로 세계의 종말과 변화를 말하기에 앞서, 20세기의 주요한 두 가지 실패를 사유해야 한다.

먼저 나치 독일은 애초에 보편적 인류를 고려한 적이 없다. 그들에게 중요한 것은 오직 아리아인이라는 특수성이다. 그러나 그것은 실존한 적 없는 허구적인 집단에 지나지 않는다. 그것은 나치 독일의 정치적 필요로 만들어진 상상 속의 사회적 세계다. 나치 독일은 보편적 인류를 간과하고 특정한 인종적·종교적 정체성으로 이루어진 사회적 세계를 파괴해야만 진보할 수 있다고 믿었다. 그 진보란 아리아인의 탁월함과 우수성을 증명하고 세계를 지배하는 단계를 의미한다. 나치 독일의 프로젝트란 특정한 사회적 세계의 종말이고, 그들이 건설하고자 했던 것은 극단적으로 정체화된 세계였다.

반면 공산주의는 전 세계 모든 프롤레타리아의 보편적 단결과 혁명을 주장했다. 그들은 분명 특정 민족이나 인종에 국한되지 않는 '보편적 인류*'를 고려하고 있었고, 그것을 명분으로 내세우며 혁명을 일으켰다. 그러나 스탈린의 공산주의는 이상을 실현하는 과정에서 보편의 인민을 저버리기 시작했고, 일부에 불과한 당의 존속과 안위를 최우선으로 고려하게 된다. 공산주의는 보편을 끝까지 대의하고 이념을 지키는 대신 보편에 대한 배반으로 빠져들었다. 소수의 당을 위해 기능하면서 인민을 향한 억압과 폭력, 학살과 공포정치로 나아갔다. 공산주의는 보편적인 인류의 세계를 새롭게 건설하려는 프로젝트였지만, 추구 과정에서 변질되면서 실패로 돌아갔다.

나치 독일과 공산주의는 모두 실패로 끝났지만, 두 가지는 전혀 다른 층위에서의 실패다. 오늘날 이 둘은 흔히 파시즘이나 전체주의라는 개념으로 거칠게 동일시되지만, 이것은 명백한 오류다. 둘을 성급하게 '범죄'라는 이름으로 싸잡아 비난하지 말자. 나치 독일은 그 출발부터 잘못된 동기에서 비롯했다. 그들의 이념 또한 조야하기 그지없는 민족 우월주의와 순혈주의, 분리주의에 불과했다. 이를 뒷받침해준 이론적 근거 또한 황당하기 짝이 없는 신비주의적 세계관이었다.

아돌프 히틀러Adolf Hitler가 주장한 '유대인과 아리아인 간의 영원한 투쟁'이라는 구도는 당대의 사이비 과학자 한스 회르비거Hanns Hörbiger의 '우주 얼음 이론'으로부터 가져온 것이다. 냉동기기 전문

• 보편성이란 본질적으로 '비대상적'인 특성을 말한다. 보편성이란 모든 사람에게 평등하게 해당되는 것이며 사회적·국가적·성적 또는 세대적 기원에 무관심하다. 보편적 인류는 소속되거나 적용되기 위한 어떠한 특수한 규정적 자질도 요청하지 않는다.

가였던 회르비거는 어느 날 갑자기 우주의 유래에 관한 직관을 얻었다며, 우주가 '물과 불의 영원한 투쟁'의 역사 속에서 태어났다고 주장했다. 물의 행성인 수성과 불의 행성인 화성이 서로 우주의 주도권을 두고 끊임없이 싸우고 있다는 것이다. 회르비거는 이에 대한 근거를 제시하는 대신, 우주의 얼음 조각이 몸에 날아와 꽂히듯 우주적 직관을 획득했다고 밝혔다.[4]

당연히 회르비거의 주장은 황당무계한 헛소리로 여겨지며, 당시의 주류 과학계에서 전혀 받아들여지지 않았다. 그러나 히틀러는 회르비거야말로 유대인 과학자 아인슈타인에 비견할 만한 '게르만의 전사'라고 칭송했다. 히틀러는 회르비거의 물과 불 양 진영 사이의 끝없는 전쟁이라는 우주관으로부터 자신이 갈구했던 유대인과 아리아인 간의 전쟁의 원형을 발견했던 것이다. 그리고 이를 활용해 자신의 인종 우월주의를 뒷받침할 근거를 끌어오고자 했다.

이외에도 당시 독일에는 수많은 신비주의 이론이 판쳤다. 이들의 주장에 따르면 독일인의 직접적인 조상인 아리아인은 인류의 원형으로서 가장 우월한 인종이다. 아리아인의 혈통을 타고 올라가노라면 찬란한 아틀란티스를 지배했던 위대한 조상들과 만날수 있다. 이들은 아주 오래전 상상도 할 수 없을 만큼 고도로 발달한 초문명 국가를 건설했다. 이런 식의 소설 같은 이야기는 나치 독일의 정당성을 설파하고 독일인의 민족적 자부심을 고취해 전쟁터로 동원하는 역할을 수행했다.

이와는 달리 공산주의는 민족 우월주의나 신비주의적 세계관, 분리주의 따위를 상정하지 않는다. 헤겔의 역사철학 도식과 그에게 영향을 받은 철학자 카를 마르크스Karl Marx의 유물론에 근거한 공산주의는 보편적 인류의 해방과 새로운 세계의 출현을 바랐던 20세기 가장 거대한 프로젝트였다.

바디우는 파시즘의 주요한 대립이 "국가와 인종 간의 대립"이라면, 공산주의의 주요한 대립은 "계급 간의 대립"이라고 지적한다.[5] 파시즘과 공산주의는 새로운 인간과 세계에 관해 전혀 다른 전망을 갖는다. 나치 독일에게 "새로운 인간이란 곧 사라져 희미해진 고대인, 타락해버린 고대인을 복원하는 일"이다. 이는 "인종, 국가, 대지, 혈연, 토양 같은 신화적 정체성에 뿌리"를 두고 있다. 타락한 현재를 정화하고 희미해진 기원을 복원하려면 진정하지 않은 것은 파괴되어야 한다. 이로써 생산되는 것은 잃어버린 고대인의 복원이라는 기원으로의 회귀다.

반면에 공산주의에서 "새로운 인간이란 실재적인 창조를, 따라서 이전에는 결코 존재한 적이 없는 어떤 것"이다. 새로운 인간은 "그 어떤 술어도 지니지 않고, 그 어떤 것도 소유하지 않으며", 특히 "그 어떤 조국도 가지지 않는다". 새로운 인간은 "보편적 특이성"이며 모든 분리와 기원, 뿌리 내리기로부터의 해방을 추구하는 개념이다. 새로운 인간은 "역사적 적대로 인한 파괴로부터 불쑥 나타"나며, "계급과 국가 너머에 존재"한다. 파시즘에서 새로운 인간이 '복원되어야 하는 것'이라면, 공산주의에서 새로운 인간은 '생산되어야 하는 것'이다.[6]

파시즘이 국가적이고 인종적이라 지시되는 총체, 그리고 이 총체로 가정되는 대표자에 대한 복종을 강요했다면, 공산주의는 모든 종류의 억압과 복종으로부터의 해방을 주장한다. 공산주의가 제시하는 것은 범세계적이고 반국가적이며, 보편적인 새로운 세계다. 나치즘을 공산주의와 구별하지 않고 동일한 범죄로 몰아가는 것은 공산주의에 대한 거부와 환멸을 자아내기 위한 자본주의 진영의 조악한 음모에 동참하는 결과를 가져올 뿐이다.

이들이 말하고 싶어 하는 속내를 뜯어보면 다음과 같다. "자본주의는 역사적으로 입증된 유일한 체제다. 새로운 인류라는 프로젝트를 다시는 시도하지 말라. 그것은 우리가 잘 알다시피 파괴적인 결과를 가져왔을 뿐이다. 특히 '무시무시한' 공산주의 이념의 회귀를 경계하라!" 여기서 자본주의는 유일하게 가능한 체제로 제시된다. 자본주의 이외에 다른 대안은 어디에도 없다. 공산주의는 상상하거나 발설되어서는 안 된다. 새로운 인류를 향한 기획을 범죄화하고 말할 수 없는 것, 사유할 수 없는 것으로 만드는 수법은 오늘날 자본주의 이데올로기의 존속을 지탱하는 통치 전략이다. 20세기의 실패가 초래한 진정한 비극은 세계를 건설할 상상력을 지속적으로 고갈시키고 있다는 점이다.

철학적 사유의 종말

칸트가 이성의 자기 진보를 시대정신이자 세계의 궁극적인 목적으로 제시했다면, 헤겔은 이를 절대정신의 쉼 없는 변증법적 운동으로 완성했다. 이제 인류의 모든 역사, 심지어 어둡고 잔혹한 역사조차 변증법의 법칙 아래 포섭되어 진보를 위한 밑바탕이자 거름이 된다. 존재하는 모든 것은 절대정신의 자기 전개 과정, 이른바 '이성의 간지奸智'로부터 벗어날 수 없다. 헤겔 이래로 독일 관념론은 스스로 완성의 단계에 이르렀다고 자부했다. 헤겔의 철학하에서 역사의 모든 것은 완전하게 해명되었다. 존재하는 모든 것과 벌어진 모든 일의 이유가 명백히 밝혀졌으며, 그 가치가 낱낱이 증명되었기 때문이다.

그러나 얼마 가지 않아 20세기의 실패를 필두로 서구의 많은 지식인은 깊은 자기 환멸과 체념의 태도로 빠져들게 되었다. 이는 계몽주의자들이 갖고 있던 역사의 진보에 대한 순진한 믿음이 송두리째 무너져내린 시대 상황과 밀접하게 관련된다. 두 차례의 세계대전, 파시즘과 전체주의 체제의 등장, 공산주의의 실패, 아우슈비츠와 같은 인류사의 잔혹한 외상적 사건들은 '역사의 진보'라는 관념에 근본적인 회의를 불러일으켰다.

지식인들은 의문을 품기 시작했다. 과연 인간이 계몽되었고 역사가 진보하고 있다면, 이런 일이 발생한다는 게 가당키나 한가? 언어로 차마 담을 수 없는 참사를 헤겔의 변증법으로 파악해, 인류의 진보를 위한 일시적 후퇴라고 볼 수 있을 것인가? 이에 독일의 철학자 테오도어 아도르노Theodor W. Adorno를 필두로 지식인들은 "아우슈비츠 이후 서정시를 쓰는 행위는 야만이다" "아우슈비츠 이후 예술을 하는 것은 불가능해졌다" "아우슈비츠에 관해 사유하는 건 불가능하다" 등의 구호를 소리높여 선포했다.

아우슈비츠는 사유 불가능한 대상이라는 '사유의 종말' 테제에는 이론에 앞서는 경험의 우위, 재현에 앞서는 실재의 우위, 사유에 앞서는 범죄의 우위 선언이 암묵적으로 내포되어 있다. "철학적 사유는 세기의 범죄가 실행되는 것을 막지 못했다. 희생자들이 고통 속에서 비참하게 죽어갈 때 철학(철학자)은 도대체 무엇을 했단 말인가? '실재'를 '경험하지 못한 자'(철학자)는 '실재'를 '경험한 자'(희생자)의 고통 앞에서 침묵하라!"

이것은 아우슈비츠 이후 강요되는 주요한 반윤리적 사유의 강령이다. 이제 피해자가 겪은 '실재'에 관해 타인이 언급하거나 사유의 대상으로 삼는 일은 허락되지 않는다. 그것은 불경스럽고 '비윤리적'인 행동이자 직접 경험하지 않고도 모든 걸 파악하고 분석할 수 있다고 착각하는 지식인의 오만함으로 여겨진다. 일회적이고 직접적이며 개인적인 경험의 우위는 반복적이고 간접적이며 보편적인 사유의 접근을 거부하고 차단한다.

철학은 세기의 범죄에 관해 고찰하고 분석하는 '사유의 책임' 대신, 학살의 고통과 피해자의 슬픔을 통감하고 그로부터 죄책감을 느껴야 한다는 '윤리적 책임'을 떠안는다. 실재는 사유 불가능하다는 표명이 공공연하게 언급된다. 이로써 철학자는 윤리적 나르시시즘을 충족하고 도덕적 우월성을 획득한 '선량한 지식인'으로서 자리매김한다. 그리하여 마주하게 되는 상황은 '이론의 무능'과 진보와 계몽 철학의 종말이며, 철학적 사유의 전적인 패퇴다.

오늘날 철학은 세계에 관해 이야기할 수 있는 합리적·윤리적인 자격을 상실했다. "대량 학살을 실행하거나 방관한 인류는 무능할 뿐만 아니라 사악한 존재다. 인류 내면에 자리 잡은 악의 본성은 무엇으로도 교정될 수 없다." 이렇게 20세기의 실패는 새로운 가능성이 출현할 때마다 블랙홀과 같이 우리의 역능을 부단히 빼앗아 가는 어두운 심연으로 작동한다.

그러나 과연 사유를 포기하는 것이 윤리적 책임을 다하는 것인가? 철학자 질 들뢰즈Gilles Deleuze는 이렇게 지적한다. "아우슈비츠 이후 우리는 더 이상 사유할 능력이 없으며, 희생자들만을 감동시킬 뿐인 건전치 못한 죄의식으로 우리 모두가 나치즘에 대해 일말의 책임이 있다고 생각할 근거는 없다." 들뢰즈의 말처럼 아우슈비츠에 관해 우리가 '건전치 못한 죄의식'을 느낄 필요는 없으며, 이를 사유의 운동을 가로막을 결정적인 장애물로 여겨야 할 근거는 어디에도 없다. 우리가 아우슈비츠에 실질적인 '책임'이 있는 것이 아니기 때문이다. 그것은 하나의 사회적 재난에 해당한다. 다만 들뢰즈는 우리가 재난으로부터 '인간이라는 수치'를 느꼈으며, 더럽혀졌다고 말한다. 그렇다, 재난은 우리 모두에게 '인간으로서 커다란 모욕감'을 안겼다. 하지만 그로부터 우리가 재난의 책임을 전적으로 떠안으며, 무사유로 빠져들어야 한다는 결론을 도출해야 하는 것은 아니다.

들뢰즈는 "비열함을 모면하려면 동물이 되는 수밖에 없다(으르렁거리거나 땅을 파거나 비죽거리거나 와들와들 떠는)"라고 덧붙인다. '으르렁거리는 동물'은 인류를 위해 유대인이 말살되어야 마땅하다는 그릇된 신념에 사로잡혀, 증오의 교설을 설파하고 학살을 명령하는 정치가다. '땅을 파는 동물'은 정치가 지시하는 대로 대량 학살 수단(독가스)을 발명하는 과학자이며, 유대인을 모아 가스실로 밀어 넣어 살해하고 땅을 파서 시체를 묻는 군인이다. '비죽거리는 동물'은 이 모든 과정에 환멸을 느끼면서, 아무런 행동도 하지 않고 멀리서 비죽거리며 지켜보는 지식인이다. '와들와들 떠는 동물'은 가공할 범죄를 아무렇지도 않게 저지르며 정당화하는 광신적 분위기 속에서 공포에 질식된 대중이다.

이들은 비열함으로부터 자유롭다. 자신의 행동이 잘못되지 않았다고 생각하거나, 할 만큼 했다고 생각하거나, 혹은 어쩔 수 없다고 생각하기 때문이다. 그러나 이들은 비열한 동물이다. 설사 범죄에 관해 직접적인 책임이 없을지라도, 홀로 시대를 벗어날 수 없는 인간은 재난 앞에서 모두가 비열한 존재일 수밖에 없다. 살아가기 위해 인간은 누구나 얼마간 시대와 타협하고 상황을 묵인하기 마련이다. 이로부터 전적으로 자유로워지는 방법은 인간이기를 포기하고 동물이 되는 것뿐이다.

동물은 자신이 결정하고 실행한 일들을 돌아보거나 비판적으로 성찰하지 않는다. 나치군은 강제 수용소에서 개들이 포로와 유대인을 산 채로 뜯어먹도록 만들었다. 그러나 우리는 그 개들을 범죄자라고 비난하지 않는다. 개는 사유하거나 고민하지 않기 때문이다. 진짜 범죄자는 개를 그렇게 훈련시키고 살인을 지시한 인간뿐이다. 우리는 수치심과 모욕감을 무릅쓰고서라도 시대와 대결해야 한다. 비열함을 모면하기 위해 사유의 책임을 포기하는 것은 스스로 눈을 가리고 동물이 되겠다는 자발적인 선언과 다를 바 없다.

우리는 모욕감을 준 대상을 향해 정당한 분노를 보여주어야 한다. 만일 누군가 나의 얼굴에 침을 뱉었다고 가정해보자. 갑자기 모든 게 전부 내 탓이라고 여기며 자책하고 대응을 포기해버리는가? 아마도 나는 즉각 그에게 항의하고 다시는 그런 일을 벌이지 못하도록 경고할 것이다. 그리고 얼굴을 깨끗이 닦으며 원래의 상태로 복구하고자 세심하게 노력할 것이다. 나치는 인류의 얼굴에 침을 뱉었다. 모욕당한 우리는 그를 향해 분노해야 한다. 다음 단계는 피해자를 보살피고, 근본적인 원인을 살피며 다시는 이런 일이 반복되지 않도록 힘을 기울이는 것이다. 그것이 철학의 종언이나 무사유의 선언을 대신해 '인간으로서의 수치'라는 감정으로부터 끌어내야 하는 합리적이고 올바른 결론이다. 들뢰즈는 "수치감은 철학의 가장 강력한 동기들 가운데 하나"로 작동한다고 말한다. 우리는 재난을 직시하고 그로부터 "사유의 무한 운동들"을 끌어내야 한다.[7]

바디우는 이를 더욱 분명하고 직접적인 말로 지적하고 있다.

> 세기의 범죄라는 짐을 철학에 지우는 공리公理로부터 우리의 철학자들이 철학의 곤경과 이 범죄의 사유 불가능한 성격을 결합시킨 결론을 이끌어낼 때, 바로 그 지점에서 자존심이 위험한 태만으로 바뀌게 된다.[8]

세기의 범죄 이후 역사의 법정은 철학에 가혹한 유죄 판정을 내렸다. 철학자들은 자존심을 지키기 위해 엄청난 죄와 책임을 떠안았다. 물론 범죄는 이루 말할 수 없이 잔혹했고 피해 또한 처참했기에 누군가 비판에 응하고 책임을 져야 할 것이다. 그런데 유독 철학자가 책임을 떠맡아야 할 이유가 있을까? 아우슈비츠를 계기로 '과학의 종말'이니 '정치의 종말', 혹은 '군대의 종말' 따위가 선언된 적이 있는가?

범죄의 계획과 실행에 실질적으로 가담하고 마땅히 더 큰 책임을 져야 했을 과학자, 군인, 정치인 들은 제대로 책임지지 않았다. 대량 학살이 가능하도록 독가스를 개발한 과학, 어린아이부터 노인까지 유대인을 수용하고 가스실에 욱여넣은 군대와 관료제, 이 모든 것을 결정하고 명령한 정치는 모두 어디로 숨었는가? 그뿐만 아니라 사회학자, 심리학자, 역사학자 또한 결백함 속에서 여전히 번영을 구가하고 있다.

재난의 책임을 누군가 홀로 떠안고 장렬하게 전사하겠다고 선언할 때, 그것은 비극적 아우라를 풍기는 스펙터클로 기능한다. 그러나 사유의 능력을 상실한 채 남겨진 인간은 더 커다란 위험과 곤경에 처하게 된다. 아우슈비츠와 함께 매장되어버린 철학은 아우슈비츠와 이후의 남겨진 세계에 관해 말할 수 없게 된다. 그것은 철학자가 취할 수 있는 가장 무책임하며 패배주의적인 태도에 불과하다.

당대의 지식인들은 그것을 마치 지식인으로서 마땅히 짊어져야 할 도의적 책무이자 겸양의 자세처럼 여겼다. 그러나 바디우가 보기에 그것은 겸손함의 태도와는 거리가 멀다. 그것은 사태를 악화시킬 뿐이다. 세기의 범죄가 철학의 작동을 중단하도록 내버려 두는 것이야말로 야만적 폭력의 지배 아래 사유를 굴복시키는 것이다. 나치즘을 사유 불가능한 것으로, 역사 안의 구멍으로 자리 잡도록 놔두는 것이야말로 히틀러 일당의 최종적이고 형이상학적인 승리를 철학이 승인하는 꼴일 뿐이다. '사유의 책임'을 끝까지 포기하지 않는 것이야말로 '윤리적 책임'을 다하는 것이다.

근본악의 유혹과 사유의 책임

칸트는 무조건적이고 절대적인 도덕법칙의 정언명령에도 불구하고 현실 세계에서 여전히 악이 번성하는 이유를 해명하기 위해 '근본악'이라는 개념을 도입했다. 근본악이란 이성이 마비될 때 찾아오는 필연적인 미망迷妄의 상태다. 인간의 이성은 부단히 노력하지 않는다면 수면 상태로 빠져들기 마련이며, 이로부터 근본악의 위험이 배태된다. 칸트는 근본악을 통해 악과 초자연적인 요인 사이의 연결—이를테면 악마나 유령, 신비로운 힘이 악의 원인이라는 식의 설명—과 단절하고 악의 원인을 인간의 내부로 들여오고자 했다. 근본악은 악이 외부에서 침범한다거나 초월적 대상으로부터 비롯하는 것이 아니라, 인간의 깊은 내면에서 비롯하는 것이라는 설명을 제공한다.

그러나 근본악은 악을 선험적이고 불변하는 인간의 본성 안에 새겨놓는다는 점에서 여전히 초월성의 흔적에서 완전하게 벗어나지 못하고 있다.* 근본악이란 인간의 인식과 영향력이 미칠 수 있는 범위를 초과하는 저 너머의 대상이다. 근본악의 구도 내에서 여전히 악의 궁극적인 본질은 사유되거나 이해될 수 없는 대상이며, 따라서 해결될 수도 없는 것이 된다. 근본악과 마주한 인간에게는 그것을 분석하거나 제어할 능력이 없다. 가능한 일이라곤 악을 최대한 피하거나 되도록 눈에 보이지 않게 현실에서 축출하는 방법뿐이다.

우리는 잔혹한 범죄를 저지른 누군가를 '근본악의 화신'으로 치부하고 싶어 한다. 그것은 귀찮은 고민과 복잡한 과정을 생략하고 아주 단순한 진단으로 한 방에 문제를 해결하는 방법이다. 이를테면 부모를 무참히 살해한 살인마, 어린아이를 성폭행한 강간범, 불특정 다수를 살해한 테러리스트는 인간이 아닌 '악마'다. 우리는 이들의 행동에 관해 사유하거나 이해할 필요가 없다. '악마'를 사회로부터 영구히 격리하거나 세계에서 영원히 제거하는 것만이 유일한 해결책이다.

2020년 아동 성 착취물을 제작하고 유포한 혐의로 체포된 조주빈은 언론 앞에서 스스로를 '악마'라 칭하며, "악마의 삶을 멈춰줘서 감사하다"라고 말했다. 언론은 그를 '악마' '괴물' '늑대' 따위로

---

* 이런 맥락에서 니체는 칸트가 플라톤 철학이나 신본주의 전통과 충분히 결별하지 못했다고 비판했다.

호명하며, 그의 과거 행적과 주변을 탐색해 어떤 사람이었는지 보도하는 일에 열을 올렸다. 이에 밴드 자우림의 보컬 김윤아는 "범죄자에게 서사를 부여하지 마십시오. 범죄자에게 마이크를 쥐어주지 마십시오"라는 글을 SNS에 올려 많은 사람에게 공감받았다.

옳은 지적이다. 범죄자의 꼴사나운 자아도취 발언과 추잡스러운 변명에 주목하고 귀를 기울일 필요는 없다. 그것은 범죄자에게 불필요한 유명세와 권력을 부여하는 꼴이다. 범죄자는 비난받아 마땅하며 저지른 죄에 응당한 처벌을 받아야만 한다. 관심을 기울이고 힘을 쏟아야 할 것은 범죄자가 아닌 피해자의 구제와 회복이다. 따라서 범죄자의 서사화, 특히 범죄자의 일방적인 언어와 논리로 구성되는 서사는 불필요하다.

그런데 그와는 별개로 우리는 '범죄'에 서사를 부여하려는 노력을 멈추지 말아야 한다. 그것은 범죄자가 '악마'가 아니라 우리와 같은 세계를 살아가는 한 명의 '인간'이기 때문이다. 만일 범죄를 탈서사화한다면, 이를테면 범죄자가 선험적인 '악마'이자 '근본악'에 해당한다면, 그는 잘못된 행동을 한 게 아니라 타고난 본성대로 행동했을 뿐이 아닌가? 범죄자가 근본악이라면, 사회적 개선과 교육 등의 노력은 다 무슨 소용이란 말인가? 늦든 빠르든 언젠가 그는 결국 악마로서의 본성을 드러내게 될 텐데 말이다.

이렇듯 근본악의 구도 내에서 악은 완전히 사라지거나 해결될 수 없으므로 악의 구체적 결과들, 다시 말해 악을 저지른 범죄자들을 최대한 빨리, 혹은 악이 구현되기 전에 치워버리는 것만이 유일하게 가능한 목표가 된다. 문제는 악이 인간의 모습을 한 채

잠복해 있기에 누가 악마인지 미리 파악할 방법이 없다는 점이다. 근본악이라는 구도 아래서 우리는 악이 출몰해 범죄가 발생하면 공분하고 한참 떠들어낸 뒤, 별다른 대비나 조처를 하지 않은 채 내버려 두고 잊는다. 그러면 악은 다시 반복해서 도래한다.

혹은 누가 악인지 미리 알 수 있어서 범죄가 일어나기 전에 파악 가능하다고 가정해보자. 아직 실행되지 않은 범죄에, 현실화되지 않은 가능성에 죄를 부여하고 처벌할 수 있는가? 영화 〈마이너리티 리포트〉2002는 특수한 능력을 지닌 사람들에 의해 범죄 발생을 예방할 수 있게 된 미래사회를 그린다. 영화에서 경찰은 세 명의 예지자가 예견하는 미래를 토대로, 범죄를 사전에 파악하고 범죄가 실행되기 전에 사람들을 체포해 처벌한다. 이 영화는 신비적인 요소(미래 예지자)를 도입해 근본악이 마치 해결 가능한 듯한 착시를 가져다준다.

그러나 이들은 궁극적으로 악의 본질을 해결하지 못한다. 악은 여전히 존재하며 범죄는 끊임없이 시도되고 발생한다. 예지자와 경찰의 활동은 범죄가 발생하는 원인을 분석해서 환경을 개선하고 악이 번성할 가능성을 줄여가는 방식이 아니다. 그들은 미래에 범죄를 저지르게 될 거라고 예상되는 행위자만을 칼로 도려내듯 현실로부터 분리하고 단죄함으로써, 악의 현상이 가시적으로 드러나지 않도록 봉합할 뿐이다. 악의 혐의는 범죄를 저지를 예정인 근본악의 구현체(범죄자라는 악의 주체)로 집중된다. 그 이면에 자리 잡은 범죄의 근본적인 원인, 즉 현실의 모순과 부조리는 건드려지지 않는다.

이런 관점의 또 다른 문제점은 철저한 결정론에 입각하고 있다는 점이다. 악은 끝내 해소되거나 근절되지 않기에, 악한 자는 개선의 여지가 없으며 언젠가는 반드시 범죄를 저지를 운명을 타고났다. 영화에서 경찰이 아직 발생하지 않은 범죄를 처벌할 수 있는 이유는, 범죄자가 필연적으로 악에 굴복하고 범죄를 저지를 운명이라고 가정하기 때문이다. 그러나 영화는 세 명의 예지자가 바라보는 미래가 같은 내용이 아니라 서로 조금씩 다르며, 때로는 상충한다는 사실을 보여준다. 두 명의 예지자가 누군가를 미래의 범죄자로 지목하더라도, 다른 한 명의 예지자(마이너리티)는 그가 범죄를 저지르지 않는 다른 미래를 본다. 아무리 범죄를 저지를 만한 기질을 지녔고 극한의 상황에 몰린 사람이라고 해도, 그 순간 다른 선택을 내릴 가능성은 얼마든지 존재하는 것이다.

게다가 우리는 저질러지지 않은 죄를 미리 적용해 특정한 인간을 제거하려는 시도가 역사 속에서 이미 실행된 적 있다는 사실을 기억해야 한다. 우생학은 범죄자를 미리 분별하려는 노력에서 비롯했다. 18세기 유럽의 의사와 과학자들은 사형수의 시체를 해부하거나 범죄자의 두개골 모양을 분석하면서, 악의 특성이 신체에서 드러난다고 생각했다. 그들은 특히 두개골의 형태와 뇌 조직을 관찰하고 측정함으로써 개인의 지능이나 성품, 특징들을 알 수있으며, 사악한 골상을 지닌 사람은 야만성과 미개함, 낮은 지능, 범죄 가능성 등의 특성을 가진다고 보았다. 범죄자들은 근본부터 글러먹은 냉혈한이며 애초에 상종 못 할 종자들이라는 것이다.

더 나아가 과학자들은 이를 '골상학'이라는 이름으로 학문화해 계속해서 자료를 축적하고 분류하기 시작했다.* 골상학은 인종별로 두개골의 모양이 서로 다르다는 걸 근거로 삼아, 인종 간에는 선천적으로 지능이나 도덕성에 커다란 차이가 있다고 주장하기 시작했다. 물론 가장 뛰어난 건 유럽인이었고, 흑인이나 동양인은 지능과 도덕성이 떨어지는 동물에 가까운 인종이다. 따라서 유색인의 무지와 타락은 당연한 것이고, 바꿀 수 없는 근본악에 속한다.

19세기까지 크게 유행했던 골상학 이론은 20세기 들어 우생학으로 이어졌다. 우생학은 가장 뛰어난 인종을 중심으로 유전형질을 개량해 인류를 더 우월한 존재로 재건해야 한다고 주장했다. 이를 실현하기 위해 유전적으로 열등하다고 여겨지는 흑인, 동성애자, 장애인 등을 강제로 불임으로 만들거나, 아예 말살하려 시도했다. 특히 나치 독일은 유대인이 근본악이라고 보았다. 나치 독일은 아주 어린 유대인 아이조차 결국엔 파렴치하고 사악한 유대인 어른으로 자랄 게 자명하다며 살해했다. 그러면서 이들은 유대인을 학살하는 행위가 근본악을 제거함으로써 인류를 구원하는 선한 일이자 신의 뜻을 실천하는 길이라 여겼다. 이렇듯 근본악이란 구도를 상정하고 나면, 그것은 궁극적으로 해결 불가능한 것이기에 해결책은 결국 비합리적이거나 도착적인 범죄로 기울어질 수밖에 없다.

그러니 그 무엇에도 근본악의 지위를 부여해 현실로부터 분리하

---

* 18세기의 한 의사는 당대의 이상 성욕자로 악명을 떨쳤던 사드 후작(Marquis de Sade)이 죽은 후, 그의 두개골과 뇌를 분석해 거기에 이미 사악함과 변태성의 특징이 잘 드러나 있다고 주장하기도 했다.

거나 사유 불가능한 것의 범주에 포함해 탈역사화하지 말자. 나치 독일의 잔악무도한 학살자들조차 근본악이 아니다. 피해자의 경험이 이해되거나 사유될 수 없는 저 너머의 대상이 아니듯이, 나치라는 악도 마찬가지다. 무언가를 근본악으로 여기는 것은 가장 손쉽고 무책임한 회피이자 태만이며, 또 다른 종류의 초월성을 설정하는 행위다. 그것은 죄의 책임을 줄여줄 뿐만 아니라 악을 반복 가능한 것으로 만드는 일이다. 범죄를 서사화하는 행위는 악을 초월성이라는 진공상태로부터 끄집어내 철저히 현실화하는 작업이다. 그것은 범죄가 발생한 사회적 맥락과 환경을 살펴, 궁극적으로 범죄의 재발을 막고 피해를 최소화하는 방법이다.

우리는 악과 마주하기를 두려워하면 안 된다. 악을 논리적으로 설명하고 상황과 맥락 안에서 바라보려는 노력을 게을리하면 안 된다. 악을 도무지 이해할 수 없는 저 너머의 초월적 대상으로 상정하는 대신, 현실의 땅 위로 끌어내려야 한다. 이해 불가능한 악의 발현이라든가 타고난 사악한 본성이 범죄의 실행을 절대적으로 결정하는 것이 아니다. 범죄는 그가 태어난 환경, 제반의 사회적 조건, 성장하면서 겪은 여러 사건, 그리고 한 명의 인간으로서 내리는 선택과 결정들로부터 발생한다.

따라서 범죄는 면밀히 사유해야 하며 합리성의 체계로 포섭되고 논리적인 언어로 번역해야 할 대상이다. 범죄를 이해하려는 행동이 범죄자에게 동화된다거나, 그들의 죄를 경감시켜주려는 노력이라고 여기지 말자. 끔찍하다고 여겨지는 범죄일수록 철저히 들여다보고 분석해야 한다. 무슨 이유로 악이 출현하고 범죄가 발생하기에 이르렀는지, 미연에 방지하거나 막을 수는 없었던 것인지 범죄를 둘러싼 정황과 배경을 면밀히 살펴야 한다. 그리하여 다시는 그런 범죄가 반복되지 않도록 노력하는 것이 우리에게 주어진 책무다.

바디우는 범죄와 악의 창궐 앞에서 사유의 무능함을 부르짖고, '종말 선언'이라는 달콤한 마비와 자학에 도취된 사람들에게 이렇게 말한다.

> 희생자들에게 표해야 할 가장 필수적인 경건함은 정신의 마비 안에, 범죄에 직면한 정신의 자기 고발적 동요에 있는 것이 아니다. 그것은 항상 학살자들의 면전에서, 희생자들을 계속해서 인간성의 대표자들로 지명하는 데 있는 것이다.[9]

우리가 희생자들에게 표해야 할 경건함은 범죄 앞에서 정신을 마비시키고 사유를 포기하는 무책임한 태도에 있지 않다. 지독한 폭력이나 잔혹한 범죄가 자행되고 반복될수록, 남겨진 자들에게는 망설임 없이 악과 대면하고 치열하게 사유해야만 하는 책임이 지워진다. 희생자들을 호명하고 그들의 얼굴을 떠올리며, 다시는 이런 재난이 반복되지 않도록 만들어야 한다.

비인간으로 존재하는 수많은 사람에게 관심을 기울이고, 희생자들을 인간성의 대표로서 지목해야만 한다. 그것은 다름 아닌 '학살자들의 면전'에서 이루어져야 한다. 학살자는 '근본악'이 아니다. 구역질 나고 혐오스러울지라도 학살자는 불완전하고 부족한한 명의 '인간'에 불과하다. 이런 태도는 악의 철저한 세속화를 요청한다.

마찬가지로 희생자 또한 불행하고 안타까운 일을 겪은 한 명의 '인간'일 뿐이다. 다만 그 일은 인력으로 어찌할 수 없는 천재지변이 아니라, 일어나지 않았을 수도 있는 범죄라는 사실을 잊지 말아야 한다. 우리는 희생자들을 자칫 언제 다시 상실할지 모르는 인간성의 대표자로서 끊임없이 호명해야 한다. 그것이 남은 자들이 취해야 하는 올바른 추모의 자세이자 애도의 방식이다.

애도는 희생자를 재현될 수 없는 '경험', 언어화될 수 없는 '실재', 접근할 수 없는 '물物 자체'로 만들어 사유의 바깥으로 밀어내는 것이 아니다. 물론 사유는 그들이 겪은 이루 말할 수 없는 참혹한 '실재'에 '완전히' 접근할 수 없을지도 모른다. 그러나 어떻게든 실재에 접근하려는 모든 노력을 쉼 없이 경주하는 일, 그것이야말로 우리가 희생자에게 보내는 마지막 우정의 인사다. 애도란 희생자의 고통을 통해 지금을 사유하고 다른 세계, 즉 그들이 바라던 세계, 그들이 희생되지 않았을 세계를 구체화하고 실현하는 사유와 행동 속에 있다.

20세기는 범죄와 테러의 세기로 불리지만, 우리는 20세기가 또한 거대한 해방의 세기였다는 사실을 잊어서는 안 된다. 현재의 인류와는 달리 20세기의 인류는 새로운 세계를 향한 이념과 청사진, 미래를 건설할 비전을 간직하고 있었다. 반면 21세기를 사는 우리에게 남겨진 미래란 앞으로 연이어 들이닥칠 재난과 최종적인 종말이라는 지극히 어두운 결말뿐인 듯 보인다.

세계에 대규모의 재난이 창궐하는 오늘날, 사회가 범죄로 가득하고 우리 곁에서 악이 그 맹위를 떨치는 듯 보이는 지금, 우리는 "어쩔 수 없어"라든가 "세상이 원래 다 그렇지"라며 손쉬운 회피로 빠져든다. 그러나 우리는 패배주의나 체념에 빠지는 대신 그들과 마주해 깊이 사유하고 성찰해야만 한다. 재난 앞에서도, 아니 재난이 맹위를 떨칠수록 사유의 힘을 잊어서는 안 된다.

3.
자본주의

곤경에 빠진 탈영토화된 괴물

자본주의의 종말은 가능한가?

마르크스주의 비평가 프레드릭 제임슨Fredric Jameson은 "자본주의의 종말을 상상하는 것보다 세계의 종말을 상상하는 것이 더 쉽다"라고 말한 바 있다. 이 말은 영구적인 통치 권력이 되어버린 자본주의의 현 상태를 지시한다. 오늘날 세계의 종말을 상상하는 영화나 소설들은 넘쳐나지만, 자본주의의 종말에 관한 상상은 찾아보기 힘들다. 우리는 세계에서 '자본주의의 종말을 상상할 권리'를 빼앗겼다. 상상의 종말, 그것은 결국 사유의 종말을 지시하고 있다. 상상하지 못하게 된 것은 사유하는 능력을 상실했기 때문이다. 사유의 종말은 나타나는 새로운 것들에 대한 현실화의 모든 가능성을 포기하는 일이다.

세계는 자본주의의 종말이란 상상할 수 없는 것이며 사유 불가능한 것이라 공표한다. 통용되는 견해란 다음과 같다. "세계는 마땅히 자본주의의 논리로 구성되고 만들어져야 하며, 그것은 당연하고 자연스러운 법칙이다. 자본주의만이 역사가 증명한 최선의 체제이기 때문이다." 그 결과 우리가 목격하고 있는 현상은 전 영역에 걸친 "글로벌 자본주의의 승리"다. 이제 자본주의는 "하나의 전체적 구조로 간주"되며, "지구 전체에 부동의 실질적 지배력"을 갖게 되었다.[1]

자본에 대한 최소한의 규제조차 금기시하는 자본의 논리가 해방되었으며, 모든 종류의 규제는 자본의 운동을 방해한다는 비판을 받고 있다. 자본의 논리가 노동법, 사회보장제도, 교육제도 등 입법의 전 영역을 광범위하게 공격하기 시작했다. 글로벌 자본주의는 세계에 자신의 영향력이 미치지 않는 영토가 남아 있는 꼴을 순순히 두고 보지 않는다. 끝없는 팽창을 거듭한 자본주의는 마침내 생명 전체와 지구 전체, 그리고 미래의 가능성마저 집어삼켰다. 정말로 자본주의의 종말이란 세계의 종말보다도 더 어려운 일이 되어버렸는지도 모른다.

한편으로 제임슨의 선언은 자본주의 체제의 영속성을 인정하는 지식인들의 체념 어린 언표가 되었다. 기를 쓰고 비판하더라도 자본주의는 끝날 기미를 보이기는커녕 아무런 타격도 입지 않는다. 아니, 오히려 그러한 비판을 양분으로 삼는다고 하는 편이 맞을지도 모른다. 마르크스주의자, 알튀세르주의자, 아나키스트, 노동조합 활동가, 페미니스트, 환경운동가 등의 비판적 지식인들이 안간힘을 쓰고 목이 터지게 부르짖어도 자본주의는 눈 하나 깜짝하지 않고 끊임없이 덩치를 불려가며 세계를 파괴하고 모든 걸 남김없이 먹어치운다. 자본주의가 휩쓸고 지나간 자리에는 황폐해진

자연과 함께 온갖 쓰레기와 폐기물만이 남는다. 이제 지식인들은 자포자기하는 심정으로 "자본주의는 종말하지 않는다, 차라리 세계가 종말하는 편이 더 빠를 것이다"라며 무력함을 인정하고 한발 빠르게 백기 투항을 선언한다.

자본주의 통치의 거스를 수 없는 지배력을 강조하는 지식인들에게는 체념 어린 태도가 엿보인다. 그들은 모든 형태의 사회운동과 저항들, 반란과 봉기들조차 끝내는 성공을 거둘 수 없으며, 결국은 자본주의 권력을 넘어서지 못하고 패배할 것으로 전망한다. 어쩌면 지금까지 그들의 예측은 크게 틀리지 않았을지도 모른다. 급진적인 사회운동들은 지속적인 변화를 창출하거나 창조적인 대안을 마련하는 데까지 나아가지 못했고, 그 대신 기존의 제도권 정치에 포섭되거나 패퇴해 사라져버렸다.

그러나 정치철학자 안토니오 네그리Antonio Negri는 자본주의 '권력'이 과연 어디에서 온 것인지를 생각해보라고 반문한다. 자본주의 권력은 결코 안정되거나 자족적인 구성체가 아니다. 자본주의의 영구한 통치란 사람들의 착시와 헛된 믿음이 투영되어 만들어진 거대한 신기루와 같다. 권력은 어디까지나 인민들의 동의로부터 창출되는 것이며, 이들이 동의를 철회할 때 거대해 보였던 권력은 한순간에 무너져내릴 수 있다. 초라함을 감출 요량으로 자본주의 권력은 자신의 강맹함을 뽐내보지만, 그것은 사실 인민들이 지닌 창조적 역능을 전유하고 반전시킨 것일 뿐이다. 네그리는 "전능한 리바이어던의 이미지는 빈자와 종속된 사람들에게 겁을 주어 순종하게 만드는 데 복무하는 우화일 뿐"이라고 지적한다.[2]

전능한 '리바이어던'의 실체는 동화 속의 벌거벗은 임금님이다. 어느 날 궁에 찾아온 재단사들은 세상에서 가장 완벽하고 좋은 옷감을 구해 왔다고 주장하며, 그걸로 황제의 옷을 만들어주겠다고 제안한다. 아무리 살펴봐도 옷감은 보이지 않지만, 영악한 재단사들은 이렇게 주장한다. "양식과 안목이 있는 사람이라면 누구라도 옷감의 훌륭함과 고급스러움을 금방 알아챌 것입니다. 만일 보지 못한다면 그는 바보입니다." 재단사들이 한 일은 간단하다. 하나의 전제—허술하지만 거부할 수 없는 전제—를 심어놓은 것이다. 옷감이 보이지 않는다고 말하는 사람은 바보다.

황제와 관료들은 바보가 되지 않으려고 보이지 않는 옷감을 앞다투어 칭찬하고 찬사를 아끼지 않는다. 이윽고 재단사들은 완성되었다며 '보이지 않는 옷'을 가져오고, 황제는 그 아름다움에 감탄하는 척한다. 심지어 옷의 아름다움을 나누기 위해 거리를 행차하겠다고 말한다. 황제는 보이지 않는 옷의 현존을 가장 확신하는 모습을 보여줌으로써, 자신이 바보가 아니며 누구보다 뛰어난 식견을 지닌 훌륭한 군주라는 사실을 증명하고 싶어 한다. 벌거벗은 황제가 거리를 돌아다니지만, 권력의 위압에 주눅 든 사람들은 감히 진실을 말하지 못한다. 우화는 우리에게 확고하게 굳어진 전제

• 리바이어던(Leviathan)이란 구약성서에 등장하는 바닷속에 사는 거대한 괴물이다. 17세기 영국의 정치철학자 토머스 홉스(Thomas Hobbes)는 저서 《리바이어던》에서 절대권력을 지닌 군주를 리바이어던에 비유했다. 육지의 괴물 베히모스(Behemoth)가 끝없는 전쟁과 혼란 상태를 상징한다면, 이와 대비되는 리바이어던은 절대권력을 통해 유지되는 항구적인 평화의 상태를 상징한다.

가 얼마나 위험한 것인지를 보여준다. 그리고 전제의 외부에서 바라보면 그 신념 체계가 얼마나 어리석고 우스꽝스러운 것인지를 폭로한다.

오늘날 자본주의에 봉사하는 재단사들은 이렇게 말한다. "총명하고 현실적인 지식인이라면 누구라도 자본주의가 가장 훌륭하고 완벽한 체제라는 사실을 알고 있습니다. 만일 그걸 거부한다면 그는 바보입니다." 이 전제가 반박할 수 없는 진리로 둔갑하는 순간, 사람들은 감히 거기에 반대하지 못한다. 자본주의에 반대하는 사람은 스스로 바보라는 사실을 만천하에 공표하는 꼴이 되기 때문이다.

현재 지식인들이 처한 상황이 바로 이와 같다. 자본주의를 옹호하는 제1세계 진영이 전쟁에서 승리를 거두고 역사가 증명한 승자가 되었다. 이제 자본주의에 반대하는 사람은 스스로 바보라는 걸 공표하는 꼴이 되어버린 셈이다. 재단사들이 선언한 전제는 소련과 동구권의 몰락 이후 더욱 심화했다. 새로운 체제를 표명하며 나왔던 세계들은 모두 패배해 사라지고 말았다. 강한 자가 살아남는 것이 아니라, 살아남은 자가 강한 것이다. 자본주의는 경쟁에서 살아남은 유일한 체제다. 따라서 자본주의는 역사상 가장 부강하고 훌륭한 체제로서 입증되었다.

벌거벗은 리바이어던

자본주의에 봉사하는 재단사들은 치밀하다. 그들에 따르면 '보이지 않는 옷'은 세상에 하나뿐인 가장 완벽한 옷이다. 이 옷은 스스로 온도와 습도를 조절해 항상 최적의 신체 상태를 유지하는 기능을 갖추었다. 다른 옷들은 더 이상 필요하지 않다. '보이지 않는 옷'은 바로 자본주의에서 일컬어지는 '보이지 않는 손'의 신화다. 신화에 따르면 보이지 않는 손은 수요와 공급의 적정한 수치를 감안해 스스로 가격의 절충점을 찾아내고, 시장을 언제나 최적의 상태로 유지한다. 보이지 않는 손은 재화를 사회에 알맞게 분배하기도 하며, 상품의 생산과 유통, 노동의 필요성까지 모든 것을 관장한다. 외부에서의 다른 개입은 불필요하며, 개입할수록 보이지 않는 손의 작동을 방해할 뿐이다. 이제 재단사들은 명령한다. "'보이지 않는 옷'만을 제외하고 다른 모든 옷을 모조리 불태워야 한다." 이렇게 우리는 자본주의 이외에 모든 대안을 상실해버렸다.

자본주의는 '보이지 않는 옷'의 신화를 믿으라 말하며 우리를 냉혹하고 무정한 생존의 전쟁터로 밀어 넣는다. 우리는 아무런 보호 없이 알몸으로 세계에 맞서야 하는 처지다. 세계는 사회복지와 공공서비스에 의존하는 자를 무능력한 무임승차자라 비난하고, 세계에 맞서 홀로 살아남아 너 자신의 가치와 능력을 입증하는 것이야말로 인간으로서 존재 이유를 증명하는 일이라고 말한다.

처음에는 바보라는 비난이 두려워 마지못해 보이지 않는 옷을 칭찬했던 사람들은, 어느 순간 부재하는 옷이 정말로 존재한다고 믿어버리기 마련이다. 편견으로부터 자유로운 어린아이가 재단사들의 사기극을 가장 먼저 간파했듯이, 우리는 익숙한 고정관념으로부터 벗어나야 한다. 자본주의의 종말이 불가능하다는 전제로부터 이탈해야 하며, 자꾸만 그런 말을 반복하는 사람들을 의심해야 한다.

타인에게 바보가 아니라는 사실을 증명하기 위해 벌거벗는 얼간이가 되지는 말자. 바보라는 낙인이 두려워서 옷을 벗고 대비 없이 밖으로 나갔다가 종말을 맞이하지는 말자. 누군가 바보라고 비난해도 신경 쓰지 말고 진실을 밝히자. 당신이 부재하는 옷이 실재한다고 고집하며, 아무것도 입지 않고 돌아다니다가는 얼어 죽고 말 거라는 사실을 말이다. 옷이 마음에 들지 않는다면 수선하거나 다른 옷을 꺼내 입으면 된다. 자본주의 외에는 대안이 없다는 거짓말을 믿지 말자. 우리는 자본주의가 아닌 다른 세계를 얼마든지 사유할 수 있으며, 원한다면 건설할 수도 있다.

만일 자본주의에 반대한다고 해서 누군가 당신을 공산주의자라고 비난한다면, 그냥 간단히 공산주의자가 되자. 마르크스는 공산주의를 특정한 종류의 사회 체제, 정당, 국가 형태, 혹은 정의라고 생각하지 않았다. 공산주의란 자본주의 체제의 역사적 붕괴라는 과정 자체를 지시하는 명칭일 뿐이다. 우리는 자본주의의 몰락 이후에 도래할 역사적 시퀀스에 공산주의라는 이름을 붙일 것이다.

상황 안에서 진실을 증언하고 변화를 열망하는 자에게 공산주의자라는 비난은 감내해야 할 수고로움이다.

화려함과 권력으로 무장한 허울 좋은 군주의 실체는 알몸으로 외부에 노출된 가련하고 어리석은 리바이어던이다. 전능하다고 여겨지는, 혹은 전능한 척하는 리바이어던이 과시하는 자본주의의 휘황한 스펙터클 너머에는 군주의 유약한 신체가 있다. 그는 추위와 불안에 떨고 있다. 자본주의 권력을 깨부술 수 없는 견고한 실체를 갖춘 대상처럼 여기는 것은 자본주의가 자신의 허약함과 두려움을 가리기 위해 만든 위장막이다. 자본주의가 무너지지 않을 거라는 거짓말은 인민의 체념 어린 동의를 끌어내기 위한 허구일 뿐이다. 군주의 힘은 막강해 보이고, 저항은 불가능하며, 현실은 바뀌지 않을 것만 같다. 그러나 거대해 보이는 힘의 실체는 다중의 역능을 빼앗아 그럴듯하게 꾸며놓은 것에 불과하다는 사실을 깨달아야 한다.

제임슨이 말하듯이 자본주의의 종말은 정말로 불가능한 것일까? 종말은 가능하다. 이미 자본주의 세계는 파국으로 치닫고 있으며 종말에 가까워지고 있다. 우리가 날마다 겪고 체감하고 있는 위기의 실체는 다름 아닌 자본주의의 위기다. 자본주의는 이미 그 시효가 다하였으며, 끝이 얼마 남지 않은 위태로운 체제다. 이제 자본주의는 살아남기 위해 책임을 떠넘기고 원인을 불분명하게 만들어 진실을 은폐하려 안간힘을 쓰고 있다.

문제는 자본주의 재단사들이 꾸며낸 전제가 인류의 영혼을 감염시켜놓았다는 점에 있다. 인간의 영혼은 자본주의적 열망에 온통 사로잡혀 있다. 감염된 인간은 자본주의 이외의 세계를 고려하지 않는다. 다른 세계의 존재 가능성을 믿지 않는다. 다른 세계를 사유하지 않기 때문에 자본주의는 좀비처럼 끊임없이 부활한다. 자본주의라는 옷 이외의 것들을 모조리 불태워버린 우리는 자본주의 말고 다른 옷을 찾을 수 없다.

자본주의는 처음부터 미래나 보편적 인류와 관련해 아무런 전망이나 비전도 갖고 있지 않았다. 그것은 시장의 우수성과 자율적인 작동의 원리를 옹호하는 일련의 신화들로 구성된 불분명한 전제다. 자본주의는 보편적 인류와 관련해 어떠한 목표도 갖지 않는다. 자본주의의 유일한 목표는 자본의 끝없는 축적이다.

여기에 세계를 맡기는 건 눈을 가린 채 폭풍우 속을 항해하는 선장의 함선에 올라타는 셈이다. 선장은 '보이지 않은 옷'의 기능만을 확신한 채 맹추위에도 아랑곳하지 않고 인류의 생명을 판돈으로 도박판을 벌이고 있다. 패배한다면 자신과 인류가 함께 종말할 것이고, 운 좋게 승리한다면 금융자본이 끊임없이 축적되어갈 것이다. 정신 나간 선장은 종말이 오더라도 도박을 멈출 생각이 없다.

우리가 염려하고 관심을 쏟아야 할 사항은 자본주의가 종말할 것인가 말 것인가가 아니다. '가장 훌륭하고 유일하게 가능한 체제'로서의 자본주의는 병들고 노쇠한 황제처럼 죽음을 눈앞에 두고 있다. 머지않아 커다란 파도가 휩쓸고 지나가면, 낡아빠진 자본주의는 바닷가에 모래로 쌓아놓은 성처럼 허물어져 내릴 것이다. 체제의 종말은 처음 있는 일도 아니고, 그리 놀랄 만한 일도 아니다. 하나의 분배방식이 지닌 부작용이 심화하고 축적되어 세계에 깊은 상흔을 남겼다. 체제의 폭력성이 드러났고 불완전성이 여실히 증명되었다. 이제 기존의 체제로부터 탈주해 다른 체제로 신속히 이행하면 된다. 필요한 건 단지 그뿐이다.

문제의 핵심은 우리가 자본주의의 종말을 받아들이느냐 마느냐에 달려 있다. 자본주의에서 벗어나지 못한다면, 자본주의는 세계와 함께 침몰할 것이다. 자본주의가 자발적으로 물러나거나 순순히 세계를 놓아주기를 기대하기는 어렵다. 이대로라면 자본주의의 종말이 세계의 종말과 동의어가 되는 순간이 찾아올 것이다. 완전한 몰락이 시작되기 전에 세계를 옭아매고 있는 자본주의를 강제로 떼어내 역사 속으로 추방해야 한다.

세계의 종말에 맞서기 위해서는 자본주의를 파괴해야 한다. 자본주의냐 세계냐, 어떤 것의 종말을 선택할 것인가? 우리는 자본주의로 구성되거나 배치되지 않는 새로운 세계를 창안하고 건설해야 한다. 결국 다시 돌아와서, 재난을 끝장내기 위한 진정한 해결책은 자본주의 너머를 상상할 수 없도록 만드는 '사유의 종말을 끝장내기'인 셈이다.

바디우는 현시대에 만연한 위기의 목록들을 나열하면서 "우리의 병은 실로 아주 오래전에 시작되었다"라고 말한 바 있다.[3] 우리는 바디우의 한탄을 이해할 수 있다. 우리의 병은 다름 아닌 공산주의의 몰락이라는 역사적 실패로부터, 다시 말해 자본주의의 최종적이고 불가역적인 승리가 선언되고 항구적인 지배가 승인된 시점에서부터, 그에 따라 자본주의를 넘어서려는 시도가 봉쇄당하고 사유의 움직임이 종료되어버린 시점에서부터 시작했기 때문이다.

좀비와 자본주의

마르크스는 《자본론》에서 자본의 속성을 뱀파이어에 비유한 바 있다. 그에 따르면 자본의 운동은 혼자서는 새로운 어떤 것도 창조하지 못하는 '죽은 노동'에 불과하다. 자본의 '죽은 노동'은 오로지 '산 노동'을 하는 노동자에게 기생해 잉여를 착취하고 증식함으로써만 생존을 도모할 수 있다. 자본가는 살아남기 위해 노동자의 노동력을 필요로 하며, 노동자를 이용해 이윤을 획득하고 자산을 축적한다. 그러나 자본가는 노동자들을 착취하고 지배하며, 그들의 위에서 군림하는 계급이다. 이와 마찬가지로 살아남기 위해 끊임없이 인간의 피를 공급받아야 하는 뱀파이어는 인간이 없다면 홀로 생존할 수 없다. 뱀파이어는 인간에게 기생하는 존재지만, 인간을 사냥하며 인간의 위에서 군림한다는 점에서 '자본가적인 괴물'이다.

뱀파이어가 지배 계급의 속성을 지녔다면, 좀비는 하층민의 속성을 갖는 괴물이다. 커다란 성이나 고급 저택에 사는 뱀파이어와 달리, 떠돌이 신세인 좀비에게는 집이 없다. 뱀파이어가 고풍스러운 턱시도나 값비싼 드레스를 입고 등장한다면, 좀비는 헐벗은 옷

차림에 악취를 풍기며 더러운 몰골로 등장한다. 뱀파이어는 영생을 살며 거대한 권력과 부를 누리고, 박쥐로 변신하거나 안개로 흩어지는 등 초자연적인 힘을 가졌다. 반면 아무런 재산이나 힘도 없이 부패하고 손상된 신체를 끌고 이리저리 떼를 지어 몰려다닌다는 점에서 좀비는 영락없는 부랑자나 무질서한 군중을 연상케 한다. 뱀파이어가 강력한 힘을 지닌 소수정예 괴물이라면, 좀비는 숫자만 많을 뿐 별다른 능력이 없는 굼뜨고 무기력한 괴물이다.

이와 관련해 흥미로운 사례를 하나 살펴보자. 세계 최초로 제작된 좀비영화 〈화이트 좀비〉1932에서 좀비들을 만들고 지배하는 주술사 '머더'를 연기한 건 벨라 루고시Bela Lugosi라는 헝가리 출신 배우다. 루고시는 이국적이고 독특한 억양과 귀족적인 외모로 인상 깊은 연기를 펼쳐 인기를 얻었으며, 당대 유니버설 스튜디오의 호러 스타로 명성을 떨쳤다.

〈화이트 좀비〉가 개봉하기 1년 전 루고시는 〈드라큘라〉1931에서 '드라큘라 백작' 역을 맡은 바 있다. 이 영화에서 루고시는 검은 망토에 연미복을 차려입고 파티에서 여성들을 유혹해 피를 빨아먹는 귀족으로 등장한다. 귀족 '드라큘라' 역할을 한 루고시가 좀비영화에서는 좀비들을 지배하는 '좀비 마스터'의 역할을 한 것이다. 머더는 수많은 좀비를 조종해 공장에서 노동시켜 막대한 부를 얻는 자본가이기도 하다. 이처럼 뱀파이어가 상류층이자 자본가적인 괴물이라면, 좀비는 그 기원에서부터 노예와 노동자의 정체성을 지닌 괴물이다.

좀비는 안전장치나 휴식 없이 단순하고 힘겨운 노동을 기계처럼 온종일 반복하다가 아무도 모르게 죽어나간다. 물론 제대로 된 임금도 받지 못한다. 이들이 차라리 기계였다면 좋았을 것이다. 그러나 부두교좀비는 여전히 인간이다. 이들은 괴로워하고 고통에 신음했으며 붉은 피를 흘리며 죽어갔다. 따라서 좀비가 자본주의의 몰락을 꿈꾸며, 세계의 끝을 갈망하는 괴물로 진화했다는 사실은 놀랄 만한 일이 아니다. 좀비는 태생부터 자본주의적 생산의 잔여물이자, 자본가의 안티테제에 해당하는 계급이기 때문이다.

좀비가 초래하는 재난은 시간이 지날수록 그 규모나 파괴력이 커지는 양상을 띤다. 부당한 처우와 학대에 아무런 저항도 하지 못하던 부두교좀비에서, 느리지만 인간을 죽이고 뜯어먹는 식인좀비를 거쳐, 순식간에 세계를 멸망으로 몰아가는 바이러스좀비로 진화한 것이다. 좀비의 진화는 자본주의의 진화와 공명하고 짝을 이루며 진행된다. 좀비가 강력해지고 빨라진 데에는 자본주의의 팽창과 파괴의 속도가 이전에 비할 바 없이 가속화했다는 사실이 그대로 반영된다. 자본주의의 발전이 좀비가 힘을 얻고 활약할 환경을 마련해준 셈이다.

부두교좀비는 종말과는 거리가 먼 괴물이었다. 그들은 고된 노동에 종사하며 제국주의 열강에게 막대한 부를 선사하고 자본가의 이윤을 보장하는 노예일 뿐이다. 부두교좀비는 지배 계급의 착취에 순응하고 별다른 저항을 시도하지 않는다. 자본가의 명령에 따라 끝없는 노동을 하다가 생명을 소진할 뿐이다.

물론 실제로 이들이 고분고분하고 순종적인 노예로 머물렀던 건 아니다. 부두교좀비들이 대규모로 강제 노역에 시달렸던 아이티는 프랑스 식민지 시절 '생도맹그Saint Domingue'라고 불렸다. 1791년 사탕수수 농장의 흑인 노예들은 식민정부에 대항해 '아이티 혁명'을 일으킨다. 아이티 혁명군은 프랑스군과 영국군을 차례로 무찌르고 역사상 최초로 노예 혁명에 성공해, 1804년 마침내 완전한 독립 국가를 세웠다. 철학자 슬라보예 지젝Slavoj Žižek은 이를 두고 "진정으로 프랑스혁명의 반복이라는 칭호를 얻을 자격"이 있으며, 심지어 "프랑스혁명 자체보다도 한층 더 사건"에 해당한다고 평가한다.[4]

당시의 서구 사회는 아이티에서 벌어진 독립 전쟁의 성공에 커다란 두려움과 불안감을 느꼈다. 그리고 이와 같은 사례가 다시는 반복되지 않도록 신생 국가 아이티 공화국을 경제적으로 철저히 짓밟아놓는 일에 착수했다. 아이티 혁명은 절대 성공적인 사례로 기록되어서는 안 되는 사건이었기 때문이다.

프랑스 정부는 아이티에 노예 반란으로 인한 프랑스인 지주들의 손실을 배상하라며 1억 5,000만 프랑을 요구했다. 이는 당시 프랑스 정부의 1년 예산에 달하는 엄청난 금액이었다. 아이티는 매년 국가 예산의 80퍼센트에 달하는 금액을 프랑스에 배상하느라 도저히 자생할 수 없는 상태가 되었다. 다른 서구 국가들은 프랑스와 연합해 아이티를 독립국으로 인정하지 않았고 무역을 허용하지도 않았다.

정상적인 경제 성장을 할 수 없었던 아이티는 그 후유증으로 오늘날까지도 여전히 극빈국에서 벗어나지 못하고 있다. 응징을 마치고 나자 서구인들은 다시 안심하고 백인의 우월성을 뽐낼 수 있게 된다. 역시 노예 따위가 자기 삶의 주인이 된다거나, 스스로 국가를 세워 경영한다는 건 가당치 않은 일인 것이다.

이런 처절한 역사적 투쟁에도 불구하고 백인 사회에서 묘사되는 부두교좀비는 여전히 영혼을 상실해 백인의 명령에만 복종하는 가련한 노예 괴물로만 존재한다. 거기엔 노예들을 애초에 저항이 가능한 주체적 인간으로 상상하고 싶지 않아 했던 백인 사회의 무의식적 열망이 반영되어 있다. 좀비들이 지닌 역능과 주체성에 대한 두려움을 깊숙이 억압한 결과인 셈이다.

부두교좀비에게 허용되는 최대한의 저항이란, 백인 구성원 중한 명을 좀비로 바꿔 그들과 같은 처지로 만들어버리는 것이다. 그것은 현대의 좀비가 사람을 감염시키는 것과는 달리 손쉬운 일이 아니었으며, 매우 특수하고 예외적인 사건에 속했다. 게다가 그것은 부두교좀비가 자신의 의지와 능력으로 할 수 있는 일도 아니다. 누군가를 좀비로 만드는 건 오직 부두교좀비를 조종하는 주술사의 힘으로만 가능한 일이었다. 이것만으로도 당시 백인 관객들은 소스라치게 놀랐다. 가장 뛰어난 이성을 지니고 신에게 선택받은 인종인 백인이 인간도 아닌 열등한 노예와 같아질 수 있다니! 이렇듯 20세기 초반 부두교좀비가 초래하는 재난이란 특정한 개인을 좀비로 만듦으로써, 그의 인생을 끝장내고 영혼을 파멸시키는 '1종 재난'(사적 재난)의 형태로 나타난다.

1968년 조지 로메로George Romero의 영화에서 '식인좀비'가 등장하면서, 좀비는 이제 백인 지배자에 의존하지 않고 자체적인 저항을 시도하며, 소규모의 사회적 재난 형태를 띠게 되었다. 좀비는 누구의 명령도 듣지 않고 무엇으로도 통제할 수 없는 무질서하고 무차별적인 괴물이 된다. 그들의 유일한 갈망은 눈에 보이는 인간을 뜯어먹고 나와 같은 존재로 만드는 것이다.

이로써 좀비는 전방위로 전염되어 해당 지역과 사회의 정상적인 작동을 멈추는 2종 재난(사회적 재난)으로 거듭난다. 물론 여전히 무기력한 괴물인 좀비는 특정한 목표를 향해 열정적으로 움직이거나 증오로 불타오르지는 않는다. 좀비의 냉혹한 복수는 한순간의 극적인 종말을 추구하기보다, 느리지만 거스를 수 없는 재난으로 퍼져나가 자본주의를 파멸로 몰아가는 종류의 것이다. 그것은 마치 태업과 같은 방식으로 세계를 점유하고 아무것도 하지 않음으로써, 자본주의적 생산과 유통을 중단하고, 존재하는 모든 가능성을 소진하는 종말이다.

21세기 들어 좀비는 '바이러스좀비'로 다시 한번 극적인 진화를 거듭한다. 좀비는 글로벌 자본주의의 물결을 타고 실시간으로 세계에 퍼져나가 모든 물적·제도적 토대를 파괴하고 인류를 멸망으로 몰아가는 괴물이 되었다. 식인좀비가 마을과 지역사회를 파괴하는 2종 재난(사회적 재난)의 형태라면, 바이러스좀비는 거대한 자연재해와도 같은 불가항력적인 재난이며 인류의 종말을 초래하는 3종 재난(인류적 재난)의 형태다.

좀비는 자본주의의 오래되고 근원적인 타자다. 빠른 속도로 뛰어다니기 시작한 좀비는 자본주의가 구축해놓은 물류 라인과 이동 경로를 이용해서 효과적으로 인간을 살육하고, 빠르게 그 수를 불려 자본주의의 작동을 불가능하게 만들고 중단시킨다. 파도처럼 끝없이 밀려오는 좀비는 자본주의를 향한 거스를 수 없는 심판이자, 피할 수 없는 필연적 파국이다. 제국주의 시대가 낳은 극심한 인종차별의 산물이자 노예제로부터 탄생한 좀비는 자본주의의 억압이 거세지면 거세질수록, 그에 걸맞은 급진적이고 파괴적인 괴물로 진화해 세계의 마지막을 상상한다.

뱀파이어의 몰락

짐 자무쉬Jim Jarmusch 감독의 〈오직 사랑하는 이들만이 살아남는다〉2013는 몰락해가는 세기말적인 나른함과 타락의 분위기가 물씬 묻어나는 영화다. 이 영화에서 뱀파이어는 세계의 혼란과 소란스러운 인간들을 혐오해 은둔생활을 즐기는 귀족계층처럼 묘사된다. 뱀파이어는 불멸의 고전과 고급 예술을 사랑하고 음악과 미술을 즐기는 고상한 취향을 가진 존재인 반면, 인간들은 이와 대비되는 저급한 취향을 지닌 불결한 존재일 뿐이다. 뱀파이어는 인간을 '좀비'라는 멸칭으로 부른다. 이들이 보기에 인간-좀비는 무식하고 교양이 없으며, 실로 무가치한 존재다.

여기서 틸다 스윈튼Tilda Swinton은 화려하고 퇴폐적인 느낌의 뱀파이어 '이브'를 연기했다. 세계 곳곳을 떠돌며 헤아릴 수 없이 많은 날을 살아온 이브는 빠르게 변해가는 세계에 적응하지 못한 채, 타성에 젖고 권태에 빠져 서서히 죽어가고 있다. 폭력적이고 무지한 인간들은 과학기술을 동원해 세계를 온통 파괴하고 물을 오염시켰다. 또한 온갖 종류의 조악한 인스턴트, 싸구려 유전자 조작 식품들을 먹어가며 신체를 오염시켰다. 망가진 인간의 신체에서 생산된 오염된 피로 인해 뱀파이어들이 점차 중독되어 죽어간다.

자신들의 세계가 쇠진되고 몰락해가고 있으며, 이를 거스를 수 없다고 생각하는 뱀파이어들은 좋았던 과거를 회상하면서, 인간-좀비를 향한 적개심과 혐오를 분출한다. 그것이 그들이 할 수 있는 전부다. 삶이 이미 끝났으며 세계를 바꿀 수 없다고 여기는 자들은 열패감 속에서 과거를 회상하고 누군가를 혐오함으로써 현실을 잊어보려 애쓴다. 거기에는 어떠한 긍정성도 없으며, 단지 부정적이고 도착적인 죽음 충동만이 있다. 뱀파이어들은 멸망의 열차에 탑승한 채 무기력하게 끌려갈 뿐이다.

이브를 연기한 틸다 스윈튼은 같은 감독의 좀비영화 〈데드 돈 다이〉2019에도 출연한다. 좀비 장르에 대한 패러디와 오마주로 가득한 이 영화는 여러모로 로메로의 고전 좀비영화를 떠올리게 한다. 영화는 뛰는 좀비의 유행을 따르는 대신 로메로의 좀비처럼 느린 좀비를 등장시키고 있으며, 한 박자 느린 유머와 시니컬한 풍자로 현시대의 세태를 신랄하게 비판하고 조롱한다.

틸다 스윈튼이 연기한 '젤다'는 작은 마을에 사는 정체불명의 장의사다. 만일 전작의 이브가 운 좋게 살아남았다면, 만일 그가 최초로 오염된 피에 면역력을 갖게 된 뱀파이어라면, 이런 한적한 시골에서 장의사를 운영하면서 죽은 자의 피를 마시며 지냈을

법도 하다. 젤다가 운영하는 장의사는 "The Ever After Funeral Home"이다. 'ever after'는 동화책의 마지막에서 "그들은 그 후로 오래오래 행복하게 살았습니다"라며 훈훈한 마무리를 지을 때 흔히 쓰이는 표현이다. 이는 특정한 시점 이후의 지속됨을 의미하며, '그 후로 계속해서', 혹은 '영원히' 정도로 번역된다. 장의사의 명칭을 한국어로 옮기자면 '영원한 장의사' 혹은 '죽음 이후(를 돌보는) 장의사' 정도가 된다.*

그것은 젤다가 사망의 순간부터 그 이후의 사후세계에 이르기까지 망자를 편안하게 보살피는 장의사라는 의미일 것이다. 하지만 해석하기에 따라 젤다 자신이 죽음 너머의 영원한 존재라는 의미가 될 수도 있다. 젤다가 감독의 전작에서 뱀파이어 역할을 맡았음을 고려해보면 의미심장한 직업과 명칭이 아닐 수 없다. 뱀파이어는 이미 죽은 '언데드'이기에, '죽음 이후'를 살고 있다고 볼 수 있다. 또한 뱀파이어는 타인의 생명을 빼앗아가며 '영원한 삶'을 누리는 괴물이기도 하다.

젤다는 뱀파이어처럼 어디서 왔는지 알 수 없는 이방인이며, 장검술에 능한 미스테리한 존재다. 어느 날 작은 마을에 좀비가 출몰하기 시작하더니 이윽고 온 마을이 좀비로 가득해진다. 하지만 젤다는 좀비를 보고도 당황하지 않고 장검을 휘둘러 그들의 목을 손쉽게 잘라낸다. 젤다는 혼자 걸어서 좀비로 가득한 거리를 뚫고 경찰서까지 올 만큼 뛰어난 능력을 갖고 있으며, 경찰 외에는 알기

---

* 한국어판 정식 자막에서는 이를 '영생 장의사'로 번역하고 있다.

힘든 무전기와 통신기기 사용법에 관해 잘 알고 있다. 심지어 초자연적인 힘을 사용해 망가진 기계들을 손짓 한 번으로 고친다.

젤다는 컴퓨터를 이용해 어딘가로 알 수 없는 메시지를 보내더니 차를 타고 무덤가로 향한다. 젤다의 정체는 영화의 마지막 장면에서야 밝혀진다. 무덤가로 온 젤다를 향해 UFO가 날아온다. 젤다는 익숙한 듯 비행선으로 빨려 올라가고, 그를 태운 UFO는 어디론가 사라진다. 젤다는 사실 뱀파이어가 아니라 외계인이었다. 여기서 틸다 스윈튼이라는 배우를 중심으로 젤다를 뱀파이어로 상상해 '짐 자무쉬 유니버스'를 이어가보려 했던 나의 시도는 무산되고 말았다.

물론 틸다 스윈튼이 지닌 고혹적이며 귀족적인 분위기, 그리고 두 영화에 등장하는 캐릭터가 어디에도 정착하지 못하고 떠도는 이방인이라는 점에서 여전히 공통점은 존재한다. 틸다 스윈튼이 인간-좀비를 하나의 인격체로서 인정하거나 존중하지 않고, 조롱하거나 무심한 태도로 일관한다는 점도 동일하다. 〈데드 돈 다이〉의 외계인 젤다는 망자를 예우해야 하는 장의사의 본분과는 달리, 죽은 이들에게 우스꽝스러운 화장을 해주며 조롱하는 악취미를 지녔다. 화장을 해주던 중 시체들이 벌떡 일어나자 거리낌 없이 목을 잘라 시신을 훼손한다. 그에게 인간이란 하나의 관찰 대상일 뿐이며, 살았든 죽었든 사물과 다르지 않다.

〈오직 사랑하는 이들만이 살아남는다〉의 뱀파이어 이브는 인간의 생명을 파리목숨처럼 여기며 아무렇지 않게 목숨을 빼앗고 피를 빼는 괴물이다. 그가 살인을 망설이는 이유가 있다면, 인간의 피가 오염되어 잘못 마셨다가는 해를 입을 수 있기 때문이다. 영화의 마지막에서 더 이상 순수한 혈액이 남지 않았다는 걸 깨닫게 된 이브는 될 대로 되라는 심정으로 아무나 죽이기로 결심한다. 그가 타깃으로 삼는 건 서로 사랑에 빠진 젊고 아름다운 커플이다. 그들은 인생에서 가장 행복한 시기를 보내고 있으며, 삶의 열망으로 충만한 상태다. 이브는 우울하게 사그라드는 대신, 그들을 살해함으로써 힘을 과시하고 생의 마지막을 불꽃처럼 불사르고자 한다.

젤다와 이브는 모두 생명의 소중함이나 타인에 대한 존중을 알지 못한다. 인간-좀비란 귀찮고 혐오스러운 존재이며, 필요하다면 아무렇게나 죽여도 상관없는 무가치하고 열등한 먹잇감이자 사물일 뿐이다.

두 영화가 모두 인류의 타락을 종말의 원인으로 제시한다는 점에서도 유사성을 찾을 수 있다. 〈오직 사랑하는 이들만이 살아남는다〉에서 뱀파이어 아담(톰 히들스턴 분)은 이브에게 "인간 좀비들이 이 세상을 망치는 게 싫어. 모래시계 모래가 다 내려온 느낌이랄까"라고 말한다. 그에 따르면 세계가 멸망으로 치닫는 것은 전부 인간-좀비 때문이다. 인간-좀비가 환경을 망가뜨리고 물을 오염시키고 있으며, 무지와 맹신에 휩싸여 세계를 구원할 위대한 천재를 박해한다는 것이다. 인간-좀비의 만행으로 인해 종말하고 있는 건 뱀파이어의 세계만이 아니다. 아담과 이브는 집 주변에서 아직 철이 아닌데 자라난 광대버섯을 발견한다. 그들은 버섯이 이상해지고 있는 것은 하나의 징조라고 말하며, 결국 균류가 사라지면 모든 생물이 멸종하게 될 거라 예견한다.

〈데드 돈 다이〉에서 에너지 기업은 새로운 시추 공법을 동원해 극지방의 깊숙한 곳까지 땅을 파 내려가 천연자원을 뽑아내고자 한다. 과학자들은 무분별한 극지방 개발이 환경에 막대한 영향을 미칠 것이며, 자칫 지구의 자전축을 건드려 일조시간에 변화를 초래할 수도 있다고 경고한다. 그러나 정치가들은 과학자들을 음모론자이자 거짓말쟁이로 매도하며, 그들의 말을 믿을 필요가 없다고 주장한다. 그 대신 새로운 기술 개발로 인해 "많은 일자리와 이윤과 에너지를 얻었"다며 에너지 기업의 도전을 칭송하고 개발을 강행한다. 자본의 탐욕은 결국 재앙을 불러온다. 지구의 자전축이 비틀리면서 생태계가 교란되기 시작한 것이다. 갑자기 엉뚱한 버섯이 자라나고 개미들이 이상행동을 보인다. 반려동물이 폭력적으로 변해 사람들을 해치더니, 결국 시체들이 살아난다.

두 영화는 주변에서 볼 수 있는 작은 생물들의 변화를 통해 인간이 저지르는 파괴가 생태계 전체에 치명적인 영향을 미치고 있다는 사실을 보여준다. 버섯이나 개미의 이상은 단지 재난의 시작일 뿐이다. 〈데드 돈 다이〉는 앞으로 계속해서 벌어질 재난들을 언급한다. 자전축이 변화하면 풍향이 바뀔 것이고, 햇빛의 순환 주기가 변하면서 식물들의 성장에 영향을 미칠 것이다. 또한 지각 활동이 활발해지고 극지방의 얼음 대륙들이 이동하기 시작할 것이다. 인간의 활동이 결국 인류를 넘어 모든 생명체에게 재앙을 초래하게 된 것이다.

〈데드 돈 다이〉는 시종일관 썰렁한 농담조로 진행되다가 마지막

부분에 갑자기 전지적 시점으로 변하며, 은둔자 밥(톰 웨이츠 분)의 목소리를 통해 감독의 메시지를 직접 전달한다. 밥은 문명의 이기를 피해 숲속에서 홀로 지내고 있는 인물이다. 그는 세상이 어딘지 이전과 달라졌으며, 머지않아 재난이 닥쳐올 거라는 사실을 가장 먼저 파악하고 있다.

밥은 이렇게 독백한다. "세상의 종말이 왔어. 저 유령 인간들은 영혼을 잃어버린 거야. 영혼을 팔아 황금과 물질을 산 거지. 새 트럭이나 좋은 살림살이, 새 옷, 닌텐도 게임보이 같은 거. 그래도 아직 굶주렸어. (…) 세상이 엉망진창이군." 밥은 좀비들을 '좀비'라고 부르는 대신 '유령 인간'이라는 호칭을 쓴다. 그가 보기엔 좀비와 인간이 별반 다르지 않기 때문이다. 좀비는 영혼을 상실한 존재지만, 인간 또한 돈과 물질에 눈이 멀어 스스로의 영혼을 팔았다. 이들은 모든 것을 소유하고 모든 것을 파괴하더라도 해소되지 않는 항구적인 굶주림에 신음한다. 그 덕분에 "세상이 엉망진창"이다.

두 편의 영화는 우리가 맞이하게 될 종말의 시퀀스를 보여주고 있다. 첫 번째로 글로벌 자본주의의 파괴가 극에 달하면서, 세계는 위기를 맞이할 것이고 자본주의는 몰락할 것이다. 이것이 〈오직 사랑하는 이들만이 살아남는다〉에서 보여주는 장면이다. 자본가-뱀파이어는 거스를 수 없는 몰락 앞에서 호기롭게 마지막 착취를 시도하다가 종말을 맞이한다. 그렇다면 종말에 봉착한 자본주의 이후, 인류는 해방의 단계에 다다르게 될 것인가?

자본주의는 다른 세계를 금지하기에, 우리는 자본주의 너머를 사유해본 적이 없다. 이것이 〈데드 돈 다이〉에서 보여주고 있는 단계, 두 번째로 우리가 맞이하게 될 종말이다. 다른 세계를 사유하고 건설할 능력이 없는 인간은 자본주의 너머로 나아가지 못한다. 좀비는 죽은 후에도 생전의 일상을 그대로 반복한다. 마찬가지로 인간은 몰락한 자본주의를 붙든 채 영혼을 팔아 물질을 구매하는 일을 반복하다가 모조리 좀비가 될 것이다. 결국 세계는 완전하게 파괴되고 인류는 종말한다.

포식자와 전염병

우리의 논의를 조금 더 멀리까지 끌고 가기 위해서 다른 이야기를 참고해보자. 브룩스의 단편소설 〈멸종 행진〉은 오늘날 자본주의 세계가 처한 곤경을 적확하게 포착한 우화다. 뱀파이어가 노동자의 생명력을 착취해 연명하는 자본가, 혹은 자본주의 시스템 자체를 은유한다는 사실을 다시 환기하면서 소설을 살펴보자. 현대의 뛰는 좀비영화에서 좀비는 대개 새로운 바이러스로부터 출현하기에, 좀비 사태는 첨단 유전공학 시설을 갖춘 연구실이나 기업, 혹은 정부의 은밀한 군사 실험으로부터 시작한다. 뛰는 좀비는 자연발생적인 괴물이 아니라 마치 《프랑켄슈타인》 속 괴물처럼 사후에 발명된 괴물이다. 좀비가 만들어지려면 많은 시간과 노력이 필요하기에, 좀비는 부와 권력의 집산물이라 할 수 있다.

그러나 이 소설에서 좀비는 최근에 새롭게 등장한 괴물이 아니다. 좀비는 과거에도 존재했으며, 여기저기에서 꾸준히 출현해왔다. 뱀파이어 '나'의 설명을 살펴보자. 뱀파이어들에게 '반송장'이라고 불리는 좀비는 우스꽝스러운 농담거리에 지나지 않는다. 좀비는 심각하게 느리고 조심성이 없는 데다가, 결정적으로 너무나도 멍청했기 때문이다. 뱀파이어들이 보기에 좀비는 한심한 경멸의 대상일 뿐이다. 그들은 좀비가 자신들에게 아무런 위협이 되지 않는다고 생각한다. 좀비는 유사 이래로 인간과 뱀파이어와 더불어 지구상에 존재해 왔다. 그러나 '나'는 뱀파이어와 좀비는 '함께' 살아온 것이 아니라, 언제나 뱀파이어의 '밑에서' 좀비가 살아왔을 뿐이라고 주장한다. 우월한 지능과 힘을 지닌 뱀파이어들에게 좀비는 비교조차 불쾌한 열등하고 미개한 존재로 여겨진다.[5]

좀비는 때때로 급작스럽게 출현해 산불이 타오르듯 급격히 번성하곤 했지만, 한 번도 '심각한 위협'이 된 적은 없다. 좀비는 인간을 먹어치우는 괴물이지만, 인간들 역시 좀비를 큰 위협으로 여기지 않는다. 좀비는 언제나 한심한 '조롱거리'일 뿐이었다. 물론 좀비 사태가 발발하면, 해당 지역에 재난이 닥치고 일부 사람들이 죽거나 좀비가 된다. 그러나 너무나 형편없는 좀비의 파괴력은 지엽적인 소규모 재난으로 그칠 뿐, 그 이상으로 퍼져나가지 못한다.

아둔하고 느려터진 좀비의 파괴력은 인간 사회에 커다란 피해를 주지는 못했다. 여기저기서 잊을만하면 좀비 사태가 발생하곤 했지만, 지능을 갖춘 인간들은 힘을 합쳐 손쉽게 좀비들을 무찌르고 사태를 진정시켰다. 좀비가 나타난다 해도 약간의 피해와 사망자가 생겨날 뿐, 인간들은 어김없이 좀비의 전염을 차단하고 피해를 복구해왔다. 초자연적인 힘을 지닌 뱀파이어들은 무력한 좀비를 두려워하지 않는다. 오히려 좀비 사태가 발발하면 서로 정보를 공유하고 그 지역으로 몰려가 무법지대가 된 재난 상황에서 축제를 즐긴다.

인간들 사이의 전쟁 역시 뱀파이어에게는 입맛을 다시게 하는 피의 향연이다. 전쟁 지역에서는 주위의 시선을 의식하거나 자신들의 존재가 발각될까 걱정할 일 없이 마음껏 살인하고 피를 마실 수 있기 때문이다. '비상사태'란 뱀파이어들에게는 인간들을 마음껏 사냥하고 흡혈할 수 있는 천국에서 보내온 초대장과 다름없다. '나'와 연인 '라일라'는 비상사태가 조금 더 오래 지속되었다면 좋았을 거라고 아쉬워하며, 지난 시절을 추억하고 무용담을 늘어놓는 걸 즐긴다.[6]

이들은 또다시 좀비 사태가 세계 곳곳에서 발발했다는 소식을 듣고 환호하며 입맛을 다신다. 좀비들은 역겹지만, 그 덕분에 다시 즐거운 시간을 만끽할 기회가 주어졌기 때문이다. 좀비는 그들에게 일종의 황홀한 '자유'를 선사했다. 뱀파이들은 오랜만에 찾아온 기회를 활용해 억눌렸던 욕구를 충족하고 마음껏 퇴폐적인 향락을 추구한다. 뱀파이어들은 어디서 감시하고 있을지 모를 휴대폰이나 CCTV에 녹화될 걱정 없이 여유롭게 사냥을 즐겼다. 뱀파이어 무리는 인간들을 막다른 궁지에 몰아넣고 두려움에 발버둥 치는 가련한 먹잇감들을 돌아가며 음미했다.[7] 인간들을 천천히 압박해가며 공포에 질리게 하거나 장난감처럼 가지고 놀다가 흥미가 떨어지면 마지막 한 방울까지 피를 마셔 살해했다.

그러나 뱀파이어들은 얼마 지나지 않아 사태의 양상이 이전과는 완전히 달라졌으며, 이게 반가워할 일이 아니라는 사실을 깨닫게 된다. 베트남 출신 응우옌은 좀비 사태가 커다란 위기이며, 이대로 가다간 모두가 공멸에 이를 수도 있다는 사실을 처음으로 알아챈 뱀파이어다. 그는 실존주의 학도이며, 뱀파이어 종족에게 만연한 '향락주의'에 절대 굴복하지 않는 인물로 묘사된다. 다른 뱀파이어들이 좀비를 어떤 위협을 초래할 존재로 상정하지 않는데 반해, 응우옌은 좀비의 위험성을 정확히 알아차린다.

응우옌에 따르면 뱀파이어와 좀비는 모두 인간을 먹이로 삼는다는 점에서 같지만, 근본적인 차이점을 갖고 있다. 뱀파이어는 인간을 '사냥'하지만, 좀비는 인간을 '사멸'시키는 괴물이다. 다시 말해 뱀파이어가 '포식자 괴물'이라면 좀비는 '전염병 괴물'에 해당한다. 포식자는 필요 이상으로 과도하게 사냥하거나 지나치게 번식하지 않는다. 둥지에 남은 마지막 알은 건드리지 않는 것이 그들의 철칙이다. 먹잇감과 포식자 사이에 일정한 균형을 유지해야만 계속 생존할 수 있기 때문이다. 그러나 지능이 없는 역병, 즉 좀비는 그런 법칙 따위는 알지 못한다. 그들은 숙주들을 모조리 감염시킬 때까지 그저 끝없이 스스로를 복제하며 퍼져가기만 할 뿐이다.[8]

응우옌의 분석대로 뱀파이어는 인간을 사냥하는 포식자다. 포식자는 아무리 배가 고프더라도 사냥감의 씨를 말리는 짓은 하지 않는다. 뱀파이어는 인간의 일부를 죽이고 흡혈할 뿐, 결코 모든 인간을 제거해 세계를 종말로 몰아가지 않는다. 물론 좀비처럼 뱀파이어에게도 타인을 감염시키는 능력이 있다. 그러나 좀비와 달리 뱀파이어는 필요 이상으로 인간을 감염시켜 과도하게 자신들의 수를 불리지 않는다.

〈멸종 행진〉에서 뱀파이어들은 어떤 종교나 도덕 규칙도 따르지 않지만, 오직 한 명만을 감염시켜 뱀파이어로 만들 수 있다는 규칙만은 반드시 지켜야 한다. 뱀파이어의 수를 통제하기 위해서다. 만일 인간이 전부 사라지고 세계가 뱀파이어로 가득 찬다면, 더 이상 마실 피가 없어진 뱀파이어는 파멸에 이를 수밖에 없다. 균형을 유지해야 살아남을 수 있기 때문에 뱀파이어는 언제나 적절한 정도로만 피를 빨아먹으며 현 상태의 평형을 유지하고자 한다.

반면에 좀비는 인간을 최후까지 사멸시키는 전염병이다. 역병과 같은 좀비는 숙주가 모두 사라져 자멸에 이른다 해도 아랑곳하지 않고 끝없이 번져나가는 괴물이다. 좀비의 허기는 결코 채워지지 않기에, 그들은 적당히 만족하고 물러서는 법을 모른다. 좀비에게는 내일이라는 관념이 없다. 좀비는 오늘의 식욕을 충족하는 일에만 몰두할 뿐, 자신이 저지른 행위의 장기적인 결과에는 아무런 관심이 없다. 손익을 계산하거나 미래를 걱정하는 법 없이 무차별적으로 자신을 복제하는 행위만을 반복할 뿐이다. 좀비는 인류가 멸종하고, 세계가 종말하는 순간까지 끝없이 달려든다. 뱀파이어가 세계를 유지하려는 괴물이라면, 좀비는 세계를 파괴하려는 괴물이다.

응우옌은 좀비들이 무서운 속도로 퍼져나가면서 인간들을 전멸시키고 있다고 소리치지만, 다른 뱀파이어들은 그를 비웃는다. 과거에도 좀비는 출현했고 위기를 불러왔지만, 항상 인간들이 승리하고 좀비는 퇴치되었으니 이번에도 마찬가지로 그렇게 될 거라고 믿기 때문이다. 게다가 인간들은 끝없이 번식해 너무나도 많아졌다. 감시하는 눈이 사방에 있어 사냥에 불편을 초래할 뿐이다. 먹잇감에 불과한 인간이 다소 줄어든다 해서 그게 우월한 포식자인 뱀파이어와 무슨 관련이 있다는 말인가? 뱀파이어들은 응우옌을 이해하지 못한다.

하지만 응우옌은 계속해서 주장을 이어 나간다. 그에 따르면 좀비들이 출현해 맹위를 떨치기 직전까지 지구상에는 유례없이 많은 인간이 살아가고 있었다. 인간들은 여행을 떠나거나 무역하며 네트워크를 형성했다. 세계가 촘촘하게 연결된 덕택에 역병이 멀리까지 신속하게 퍼져나갈 수 있었다. 하지만 그 와중에 정부는 어떻게든 역병의 발생을 은폐하고 축소하려 시도했다. 부자와 권력자들은 축적한 부를 활용해 자신이 사는 지역을 외부의 위협들로부터 격리해 안전을 확보하는 일에만 몰두했다. 나머지 국민은 사소한 고민들에 정신이 팔려 무슨 일이 벌어지고 있는지 관심조차 두지 않았다. 결국 사람들이 모든 걸 알게 되었을 때는 이미 돌이킬 수 없이 늦어버린 후였다.[9]

응우옌은 외부자의 눈으로 재난 앞에서 인류가 처한 상황을 잘 분석하고 있다. 그의 말대로 세계화가 초래한 무역과 운송, 통신 기술의 발달로 인류가 하나로 연결되면서, 세계는 유례없이 작은 크기로 쪼그라들었다. 인간들은 서로의 서식지를 방문하고, 물건을 주고받으면서 네트워크를 구축했다. 이것이 이전과는 달리 좀비를 예상치 못한 빠른 속도로 전 세계에 퍼뜨린 주요한 이유다.

인류는 초연결된 세계에 살고 있음에도 불구하고, 좀비라는 역병에 대항하는 공동전선을 형성하지 못했다. 응우옌은 인간들이 서로 협력하지 못한 것은 자신이 쌓아놓은 부를 이용해 타인과 자신의 생활 반경을 격리하고자 하는 욕구가 커졌기 때문이라고 지적한다. 자신만의 요새에서 안전하고 안락한 삶을 누리는 인간들에게 좀비보다 더 무서운 위협은 바로 정체를 알 수 없는 이방인의 침입이다. 게다가 각국의 정부는 서로 협력하기보다 각자 조용히 사태를 수습하고자 했고, 결국 대응이 실패로 돌아가면서 사태는 걷잡을 수 없이 확산되었다.

그러는 동안 사람들은 TV를 보며 마음에 드는 가수를 선택해 데뷔시키고, SNS에 어떤 글을 올리면 '좋아요'를 많이 받을까 고민하느라 바쁘다. 새로 구입할 차의 옵션을 선택하고, 여름휴가에 떠날 휴양지를 물색하느라 여념이 없다. 사태가 심상치 않음을 깨달았을 때는 너무 늦은 뒤였다. 응우옌은 지금과 같은 속도라면, 얼마 가지 않아 좀비가 인간보다 더 많아질 거라고 예측한다.

영토화된 괴물과 탈영토화된 괴물

응우옌의 예상대로 역병은 인류 역사상 가장 빠른 속도로 전파되어 팬데믹 사태로 번져나갔고, 좀비 아포칼립스가 시작된다. 그제야 뱀파이어들은 사태를 방관하거나 오히려 위기를 이용해 자신의 욕구만을 채우고, 재난을 막으려 했던 인간들을 방해했던 걸 후회한다. 뒤늦게 뱀파이어들은 스스로 전투조직을 꾸려 좀비와의 본격적인 전쟁에 나선다. 좀비들은 먹을 수 없는 뱀파이어에게 전혀 관심이 없고, 아예 인식하지조차 못하는 듯이 행동하기 때문에 뱀파이어는 아무런 방해 없이 좀비를 손쉽게 학살할 수 있다.

그러나 좀비와 전투를 치르면서 뱀파이어들이 하나둘씩 쓰러진다. 좀비의 부패한 피가 강한 독성을 갖고 있기에, 신선한 피를 필요로 하는 뱀파이어에게 치명적으로 작용한 것이다. 좀비가 뱀파이어를 공격하지 않더라도, 전투 중에 생기는 미세한 상처를 통해 좀비의 피가 뱀파이어의 체내로 침입한다. 뱀파이어들은 갑옷을 착용하거나 무기를 활용하는 등 다양한 방식으로 좀비에 저항해 보지만, 시간이 갈수록 열세에 몰리고 만다. 계속해서 숫자를 불려가며 아무리 죽여도 끝없이 몰려오는 좀비들의 수에 비해, 저항할 뱀파이어의 숫자는 턱없이 부족하기 때문이다. 마지막 인간마저 좀비에 물려 감염되고 나면, 인간과 함께 뱀파이어는 필연적으로 멸종한다. 결국 세계는 종말할 것이다.

이 흥미로운 소설에서 우리는 뱀파이어와 좀비라는 은유를 통해 산업 자본주의에서 금융 자본주의로, 지역 자본주의에서 글로벌 자본주의로 변모하면서 달라진 재난의 양상과 파괴력의 증대를 실감할 수 있다.

산업 자본주의 시기에 재난의 규모는 주로 지역의 수준에서 머물렀다. 특정한 지역사회에 기반을 두고 있던 이 시기의 자본가는 지역사회의 안녕과 노동자의 안위에 관심을 가질 수밖에 없었다. 인도적인 이유나 양심의 가책 때문이 아니라 자신의 지속적인 이윤 창출을 보장받기 위해서 말이다. 어쨌든 공장을 굴러가게 하려면 어느 정도 사회의 눈치를 보아야 한다. 마음에 안 들더라도 노동자들을 잘 구슬려가며 최소한의 노동 재생산성을 보장해야만 한다.

마르크스주의 이론가 프랑코 '비포' 베라르디Franco 'Bifo' Berardi에 따르면, 산업 자본주의 시절의 부르주아지는 강력하게 '영토화된' 계급이었다. 그들의 권력이 물리적 자산의 소유와 안정된 공동체의 소속으로부터 나오기 때문이다. '프로테스탄트 윤리'는 동일한 종교 공동체, 그리고 동일한 지역 안에서 운명을 공유하며 살아가야만 했던 노동자와 소비자 사이의 지속적인 관계에 기반하고 있었다.[10]

영토화된 부르주아지 계급은 특정 지역에 넓은 토지를 소유하고 있으며, 거기에 공장을 지어 생산수단을 독점하고 있다. 공장을 가동하려면 그 지역에 사는 많은 노동자를 고용하고 부려야 한다. 이를 통해 상품을 생산하고 판매해 화폐를 벌어 수익을 창출한다. 물론 영토화된 부르주아지는 노동자에게 턱없이 적은 보수를 지급하고 노동력을 착취했지만, 해당 지역과 공동체의 운명으로부터 완전히 자유로울 수는 없는 처지다. 그들의 권력이 바로 영토화된 '물리적 자산'의 소유와 '안정된 공동체'로부터 나오는 것이기 때문이다.

프로테스탄트 윤리는 같은 공간에서 함께 살아가야 하는 종교적·사회적 운명 공동체로서의 '지속적인 관계'로부터 비롯된다. 부르주아지는 노동자와 같은 공간을 공유하고 있으며, 그들의 미래는 크게 다르지 않다. 노동자가 파멸한다면 부르주아지에게도 좋을 게 없다. 노동자와 함께 몰락하거나 혹은 운이 좋아 다른 곳으로 빠져나간다 해도 그들이 평생에 걸쳐 애써 일궈온 것들을 포기해야만 한다. 지역사회의 위기는 곧 부르주아지 자신의 위기이기에, 부르주아지는 사회의 안정에 신경을 쓸 수밖에 없는 처지이다. 마찬가지로 뱀파이어는 모든 인간을 먹어치워 지역사회를 멸망에 이르게 하지 않고, 평형을 유지하는 한에서만 잉여를 착취한다. 그것은 이들이 지역에 기반해 기생하는 계급이었기 때문이다. 산업 자본주의 시절의 뱀파이어는 '영토화된 괴물'에 해당한다.

산업 자본주의가 금융 자본주의의 형태로 발전하면서 자본주의 착취의 양상은 변하기 시작한다. 금융 자본주의의 착취는 끊임없이 반복되는 탈영토화의 층위에 기생한다. 금융, 환율, 주가 등의 기호자본이 물질적 자산보다 우세해지면서 자본 축적이 극적으로 편중되기 시작했고, 생산의 전반적 과정이 탈영토화되기 시작한다. 이로써 축적의 전 과정에 걸쳐 추상적인 기호의 생산과 교환이 점차 우세한 위치를 차지하게 된다.[11] 추상화되고 기호화된 자본은 이제 지역사회와 무관하게 손쉽게 자리 잡은 장소를 떠나 여기저기로 옮겨 다니며 끝없는 번영을 구가할 수 있게 되었다.

지역 자본주의 이후 등장한 글로벌 자본주의는 '영토화'라는 제약으로부터 벗어난 새로운 형태의 착취 기계다. 글로벌 자본주의의 출현으로 착취의 범위는 지구 전체로 확대되었다. 글로벌 자본주의는 한 지역을 약탈해 초토화한 후 다른 지역으로 이동하는 방식으로 이윤 창출을 극대화한다. 베라르디는 글로벌 자본주의 시대의 지배 계급은 부르주아지에서 '포스트부르주아'로 대체되었다고 분석한다. 그에 따르면 오늘날 부르주아지 계급은 사라졌다. 금융적 탈영토화로 영토나 공동체와는 무관한 포스트부르주아 계급이 탄생한 것이다. 이 새로운 착취 계급은 특정한 영토의 미래나 공동체의 운명에 무관심하다. 조만간 그곳을 떠나 지구상의 다른 곳으로 비즈니스를 이전할 예정이기 때문이다.[12]

지역에 기반한, 영토화된 지배 계급이었던 부르주아지는 사라졌다. 포스트부르주아는 더 이상 지역에 기반하지 않는 '탈영토화된 계급'이다. 이동 기술과 운송 수단의 발달, 그리고 금융 자본주의의 발달로 인해 특정한 영토에 국한되어 있을 필요가 없어졌기 때문이다. 세계화가 진행되고 전 지구를 대상으로 활동하는 초거대 다국적기업들이 등장하면서, 포스트부르주아는 국민국가의 통제에서 벗어난다. 가상 화폐의 등장과 유행은 지역에 기반하는 국민국가에 귀속되지 않은 채 극단적인 탈영토화의 층위에서 작동하기를 열망하는 기호자본의 한 예시다.

이어서 베라르디는 기업 무역의 범위가 전 세계로 확장되면서, 기업 활동 전체를 포괄하는 전반적인 법적 규제가 불가능해지게 되었다고 설명한다. 여전히 국민국가의 주권은 건재한 것처럼 보이지만, 오늘날 국가는 다국적기업 활동의 '절대적인 자유'를 보장하는 데 봉사하고 있을 뿐이다. 이제 기업은 지방정부의 개입 없이

얼마든지 무형 자산을 한 장소로부터 다른 장소로 이전할 수 있게 된 것이다.[13]

탈영토화된 지배 계급은 국민국가의 통제와 법적 규제로부터 해방되었다. 산업 자본주의 시절처럼 떠나기 위해 누리던 걸 포기할 필요는 없다. 공장을 이전하기 위해 육중한 기계들을 분해해 나누어 싣거나, 노예들을 함께 태워 대양을 건너는 위험한 항해에 나설 필요도 없다. 금융 자본주의 아래에서 자본가들이 축적해놓은 기호자본에는 무게도 부피도 없다. 그저 기호화된 무형 자산을 '한 장소에서 다른 장소로' 이동하면 된다. 디지털 기호에 불과한 자산은 국경이나 경계 따위에 영향받지 않고 얼마든지 실시간으로 이전이 가능하다. 스마트폰 한 대만 있으면 세계 어디에서든 다시 이전과 같은 부를 누릴 수 있다.

베라르디는 포스트부르주아를 '다른 데의 계급elsewhere class'이라 지칭한다. 이들은 자본의 탈영토화의 층위에 기생하며, 한 지역에서 생산된 재화를 끊임없이 다른 지역으로 이전하는 형태로 조세를 회피하고 이윤을 극대화하기 때문이다. 다른 데의 계급은 '여기'에 속하지 않으며, 언제라도 수가 틀리면 영토를 버리고 떠날 채비가 되어 있다. 이들은 영토와 공동체의 운명에 아무런 관심을 두지 않는다. 해당 지역을 마음껏 착취하고 유린하다가 영토가 위기에 빠지고 재난이 닥친다 해도 상관없다. 바로 이전할 적당한 지역을 물색하고 비즈니스 모델을 옮겨 또 다른 착취를 시작하면 그만이다. 만일 해당 지역의 노동자들이 파업을 일삼고 인건비를 올려달라며 성가시게 군다면, 공장을 폐쇄하고 인건비가 더 저렴한 지역으로 옮기면 된다.

베라르디는 가상 금융의 포스트부르주아 계급에게는 국가도, 공동체도, 소유물도, 돈도 존재하지 않는다고 말한다. 그들에게는 오로지 믿음만이, 정확히 말해 '기호와 숫자에 대한 믿음'만이 있을 뿐이다.[14] 이것은 '탈영토화된 괴물'의 모습을 잘 보여준다. 오늘날 국민국가는 비대해진 괴물을 제거하거나 통제하지 못한다. 많은 세금을 지불하는 기업이 혹시라도 불만을 품고 다른 지역으로 빠져나가기라도 하면 커다란 손실이다. 국가는 앞다투어 환경 규제를 철폐해주고, 노동법을 느슨하게 풀어주며 기업의 비위를 맞추려 안간힘을 쓰고 있다. 국가는 '기업하기 좋은 나라'를 만들겠다며, 노동자들이 열악한 일자리를 두고 전쟁을 벌이고 탈규제화된 극한의 노동환경으로 내몰려 죽는다 해도 관심이 없다. 오히려 경쟁을 세계의 원리라며 권장하고, 스스로 자질과 능력을 키워 기업에 더 큰 이윤을 안겨주라고 채찍질할 뿐이다.

'탈영토화된 괴물'은 최대의 이윤을 보장해줄 장소를 찾아 세계 여기저기를 떠돈다. 환경 제재 없이 지력을 착취하고 약물을 뿌려대며 대규모로 작물을 재배할 수 있는 농장, 희토류 채굴을 위해 땅을 파헤치고 헤집어놓아도 되는 광산, 가공 과정에서 유독한 화학 물질을 마구 써도 상관없는 공장, 원가 이하로 전기나 수도 등의 자원을 공급해주는 친기업 국가, 헐값에 노동력을 사용할 수 있고 노동환경 개선을 신경 쓰지 않아도 되는 저개발 국가, 그리고 전 세계를 대상으로 벌어들인 돈에 세금을 가장 적게 부과하는 '작은 정부'가 있는 지역이 이들이 선호하는 장소다. 이들은 더 이상 지역사회의 안정과 유지에 아무런 관심이 없다. 최대한의 수익을 뽑아내 추상화된 금융자본의 숫자를 상승시키는 것이 유일한 목적이다.

바로 이것이 〈멸종 행진〉에서 보여주는 탈영토화가 가져다주는 향락에 취해 정신 차리지 못하는 뱀파이어의 모습이다. 글로벌 자본주의의 지배 계급과 마찬가지로 '탈영토화된 괴물'이 된 뱀파이어는 세계의 운명에 관심이 없다. 〈멸종 행진〉에서 뱀파이어 '나'는 종말을 코앞에 두고서야 그동안 세계가 '그들(인간들)의 것'이지 '우리들(뱀파이어들)의 것'이 아니라 생각해왔다고 고백한다.[15] 세계가 위기에 빠지더라도 그건 인간이 책임지고 수습할 일이지 뱀파이어가 나설 이유는 없다. 세계에 어떻게 되든 간에 외부자이자 포식자인 뱀파이어와는 무관하다고 여기기 때문이다. 뱀파이어가 재난을 반기고 잉여를 섭취하러 달려가듯이, 오늘날 파렴치한 자본가들은 재난을 기회로 여기며, 해당 지역으로 몰려가 피의 축제를 벌인다. 금융 자본주의 세계에서 재난이란 기호 체계의 위기, 이를테면 화폐가치의 폭락이라든가 지역사회의 시장 붕괴 따위다. 자본가들은 위기에 적극적으로 참여하고 위기를 활용하고, 심지어 위기를 일부러 만들어내서 더 큰 이익을 도모한다. "위기가 기회다"라는 자본주의 강령은 허튼소리가 아닌 셈이다.

탈영토화된 재난

자본주의는 끊임없이 공황과 호황을 반복하는 체제다. 공황은 자본주의의 '재난'에 해당하지만, 사실 이 재난은 자본주의 발전 단계의 필연적인 구성요소다. 마르크스의 작업은 생산과 유통에 관련된 자본의 반복적인 순환과정 전체를 묘사하고 분석하는 것이었다. 마르크스는 자본주의에 주기적으로 나타나는 위기가 자본주의 전개 과정에 속하는 '합리적인 일부'라는 사실을 명료하게 설명했다. 자본주의에서 경제 공황이란 '사건'이 아니다. 그것은 자본주의의 도정에서 필연적으로 겪게 되는 '합리적' 사태이자, 예견된 위기일 뿐이다.

　마르크스는 자본주의가 재난의 반복으로 인해 결국 몰락에 이르게 될 거라고 예상했던 것 같다. 하지만 마르크스가 미처 예상하지 못했던 것은 자본주의가 재난마저 활용해 동력으로 삼을 만큼 왕성한 생명력과 끝없는 탐욕을 지녔다는 점이다. 자본주의는 대규모의 희생양을 마련해 위기를 돌파하고, 이전보다 많은 축적을 이룩하는 방법을 깨달았다. 재난은 새롭다거나 체제를 위협하는 치명적인 위기가 아니라, 글로벌 자본주의 세계를 구성하는 일부분에 불과하다.[16]

　오늘날 반복되는 재난은 자본주의의 법칙 안에 완벽히 포섭되어 있다. 재난은 자본의 순환 과정에 결정적인 단절을 가져오거나 '사건'을 마련하지 않는다. 재난이란 자본주의 안에 기거하며 주기적으로 투정을 부리는 달래기 힘든 아이일 뿐이다. 심통이 잔뜩 난 아이는 집안의 물건들을 집어 던지고 부수기 시작한다. 그런데 누군가는 아이가 언제쯤 심통이 나게 될지 미리 알고 있다. 사전에 자신의 물건을 안전한 장소에 빼돌려놓았다. 다른 사람들이 아이를 달래고 피해를 줄이느라 정신이 없는 동안, 누군가는 여기저기서 물건을 빼돌려 자기 주머니에 넣는다. 기회를 이용해 그들이 몰래 훔쳐낸 것은 공공의 물건과 다른 사람의 소유물이다.

자본주의 세계에서 익숙한 경제적 재난이란 세계에서 통용되는 기호들의 붕괴 현상이다. 재난이라고 해서 공장이나 노동자가 사라지는 것은 아니다. 원자재나 유통망, 혹은 판매할 시장이 일순간 증발하는 것도 아니다. 물건들을 도둑맞거나 천재지변으로 잃은 것도 아니다. 모든 것은 그대로 제자리에 있다. 실제로 벌어진 일은 아무것도 없다. 문제가 되는 것은 시장 내에서 화폐의 가치가 급격히 하락하면서 생산-유통-소비의 사이클이 붕괴되는 것뿐이다. 이것은 추상화된 금융 기호의 순환이 중단되면서 벌어지는 사태다. 기호적 재난은 자본주의의 내적인 위기이며, 다소간 피해를 보더라도 자본주의는 이를 충분히 관리할 수 있다. 그리고 재난을 이용해 호황기를 능가하는 자본의 증식을 도모할 수도 있다. 물론 그 과정에서 일부 지역이나 자본가는 손해를 보고 파산하거나 도태되겠지만, 반면에 다른 국가나 자본가는 이를 이용해 막대한 이득을 챙긴다.

1997년 한국을 비상사태로 몰아갔던 '외환 위기'를 떠올려보자. 위기는 한국에서 전쟁이 일어났다거나, 지진이나 화산 폭발과 같은 거대한 자연재해가 발생해 모든 게 망가지고 파괴되었기에 발생한 것이 아니다. 공장들은 여전히 멀쩡히 돌아가고 있었고, 노동자들도 그대로 있었다. 언제든 내다 팔 수 있는 상품들이 창고에 쌓여 있었고, 물류망 역시 건재했다. 이전과 달라진 거라곤 오로지 한국 정부에서 보증하는 한국은행에서 발행한 화폐가치의 급락이다. 다시 말해서 한국 화폐와 달러 간의 교환 비율뿐이다. 이 기호의 변경으로 인해 기업이 줄줄이 도산하고 공장들은 문을 닫고, 노동자들은 실업 상태로 몰려 죽어나갔다.

이런 재난 상황을 이용해 해외의 기업 사냥꾼들이 들어와 헐값에 국내 기업을 매수했다. 재난 지역에서 궁지에 몰린 인간들을 사냥하며 희열에 빠진 '탈영토화된 뱀파이어'와 마찬가지로 탈영토화된 지배 계급은 재난 지역에서 신나게 기업 쇼핑을 일삼는다. 경기가 회복되어 안정세로 접어들고 기업 가치가 다시 회복되자, 이들은 다시 기업을 매각해 막대한 차익을 얻었다. 그러는 동안 노동 시장은 극단적으로 왜곡되었고, 국내 기업이 개발해놓은 기술과 연구 결과들은 해외로 유출되었다.

'탈영토화된 자본'은 재난을 활용해 지역사회를 약탈하며 이득을 도모한다. 하지만 자본주의 약탈의 규모가 광범위해지면서 재난의 규모 또한 확장되고 그 층위가 상승한다. 이전까지 자본주의가 초래하는 재난은 2종 재난, 즉 '사회적 세계'에 몰아닥치는 기호 체계의 붕괴 현상이었다. 여기에서는 재난에 포함되지 않는 외부 세계가 존재했고, 자본주의는 재난을 활용해 이득을 도모할 수 있었다. 정부는 양적 완화나 금리 인하 등의 조치로 경제적 재난에 대응할 수 있었다. 그러나 자본의 탈영토화가 진행되어 지역 자본주의가 글로벌 자본주의의 규모로 확장되고 산업 자본주의에서 금융 자본주의 단계로 진입하게 되면서, 재난은 3종 재난(인류적 재난)으로 확장되었다. 심지어 그것은 끝없이 팽창되어 4종 재난(지구적 재난)으로 층위를 높여가고 있다.

따라서 우리가 팬데믹이라는 3종 재난을 자본주의의 음모라든가 자본가들이 이득을 취하려고 꾸며낸 거짓말이라고 상상하는 짓은 어리석은 일이다. 물론 재난을 초래한 근본적인 원인이 뻔뻔하고 탐욕스러운 자본주의적 열망에 있는 것은 분명하다. 그러나 이 재난은 자본주의가 늘 다뤄왔던 2종 재난(사회적 재난)이 아니다. 재난이 3종 이상의 규모로 커진다면, 그것은 자본주의의 관리와 통제에서 벗어난다. 만일 우리가 3종 재난이나 4종 재난과 마주한다면, 도망갈 수 있는 '세계의 바깥'은 더는 존재하지 않는다. 인류의 바깥이나 지구 바깥의 세계란 인간에게 아직 도달할 수 없는 영역이기 때문이다.

자본주의가 생산수단의 독점과 노동력에 대한 착취를 넘어서, 독점과 착취의 대상을 인간 이외의 모든 생명, 광물, 자연환경, 그리고 지구 전체로 확대했을 때, 자본주의는 건너지 말아야 할 강을 건넜다. 자본주의는 인간을 비롯한 여러 생명, 다양한 생태적 자원을 관리할 능력이나 의지가 애초에 없다. 자본주의는 세계가 영원하고 생태적 자원들이 무한할 거라는 착각 속에서 작동했다.

물론 인간에 비한다면 자연의 규모는 더욱 거대하기에 오염은 축적되기만 할 뿐, 즉각적인 피해나 수치의 증감으로 돌아오지 않는 듯 보였다. 그러나 피해가 견딜 수 없는 수준에 다다르게 되면, 그 대가는 대규모 재난이라는 형태로 인간에게 되돌아오기 시작한다. 깊이 상처 입은 자연은 빚을 갚으라고 요구하지만, 자연 앞에서 가진 게 생명뿐인 인간은 달리 지불할 능력이 없다.

이 재난은 자본주의가 다뤄왔고 익숙한 '경제적 재난'과는 다르다. 글로벌 자본주의가 초래하는 재난은 '생태적 재난'이다. 생태적 재난은 '탈영토화된 재난'이다. 그것은 종과 지역과 국경을 넘나들며 전 지구를 파멸로 몰아가는 재난, 좀비와 같이 모든 생명과 영토를 절멸로 몰아넣는 재난이다. 그것은 자본주의가 초래한 재난이지만, 자본주의의 바깥에서 오는 재난이다. 그것은 자본주의의 영향력 너머에서 도래하는 막대한 폭력이다.

바이러스 팬데믹이나 기후변화와 같은 생태적 재난은 자본주의가 재화 유통이나 생산의 통제로 거스를 수 없는 실질적 재난이다. 그것은 오늘날 세계를 작동하는 근본적인 원리인 양 여겨지는 기호의 놀이들, 이를테면 시가총액의 증가와 감소, 경제 성장률 그래프의 상승과 하강 따위에 아무런 관심이 없다. 바이러스에게 기준 금리 인하를 미끼로 증식 속도를 늦추거나 감염 지수를 낮추자며 협상을 끌어낼 수는 없는 노릇이다.

코로나19 팬데믹을 비롯한 현재의 위기는 세계 전체의 위기이며 인류 전체의 존망을 좌우하는 위기다. 여전히 어떤 사람들은 팬데믹을 잘 활용한다면 큰돈을 벌어들일 절호의 기회가 될 수 있다며, 유력한 투자처를 물색하고 새로운 금융 포트폴리오를 짜야 한다고 주장한다. 그러나 3종 재난 앞에서는 그 누구도 예외일 수 없으며, 벗어날 탈출구는 존재하지 않는다.

〈멸종 행진〉에서 세계의 운명을 신경 쓰지 않고 신나서 위기에 동참하다가 사태를 심화시킨 뱀파이어들은 결국 종말에 이르고 만다. 응우옌은 뱀파이어들이 그동안 위기를 묵과해왔다며 한탄한다. 재난 상황을 축제라 여기며 즐겨왔던 날들이 사실은 자신들의 멸종 축하 퍼레이드에서 춤춰 온 순간들인 셈이다.[17] 이것은 '탈영토화된 괴물'이 되고 만 글로벌 자본주의와 포스트부르주아의 미래를 명징하게 보여준다. 이들은 여전히 세계의 운명과 자신의 운명이 별개의 것이라도 되는 양 위기를 과소평가하고, 분별없이 춤이나 추며 착각하고 있다. 어떻게 하면 위기를 활용해 한 푼이라도 더 벌 수 있을까 골몰하고 있다.

브룩스의 단편 〈클로저 리미티드〉는 거대한 재난이 세계를 휩쓸고 난 이후 남은 자들의 이야기다. 남은 자들 대부분은 재난 속에서 사랑하는 사람을 잃었다. 키에스티드 박사는 홀로 살아남은 자들이 떠난 자에게 느끼는 죄책감을 정리해 새롭게 삶을 살 수 있도록 돕는 일을 하고 있다. 그에 따르면 재난이 닥치기 전 '부유하다'는 말은 돈이나 물건과 같은 물질적인 재산이 많다는 사실을 의미했다. 그와 그의 가족은 가난했고, 반면에 그의 친구는 부자였다. 둘이 만나면 친구는 항상 부탁하지 않아도 알아서 계산했는데, 그것은 '가진 자의 죄책감' 때문이었다. 친구는 늘 자신이 과도하게 많은 부를 갖는 것은 '불공평한' 일이라고 말하곤 했다. 그런데 재난이 닥치자 부유함의 척도는 완전히 뒤바뀌었다. 부유했던 친구의 가족은 재난을 피하지 못했지만, 키에스티드 박사의 가족은 운 좋게도 모두 살아남았다.

가진 게 '넘쳤던' 친구에게 늘 식사를 대접받던 그는 지난달에 친구를 만나 식사를 대접했다. 사람들은 '가진 자의 죄책감' 때문에 그런 행동을 하는 거라 말하곤 했다. 이제는 재산이 아닌 삶 자체가 새로운 부의 척도가 되었기 때문이다.[18] 재난 상황에서는 알량한 기호를 대신해 삶을 가졌다는 사실 자체가 가장 중요한 부의 지표다. 아무리 가상 화폐가 보편화되고 모빌리티를 비롯한 탈영토화 기술이 발달하더라도, 우리는 지구를 떠날 수 없다.

〈테드 돈 다이〉의 틸다 스윈튼은 마을의 존망에 무관심한 방관자이며, 갑작스러운 비상사태를 즐기는 관광객 같은 입장이다. 외계인인 그에게는 언제든 재난 지역을 떠나 재영토화할 수 있는 다른 영토가 있기 때문이다. 그러나 〈오직 사랑하는 이들만이 살아남는다〉의 틸다 스윈튼은 세계로부터 자유롭지 못하다. 아무리 초월적인 힘을 지닌 뱀파이어라 해도 지구라는 행성을 떠날 수 없기 때문이다. 결국 뱀파이어는 멸망에 이르고 만다.

모르겠다. 먼 훗날 지구 바깥의 행성을 테라포밍해 지구가 아닌 곳에서도 인간이 살 수 있는 날이 온다면, 그때 자본가들은 지구의 안녕을 아랑곳하지 않고 모든 게 무너져내릴 때까지 오염물질을 배출하고 착취한다 해도, 자신의 운명과는 무관하다고 여길 수도 있을 것이다.

그러나 노동자와 지배 계급 모두를 포함한 우리는 아직 이 행성에서 벗어날 수 없다. 우리가 발 딛고 있는 세계가 무너지기 시작했다. 탈영토화한 후에 재영토화할 영토는 남아 있지 않다. 축적해 놓은 천문학적 숫자의 금융자본도, 요새처럼 단단하게 지어놓은 안전 가옥도 결국은 최종적인 파멸을 막지 못할 것이다. 글로벌 자본주의가 초래할 최종적인 파국까지, 남겨진 시간이 그리 많지 않다. 〈멸종 행진〉에서 사태의 심각성을 깨달은 뱀파이어들이 그제야 정신을 차리고 저마다 재난에 맞서보지만, 이미 때는 늦었듯이 말이다.

4.
팬데믹

지극히 매끄러운 세계에 닥친 필연

종말 100초 전

재난은 별안간 발생해 삶을 앗아가고 세계를 파멸로 몰아가는 듯 보이지만, 재난이 아무런 예고도 없이 들이닥치는 것은 아니다. 브룩스는 좀비 아포칼립스에도 어떤 시발점이 있게 마련이라며, 주의 깊게 살펴보아야 할 재난의 징조들에 관해 설명한다.

갑작스럽게 원인 불명의 전염성 질환이 유행하기 시작하거나, 명시적으로 밝혀지진 않더라도 그런 질병으로 사망한 듯한 희생자가 대규모로 발생한다. 과거와는 달리 고도로 산업화된 현대사회에서 이런 상황이 발생하는 경우는 극히 드물기에, 어쩌면 대규모 재난의 시발점이 될 수도 있다. 특히 병의 특성이 명확하게 알려지지 않았다면, 더욱 의심의 눈초리로 사태의 추이를 주의 깊게 살펴보아야 한다. 무언가 의심스럽고 모호한 명칭이 붙은 병들도 사태를 은폐하려는 수작일 수 있기에 조심해야 한다.[1] 브룩스가 제시한 파멸의 전조는 최근 우리가 겪은 상황과 유사한 듯 보인다.

불행 중 다행인지는 몰라도, 좀비가 창궐해 아포칼립스가 도래한 것은 아니지만 세계는 다른 치명적인 전염병의 대유행으로 신음하고 있다. 이제 종말은 좀비영화에만 머물러 있지 않다. 코로나19 팬데믹 이후, 종말은 선명하게 감각할 수 있는 실질적인 공포가 되었다. 알려지지 않은 질병이 급작스럽게 창궐하면서 인류는 커다란 혼란에 빠졌고, 대응 방법을 찾지 못해 수많은 사람이 희생되었다. 새로운 질병은 삽시간에 세계를 휩쓸고 변이되면서 우리의 생존을 현재진행형으로 위협하고 있다.

인류가 겪은 역사상 최악의 팬데믹으로 기록된 '스페인 독감'은 1918년 유행해 5억 명의 감염자와 5,000만 명의 사망자를 발생시켰다. 그로부터 100여 년 후, 인류는 또다시 최악의 팬데믹 시기를 겪고 있다. 2022년 5월을 기준으로 코로나19의 누적 확진자는 5억 2,000만 명을 돌파했고 사망자는 620만 명을 넘어섰다. 의료 체계 과부하로 인해 숨진 간접 사망자를 포함하면 전체 사망자는 1,500만 명까지 늘어난다. 감염자의 수는 지금도 빠른 속도로 증가하고 있으며, 인류가 집단 면역을 형성하기 전까지 우리의 생존을 위협할 것이다.

이외에도 우리는 종말을 예감케 하는 다양한 위기 상황에 노출되어 있다. 2020년의 대기 중 온실가스 농도는 관측 사상 역대 최고치를 기록했다. 2020년은 기후변화로 인해 역사상 두 번째로 따뜻한 해가 되었다. 세계 각국이 보유한 터무니없는 수량의 핵무기가 관리와 통제를 벗어나 있으며, 핵전쟁의 위협은 여전히 지속되고 있다.

1947년 처음 작동을 시작한 '종말 시계Doomsday Clock'•에 따르면, 2022년 현재의 시간은 23시 58분 20초를 가리키고 있다. 종말까지 불과 100초만을 남겨둔 것이다. 이는 시계가 만들어진 이래 가장 종말에 근접한 상태로, 종말이 그야말로 눈앞에 다가왔음을 시사한다. 1953년은 역사상 두 번째로 종말에 가까웠던 해다. 이 시기 미국과 소련은 끝없는 군비경쟁을 벌이며 수소폭탄을 실험했고, 3차 세계대전이 벌어질지도 모른다는 긴장감이 극도로 치달았다. 이런 위기를 반영해 1953년의 종말 시계는 23시 58분까지 종말에 근접했다. 그런데 이조차도 지금보다는 종말로부터 20초 더 멀리 떨어져 있었다.

종말 시계를 발표하는 핵과학자회보에 따르면, 코로나19는 지구가 인류에게 보내는 치명적인 경고에 해당한다. 만일 이대로 세계가 지속된다면, 인류의 생존이 더는 보장되지 않는다는 것이다. 위기 상황에 각국 정부는 전문가의 조언을 무시하고 안일한 상황판단으로 제대로 대처하지 못해 피해를 더 키웠으며, 초국적 협력이나 국제기구 역시 제 역할을 하지 못했다. 코로나19 팬데믹은 인류가 전 지구적인 재난 대응에 여전히 미흡하며, 다양한 종말의 위협들을 통제하지 못하고 있다는 사실을 여실히 드러냈다.

• 종말 시계는 아인슈타인을 비롯한 시카고 대학의 과학자들이 인류가 처한 위기 상황에 경종을 울리고자 1947년 처음 만든 지표다. 종말 시계는 자정을 종말로 가정하고, 자정까지 남은 시간을 통해 종말이 얼마나 가까워졌는지 단적으로 보여준다. 매년 기후변화, 테러, 전염병 등 다양한 위협요인들을 종합적으로 고려해 시간을 조정하고 있다. 현재 종말 시계는 13명의 노벨상 수상자를 포함한 핵과학자회보(Bulletin of the Atomic Scientists)에서 관리하고 있다.

초월적 비합리주의와 세속적 비합리주의

과도한 감상에 빠져 있거나 죄의식에 사로잡혀 있을 필요가 없다. 주어진 시간이 그리 많지 않다. 곧바로 핵심을 향해 전진하자. 누가 코로나19 바이러스를 발견하고 접촉했으며, 다시 전파했는가? 코로나19 팬데믹은 정확히 인류가 행해온 행위의 결과물이다. 따라서 이것은 철저히 '내재적 재난'이다. 팬데믹이 내재적 재난이라는 사실은 거기에 어떤 외재적 요인이나 초월적인 요소의 개입을 상정할 필요가 없다는 사실을 함축한다.

대규모 재난 앞에서 인간은 사태를 흔히 절대자의 개입이라든가 불가해한 초월성의 한 국면을 상상하는 오류로 빠지게 마련이다. 중세 유럽 사회를 거대한 공포로 몰아갔던 페스트 팬데믹 사례는 재난 앞에서 인간이 얼마나 어리석고 나약한 존재인지 잘 보여준다. 중세 유럽인들에게 페스트는 충격 자체이자 하나의 신비 현상이었다. 사람들은 페스트에는 무언가 깊은 뜻이 숨겨져 있는 게 분명하다고 여겼다.[2] 전염병과 관련하여 우주나 신의 뜻을 들먹거렸으며, 분노한 신이 내릴 최후의 심판이 머지않았음을 알리는 징조가 페스트라고 주장했다.[3] 그들은 신의 분노를 잠재워야 한다며 마음가짐을 살피고 몸가짐을 경건히 하고는 성모 마리아상을 찾아 구원과 은총을 갈구하며 눈물을 흘렸다.

물론 당대 지식인들이 제 나름대로 합리적인 설명을 시도하지 않았던 것은 아니다. 이들은 '썩은 공기'나 '배설물에서 피어오르는 독기' 등을 페스트의 원인으로 제시했다. 이에 대한 처방으로는 부적을 목에 걸고 다니기, 효능을 알 수 없는 희한한 식물 뿌리, 유독성을 지닌 화학 약품 등을 제시했다. 이외에도 개암나무 열매, 새의 깃 줄기, 수은, 비소, 용담 뿌리 등은 당대 많은 의사가 애용하는 페스트 처방이었다. 의사들은 페스트의 원인을 파악하지 못했고 치료 방법도 몰랐기에, 저마다 다른 소리를 해대며 아무 효과도 없는 치료법들을 제안하곤 했다.[4] 현대인의 관점에서 보면 팬데믹에 대처하는 중세 사회의 모습은 우스꽝스럽기 짝이 없는 비상식적인 행동으로 점철되어 있다. 그런데 이것이 과거에만 발생한 일일까?

지금은 지동설을 주장하면 종교 재판에 회부되어 처벌받는 중세가 아니며, 우리는 미생물과 바이러스에 관해 아무것도 모르던 과거 유럽인이 아니다. 우리는 눈에 보이지 않는 미시 세계가 엄연히 존재한다는 걸 알고 있으며, 코로나19 사태의 원인이 바이러스의 침입과 전파 때문이라는 사실을 잘 알고 있다. 그런데도 코로나19 사태를 둘러싸고 중세 시대와 비슷한 일이 여기저기에서 일어났다. 방역 당국은 2015년 메르스 사태 때 초기 방역에 실패했던 경험을 교훈 삼아, 이번에는 발 빠르게 예방 지침과 생활 수칙 등을 발표했다. 그러나 일부 사람들은 이를 무시하며 제대로 따르지 않은 채 평소와 다름없이 모임과 집회를 일삼았다. 혹자는 마스크가 전염병 예방에 아무런 도움이 안 된다고 주장하기도 했다.

물론 이는 한국에서만 발생한 일은 아니다. 당시의 미국 대통령 도널드 트럼프Donald Trump는 바이러스를 죽이기 위해 주사기로 체내에 살균제를 주입하거나, 대량의 자외선을 쐬면 어떻겠느냐는 어처구니없는 제안을 했다. 이는 아무런 과학적 근거가 없을뿐더러 자칫 멀쩡한 사람을 사망에 이르게 할 수도 있는 매우 위험한 방법이다. 트럼프는 후보 시절에도 백신이 자폐증을 유발한다는 검증되지 않은 주장을 하곤 했다. 게다가 지구 곳곳에서는 코로나19로 인한 통제와 제한 조치에 반대하면서, 마스크 착용을 거부하고 마스크 화형식을 거행하는 사태가 벌어졌다.

그뿐만이 아니다. 한국 내 감염자가 치솟고 병상과 의료 인력이 한계에 다다른 와중에, 일부 교회는 방역 지침을 지키며 비대면 예배를 거행하는 대신, 끝내 대면 예배를 강행했다. 여기저기서 사회적 거리두기나 마스크 착용 지침을 제대로 따르지 않아 대규모 집단 감염이 속출했다. 과학기술이 발달하고 과거보다 인류의 지식수준이 보편적으로 향상된 현재에도 왜 자꾸 이런 일이 생기는 것일까?

우리는 현재 유행하는 비합리주의를 두 가지 유형으로 나누어 볼 수 있다. 첫 번째는 종교 혹은 신비주의와 관련되는 '초월적 비합리주의'다. 여기서 사람들은 입증된 과학기술의 도움이나 전문가 집단의 조언 대신 종교적 가르침, 신비주의적 권위자의 교설, 혹은 초월적 세계관과 가치 체계를 더 우선시하며 세속적인 방역 지침을 따르지 않는다. 이들이 보기에 코로나19 팬데믹은 초월성과 관련되는 심판이기에, 세속적인 수칙을 따르는 것은 큰 의미가 없다. 혹은 그것은 임시방편의 미봉책에 불과할 뿐 사태의 근본적인 해결책이 될 수 없다.

여기서 팬데믹의 결과는 체념적 운명론과 유사하다. "어차피 걸릴 놈은 걸리고, 안 걸릴 놈은 안 걸린다"라는 식이다. 감염되고 말고, 감염의 결과로 죽고 말고는 인간이 노력한다고 바꿀 수 있는 영역이 아니라 여기기 때문이다. 그 대신 이들은 몸과 마음을 경건히 하고 간절하게 기도하면서 그동안 약해지고 끊어졌던 초월성과의 신성한 연결을 회복해야만 재난에서 벗어날 수 있다고 믿는다. 이것은 대규모 재난과 도래하는 죽음 앞에서 지극히 나약한 인간이 불안을 느끼고 거기에서 벗어나게 해줄 성스러운 구원을 갈망하는 데서 비롯한다.

데카르트 이후 근대철학은 신과 인간 사이의 유구한 관계에 근본적인 단절을 선언했다. 신이 창조한 합리적이고 성스러운 세계, 신의 뜻에 의해 미리 목적이 설정된 조화로운 세계에서 벗어나, 이제 불합리하고 부조리한 세계 위에 던져진 인간은 오롯이 단독자로서 존재해야 한다. 인간은 자신의 존재 근거와 이유, 목적을 모두 스스로 규정지어야 하며, 미지의 대상이 된 세계를 해석의 대상으로서 연구하고 한정해야만 했다.

니체는 신의 죽음을 선포함으로써 신과 인간 사이의 연결에 종지부를 찍었다. 그러나 유한한 존재인 인간은 무한하고 초월적인 무언가를 상상하고, 그것에 기대고 의존함으로써 인생의 여러 굴곡과 이해 못 할 불행과 난관을 극복할 힘을 얻고자 한다. 그 대상이 반드시 신이 아니어도 좋다. 인간과 지구, 혹은 인간과 우주

사이에 알 수 없는 신비로운 섭리로 이루어진 연결고리가 있다는 식의 생각은 인간에게 모종의 위안을 준다.

독일의 민속학자 자비네 되링만토이펠Sabine Doering-Manteuffel에 따르면 과학의 발달과 계몽주의로 인해 종교가 점차 지배적인 힘을 잃어갈수록, 그 자리를 대신해 사람들의 공허함을 채워주는 것이 바로 미신과 마법들이다. 잃어버린 낙원, 성스러운 구원에 대한 갈망의 빈 틈을 신비주의가 파고든 것이다. 이성을 앞세워 계몽의 시대를 열고자 했던 인류는, 종교가 사라진 자리에 미신이 득세하는 역설적인 상황에 처하게 되었다.[5] 이런 신비주의적 세계관은 세계에 재난이 닥칠 때마다 더욱 힘을 얻고 번성한다. 신비주의가 맹위를 떨치는 시기는 팬데믹이나 전쟁 등으로 세계가 피폐해지고 사람들이 불안과 공포에 떨게 될 때다.

특히 1차 세계대전 시기는 수많은 점쟁이와 유령, 신비 현상 등이 판치는 혼란스러운 판국을 마련하는 배경이 되었다. 당시 많은 사람에게 전쟁은 파국이나 다름없었다. 전선이든 후방이든 할 것 없이 사람들은 이루 말할 수 없는 고통에 짓눌려야만 했다. 목숨을 걸고 머리 위로 총알이 날아다니는 전장으로 나서야만 했던 병사들은 군복 호주머니에 불행을 막아준다는 부적을 소중히 넣어 간직했다. 남편이나 아들, 혹은 오빠를 위험한 전쟁터로 떠나보내고 남은 가족들이 할 수 있는 것이라곤 그들이 무사하기를 손 모아 비는 일뿐이었다. 이들은 전쟁이 하루빨리 끝나 사랑하는 가족이 돌아오기만을 기원하며 부적, 점, 심령술을 비롯한 신비주의에 매달리곤 했다.[6]

이처럼 신비주의는 위기가 계속되고 정세가 급변하는 시기일수록 새로운 수법으로 유행해 사람들을 현혹하고 마음을 사로잡는다. 세계가 파국에 처하고 죽음이 눈앞에 있으며, 이전의 세계관이 무너져내려 사람들이 혼란에 빠질 때면 신비주의는 어느샌가 곁에서 달콤한 위로와 위안을 속삭이곤 한다. 부적을 지니고 있으면 죽음을 피할 수 있다든가, 전쟁에 나간 가족의 안위를 확인할 수 있다든가, 죽은 가족의 유령과 대화할 수 있다는 식이다. 전쟁의 전망과 불확실한 미래를 미리 알 수 있다며 사람들을 꾀기도 했다. 이는 모두 사람들의 불안감을 이용해서 돈을 벌려는 황당한 수작이지만, 많은 사람이 기꺼이 돈을 지불했다.

우리는 페스트 팬데믹 시기에 공포에 질린 대중의 반응을 통해 코로나19 팬데믹 중에 왜 사람들이 방역 수칙을 따르지 않고 끈질기게 종교시설로 출석해 예배와 기도에 몰두했는지 미루어 짐작할 수 있다. 위태롭고 척박한 세계에서 어떻게 살아가야 할지 알 수 없었던 대중은 누군가 나서서 간결하고 명확한 해답을 제시해주기만을 간절히 바랐다. 사람들은 일상생활과 사회적인 조언을 얻는 정도에 만족하지 않았다. 지치고 혼란에 빠진 사람들은 더욱 초월적인 존재를 찾아 자기 삶 전체를 통째로 의탁하고 싶어 했다.[7]

재난 앞에서 미약한 인간은 눈에 보이지 않는 바이러스 감염이라든가, 맞는지 틀리는지 별로 관심도 없고 신뢰도 가지 않는 방역 수칙을 지키는 대신, 익숙하고 거룩한 장소인 종교시설로 나가 기도함으로써 불안을 떨쳐내고자 했다. 초월적 재난을 해결할 수 있는 건 초월적 힘을 지닌 신뿐이라 생각하기 때문이다.

익숙하지 않은가? 중세 유럽 사회에서는 페스트를 극복하기 위해 새벽 7시면 모든 도시의 교회에서 종을 울리며 간곡한 기도로 하루를 시작했다. 사람들은 정기적으로 모여 신께 정성을 다해 예배를 드리고 묵주기도를 올렸다. 그런데 페스트는 사그라들기는커녕 교회에 모인 사람들을 통해 더욱 빠르게 전파되고, 신의 응답 대신 죽음을 선물했다.

비합리주의의 두 번째 유형은 '세속적 비합리주의'라고 부를 수 있는 형태다. 여기 속하는 사람들은 종교와 별다른 관련이 없으며, 심지어 종교의 비합리성을 혐오한다. 이들이 보기에 코로나19 팬데믹을 피하고자 신을 찾고 구원을 갈구하는 행위는 한심한 작태일 뿐이다. 종교에 의존하는 사람들은 스스로 사유하지 않고 다른 존재에 의존하는 나약한 자들이기 때문이다.

세속적 비합리주의를 '반지성주의'라고 부르는 것은 적절하지 않다. 마스크 착용과 거리두기를 거부하는 사람들은 단지 저소득층이나 교육을 제대로 받지 못한 계층에 국한되지 않는다. 미국의 엘리트 집단과 고등교육을 받은 계층들의 상당수도 이런 움직임에 동참한다. 이들은 스스로의 행동을 '비합리적'이라거나 '반지성주의'라 여기지 않는다. 오히려 자신이 지극히 합리적이고 이성적인 태도를 취하고 있다고 착각한다. 그들은 끊임없이 정부 방역 정책의 문제점과 허점을 지적하며 비웃고, 그런 것들은 사태 해결에 별다른 도움이 되지 않는다고 주장한다. 세속적 비합리주의자들은 주류 과학과 공인된 전문가의 설명에 따르기보다는, 출처를 알 수 없는 기괴한 이론을 믿으면서 세계의 음모를 자신만이 간파하고 있다는 우월감에 도취되어 있다. 여기서 백신은 검증되지 않은 위험한 물질이며, 멀쩡한 사람을 괜한 죽음으로 몰아가려는 정부의 음흉한 수작일 뿐이다.

심지어 코로나19 바이러스는 세계 최고 부자인 빌 게이츠가 남몰래 실험하고 만들어 세계로 전파시킨 인공적인 질병이라는 주장도 등장한다. 이에 따르면 빌 게이츠와 그의 배후에 있는 거대하고 음험한 집단 '일루미나티'는 바이러스를 퍼뜨린 후 가짜 백신을 보급해 자신들의 지배력을 강화하려 한다. 백신 안에는 정체를 알수 없는 모종의 장치, 이를테면 최첨단 '마이크로 칩'이나 '나노 로봇' 따위가 들어 있기에, 그것을 맞은 사람은 세계를 지배하는 검은 집단의 꼭두각시로 전락하게 된다는 것이다.

이유는 또 있다. 미국을 비롯한 제1세계의 자유주의 우파는 국가가 주도하는 모든 통제에 뿌리 깊은 혐오와 공포를 느낀다. 이들에게 국가의 통제와 행정의 비대화는 곧바로 '파시즘'이나 '전체주의'를 연상시키기 때문이다. 그들의 낡은 사고 회로에서 감염병이 초래하는 위기보다 더욱 두려운 것은 바로 공산주의와 독재정치의 회귀다. 빈곤한 상상력을 가진 자들에게는 '자유' 아니면 '통제'라는 이분법적 구분 외에는 아무것도 떠오르지 않는다. 마스크 착용이나 자가 격리를 '강제'하는 것은 나의 신체의 자유와 정당한 선택권을 억압하는 것이며, 국가가 부당하게 개인의 권리를 침해하는 행위라는 논리다. 병에 걸리든 말든 나는 내 의지대로 행동할 것이며, 설사 그러다가 질병에 감염되어 죽더라도 국가가 나서지 말라는 것이다.

이들이 원하는 것은 내 뜻대로 '죽을 권리'인 셈이다. 이런 자유는 말 그대로 죽음 충동과 관련되는 자유다. 그러나 감염병 사태에서 마스크 착용이 강제되고 '착용 안 할 권리'가 제한되는 이유는 내 생명만이 문제가 되는 것이 아니라, 감염된 내가 질병의 숙주가 되어 타인을 감염시킬 수 있는 위험 때문이기도 하다. 한 명의 시민으로서 지니는 자유와 권리도 중요하지만, 그 자유는 타인의 생명권을 침해하지 않는 범위 내에서 행사되어야 한다. 더군다나 그들이 주장하는 자유로 인해 피해를 보게 되는 것은 면역력이 약한 사람들이다. 사회적 약자인 노인 계층이나 기저 질환에 시달리는 환자들이 병원균에 노출된다면, 감염으로 인해 사망에까지 이를 확률이 높다. 이런 피해를 방지하고 약자를 보호하는 것은 시민으로서 지켜야 할 책무다.

한국의 우파로 말할 것 같으면, 코로나19 사태는 이들이 애초에 자유주의자가 아니었다는 사실을 여실히 드러냈다. 과거 군사 독재 시절의 고성장 신화와 강력한 검열과 통제 시스템 아래의 안정된 사회 질서를 그리워하며 향수에 젖는 사람들은 위기 상황이 오면 곧바로 정체를 드러낸다. 이들은 미국의 자유주의를 동경하지만, 자신의 뿌리 깊은 독재 선망 DNA를 숨기지 못한다. 한국의 우파는 위기가 닥치면 개인의 권리와 자유를 우선시해 정부의 통제와 억압에 저항하는 대신, 권위적이고 비대한 정부로의 회귀를 부르짖는다.

코로나19 사태 초기에 한국의 우파는 하루빨리 극단적인 통제를 시도하고 '공산주의적'인 조처를 해야만 감염이 확산하는 걸

막을 수 있다며 정부를 닦달했다. 이를테면 중국을 비롯한 위험 국가와의 무역과 인적 교류를 완전히 차단하고, 공항을 비롯한 모든 통로를 봉쇄해야 한다는 것이다. 또한 국가에서 직접 방역용 마스크의 생산과 유통 전반에 관여하고, 생산된 제품을 개인마다 똑같은 수량으로 배급해야 한다고 주장했다. 심지어 계엄령을 선포해 사태가 잦아들 때까지 국가가 모든 상점을 걸어 잠그고 국민이 거리에 나다니지 않도록 철저히 감시해야 한다는 주장이 나오기도 했다.

이런 조치들을 시행하려면 많은 행정력을 동원해야 한다. 이는 그들이 그토록 혐오하는 '큰 정부'가 아닌가? 마스크 배급이란 '공산주의적' 제재가 아닌가? 국가가 시장을 가만히 내버려 두지 않고 공급과 소비의 황금률에 관여하다니! 시장의 자유방임을 신봉하는 자유주의자들이 들으면 까무러칠 일이다.

필요한 것은 계엄령 선포와 같은 극단적인 통제 조치가 아니다. 2020년 프랑스는 전면적인 외출 통제를 시행하고 국경을 봉쇄했지만, 유럽에서 가장 많은 사망자 수를 기록했다. 반대로 될 대로 되라는 기조로 죽어가는 국민을 방임하며 언젠가 집단 면역이 형성되기만을 기다리는 무책임한 태도도 대안이 아니다. 스웨덴 정부는 전 국민의 집단 면역을 조기에 달성하겠다며 감염 확산을 그냥 내버려 두었다가 급증하는 사망자와 계속되는 대유행으로 인해 실패를 인정하고 거리두기와 통제 정책으로 선회한 바 있다.

팬데믹 상황에서 자유와 통제는 양자택일해야 할 문제가 아니다. 개인의 자유를 방임할 경우 타인의 생명권과 사회 안전에 심대한 침해가 우려된다면, 정부는 과감하게 개입하고 신속한 조치들을 단행해야 한다. 물론 통제는 자유를 가능한 한 폭넓게 인정하는 범위 내에서 제한적으로 이루어져야 한다. 거기에는 우선 시민들의 이해와 동의를 구하는 일이 전제되어야 한다. 그렇지 않으면 한국에서도 미국의 자유주의자 무리처럼 정부의 제한 정책에 반대하며 길거리로 쏟아져 나오는 사람들이 생길지 모를 일이다.

페스트의 교훈

페스트 사례를 좀 더 살펴보며 팬데믹이 발생하는 원인과 배경에 관한 단서를 얻도록 하자. 중세 유럽 사회에서 페스트는 왜 유행했을까?

잘 알려져 있다시피, 페스트는 쥐를 숙주로 삼는 벼룩에 의해 전파된다. 벼룩은 크기가 수 밀리미터에 불과한 작은 기생충이지만 활동 반경은 매우 넓다. 벼룩은 먹이를 찾아 돌아다니는 쥐의 행적을 따라 집, 움막, 구덩이, 지하실, 창고 등을 두루 유람하며 인간에게 세균과 바이러스를 전달한다. 심지어 배에 올라타 강과 바다를 건너가기도 하고, 상인의 수레에 무임승차 하거나 순례자의 옷에 숨어들어 온갖 곳을 떠돌아다닌다.[8]

페스트의 원인이 되는 세균은 벼룩에 기생하고, 벼룩은 쥐에 기생한다. 쥐는 인간이 생활하면서 쏟아내는 각종 쓰레기와 오물들을 먹고 번성한다. 중세 시대의 열악한 위생과 주거 환경은 벼룩으로 득실거리는 쥐가 번식하기에 최적의 상태였다.

도대체 그 시절의 환경이 어느 정도였길래 그토록 많은 사람이 페스트에 걸려서 죽어나갔던 것일까? 되링만토이펠은 중세 유럽 사회의 모습을 잘 설명하고 있다. 갈수록 많은 도시가 빽빽하게 들어서면서 주거지역의 위생 상태는 그야말로 열악했다. 특히 하층민들이 몰려 사는 지역은 악취로 코가 마비될 지경이었다. 고기를 손질하는 도축업자, 피혁 제품을 만드는 무두장이, 훈제 생선과 어포를 판매하는 수산물 상인, 온갖 수공업 작업장들이 좁은 골목에 가득 늘어서 있었다. 게다가 이런 곳은 대부분 강을 중심으로 주변 습지에 물을 막아 조성한 지역이었다. 하수처리 없이 수많은 사람과 가축이 배설물을 쏟아냈고, 더러운 물은 강으로 흘러 들어가거나 지하로 스며들어 식수를 오염시켰다. 상한 음식과 오염된 물을 먹고 병에 걸린 동물들이 돌아다녔다. 순례자들은 유럽 전역을 누비며 온갖 종류의 잡균들을 몰고 다니며 퍼뜨렸다. 게다가 항해 기술이 발달해 배를 타고 바다를 건널 수 있게 되면서, 역병이 활개 칠 수 있는 최적의 환경이 마련되었다.[9]

상공업의 발달로 도시화가 진행되면서 수많은 사람이 도시로 계속해서 몰려들었지만, 이들을 수용할 공간은 지극히 한정적이었다. 좁은 공간에 몰려 사는 사람들의 분뇨나 생활폐기물을 처리할 시설은 미흡했고, 이는 그대로 주거지 주변에 쌓이고 방치되어 엄청난 악취와 유독가스, 곰팡이와 세균을 발생시켰다. 바로 그 옆에서 살아가는 인간들과 동물들의 건강이 멀쩡할 리가 없다. 우리는 중세 유럽 사회가 페스트뿐만 아니라 온갖 감염성 질환으로 가득한 공간이었으리라는 사실을 쉽게 추측할 수 있다. 페스트는 당시 유행했던 수많은 종류의 질병 중에서 가장 치명적이고 지독한 증세의 질병이었을 뿐이다.

여기서 우리는 팬데믹의 세 가지 조건을 파악할 수 있다. 첫 번째는 감염원과의 빈번한 접촉이다. 음식물 쓰레기와 분뇨가 따로 수거되어 처리되는 대신, 여기저기 그대로 널려 있는 환경은 쥐에게는 더할 나위 없는 낙원이다. 도시 공간에 쥐가 번성하면서 쥐속에 살며 페스트균을 품고 있는 벼룩과 인간의 접촉 빈도도 자연스럽게 높아진다. 당연히 페스트균에 노출되는 환자가 많아질 수밖에 없다. 게다가 오염된 식수와 곰팡이가 핀 더러운 음식을 먹는 사람들의 면역력이 멀쩡할 리 없다. 늘 가난에 시달리던 사람들은 하루라도 일하지 않으면 생필품을 살 돈을 마련할 수 없었다. 비위생적인 환경에서 과로하며 충분히 쉬지 못하고 알맞은 영양분을 섭취하지 못한 사람들은 작은 질병에도 끝내 회복하지 못하고 죽음에 이른다.

두 번째는 질병이 전파될 수 있는 밀집된 환경이다. 감염원과 접촉해 최초의 환자가 발생하더라도, 그 질병이 전파되기 힘든 환경이라면 팬데믹으로 발전하지 않는다. 그런데 중세 도시는 좁은 골목을 두고 수많은 집과 상점이 빽빽이 세워져 있는 공간이었다. 집 안에서 사람들은 자신만의 독립적인 생활 공간을 갖는 대신 좁은 곳에서 서로 뒤엉켜 살아가야만 했다. 사람들은 저녁이면 모여 술을 마시고 놀았고, 주말이면 교회에 모두 모여 예배를 드렸다. 밀집되고 비위생적인 도시 공간은 전염병이 맹위를 떨치기에 최적의 환경이다.

세 번째는 교통수단이 발달하고 무역이 성행하게 되면서 외부와의 접촉이 빈번해졌다는 점이다. 이전까지 마을 단위의 작은 사회를 이루며 살아가던 시대에 질병의 유행은 해당 마을의 재난으로 한정되는 경우가 많았다. 그러나 이제 배를 타고 대서양을 건너고 전 세계를 횡단하는 시대가 되자, 인간을 따라다니는 질병 역시 활개를 치게 된다. 순례자들의 행렬은 전 유럽을 누비며 질병을 퍼뜨렸고, 상인들은 수레를 몰고 다니며 유럽 곳곳에 쥐와 병균을 전파했다. 게다가 이들은 이전까지 발견되지 않았던 먼 타국의 새로운 질병을 가져다가 유럽 내부로 전달해주는 '질병 수입상' 역할도 충실히 해냈다. 면역력이 형성되지 않은 신종 질환의 유행은 더욱더 치명적이었으며, 수많은 사람을 죽음으로 몰아갔다.

재난의 원인

다시 좀비로 돌아가보자. 현대 도시 공간의 위생 상태나 생활 환경은 중세 유럽 사회보다 비약적으로 좋아졌다. 과학과 의료 수준의 발달은 치명적인 감염병들을 박멸하거나 몰아냈고, 충분히 관리하고 치료 가능한 위협으로 만들었다. 그런데 현대 사회에서 다시 전염성 질병이 유행하게 되는 배경은 무엇일까?

브룩스는《좀비 서바이벌 가이드》에서 21세기를 '전염성 질병의 전성기'라고 진단하며, 그 원인을 다음과 같이 제시한다. 세계의 인구가 계속해서 증가하고 있다. 세계의 중심이 전원에서 도시로 이동했다. 발달한 교통수단이 지구 곳곳을 남김없이 연결했다. 이런 변화들로 인해 온갖 종류의 전염성 질병들이 다시금 전성기를 누리게 되었다. 심지어 그중 대부분은 이미 몇 세기 전에 사라졌다고 여겼던 질병들이다. 이처럼 취약한 환경에서 바이러스가 발생한다면 팬데믹으로 발전하는 건 시간문제일 뿐이다.[10]

이에 따르면 오늘날 전염성 질병 유행의 전성기가 마련된 배경은 중세 시기와 크게 다르지 않다. 바로 인구의 증가, 도시로의 밀집, 교통수단의 발달이 그 이유다. 세 가지 요인으로 인해 이미 박멸했다고 여겼던 과거의 질병들이 다시 유행하는 일이 반복되고 있다. 만일 백신이나 치료법이 개발되지 않은 새로운 바이러스가 등장한다면, 그 결과는 훨씬 치명적인 사태로까지 번질 확률이 높다. 세 가지 요인을 자세히 뜯어보도록 하자.

첫 번째 요인은, 세계 인구가 꾸준히 늘어나고 있기 때문이다. 더 정확히 말하면 인구 증가로 인한 생태계와 서식지 파괴가 원인이다. 인류는 급격하게 늘어난 인구를 수용하고, 그들의 필요와 편의를 충족하기 위해 영토를 무분별하게 확장하고 생태계를 파괴하고 있다. 지난 한 세기를 지나는 동안 전 세계의 인구수는 4배로 늘었으며, 머지않아 (아마도 몇 년 내에) 80억을 넘기게 된다. 물론 단순히 많은 인구만이 환경파괴의 원인은 아니다. 제1세계가 차지하는 인구의 비율은 제3세계의 인구보다 훨씬 적지만—유럽과 북아메리카의 인구를 모두 합친다 해도 아프리카보다 적다. 또한, 아시아의 인구는 다른 모든 대륙의 인구를 더한 수보다 많다—, 제1세계 국가가 자연을 파괴하고 오염시키는 정도는 제3세계 국가에 비할 바 없이 막대하다. 미국의 1인당 연간 쓰레기 배출량은 773킬로그램인데, 이는 전 세계 평균의 3배이며, 에티오피아의 7배에 해당하는 양이다.

글로벌 자본주의 세계에서 자본은 끝없이 팽창하면서, 동시에 놀라울 정도로 과도하게 집중되고 있다. 그 결과로 우리가 보고 있는 것은 유례없는 극심한 불평등이다. 부의 불평등은 곧바로 환경의 불평등으로 이어진다. 부유한 국가들은 자신이 치러야 할 환경오염의 대가를 자본이라는 '합리적 대가'를 경유해 가난한 국가들에 떠넘긴다. 선진국은 오염물질을 많이 배출하고 환경을 파괴하는 산업들을 자국 내에서 퇴출해 국외로 이전한다. 자연과 환경에도 값이 차등적으로 매겨진다. 선진국이 자랑하는 자연 친화적이고 쾌적한 환경은 저절로 조성되는 것이 아니다. 고급 주거단지의 공원과 근교의 녹지를 정비하고 깨끗하게 가꾸는 동안, 보이지 않는 곳에서는 그 면적의 수십에서 수백 배에 해당하는 지역이 파괴되고 황폐해진다. 부유한 국가의 환경은 비싸지만, 가난한 국가의 환경은 헐값일 뿐이다.

선진국의 화려하고 거대한 도시 공간과 이를 둘러싼 유려한 자연, 안전하고 안락한 환경은 쓰레기와 오염물질을 배출하는 공장을 해외로 이전함으로써 비대칭적으로 조성된다. 선진국은 자국 내에서 생산된 쓰레기를 헐값에 해외로 수출하고, 비용을 지불하는 대가로 오염원을 떠맡겨 처리를 위임한다. 자국 내의 오염을 정화하는 데 필요한 비용보다 오염을 타국으로 이전하는 데 드는 비용이 훨씬 더 저렴하기 때문이다. 한국 역시 상당량의 쓰레기를 중국이나 필리핀 등지에 수출해왔다. 싼값에 쓰레기를 받아들이는 국가들은 대부분 제대로 된 재활용 처리 시설이나 정화 기술을 갖고 있지 못하다. 쓰레기들은 그대로 매립되거나 아무렇게나 방치되어 토양과 물을 오염시킨다.

쓰레기 수출은 환경 불평등 사례의 일부분에 불과하다. 글로벌 자본주의의 불평등을 유지하고, 부유한 소비자를 위한 더 많은 상품의 생산과 유통을 위해 가난한 나라에서 동식물의 서식지가 광범위하게 침범당하는 일이 벌어지고 있다. 광물과 희토류 채굴, 농장 건설, 주거지 확장 등을 위해 인간의 활동 영역과 범위가 과거에 비할 바 없이 극적으로 확대되면서, 생태계는 대규모의 치명적인 손상을 입고 있다.

과학기술의 발달은 과거에는 인간이 살 수 없었던 지형과 기후에서도 얼마든지 거주하고 활동할 수 있도록 만들어주었다. 이제 열대지방부터 극지방에 이르기까지 지구의 모든 지역은 인간의 거주지이거나 자원 채굴지가 되었다. 인간이 특수한 환경과 거기에서 서식하는 낯선 야생 동식물과 빈번하게 접촉하게 되면서 새로운 병원체에 노출되고 감염된다. 새롭게 개발되는 지역은 대부분 선진국을 위한 자원 식민지이거나 빈민들의 거주지이기에, 제대로 된 의료 인프라나 방역 시스템을 갖추고 있지 못하다. 이런 곳에서 발견되는 세균이나 바이러스가 치명적인 이유는 아직까지 인류가 접해보지 못한 종류이기에 거기에 대응할 면역체계를 갖추고 있지 못하기 때문이다.

처음 접하는 병원체 앞에서 인간이 얼마나 취약한 존재인지를 보여주는 예시는 역사 속에서 얼마든지 찾아볼 수 있다. 잉카 제국과 아즈텍 제국을 비롯한 남아메리카 국가들은 15세기까지 조직화되고 고도로 발달한 문명사회를 자랑했다. 이들이 대서양을 건너온 많지 않은 유럽인에게 무너졌던 이유는 그들과 함께 상륙한 낯선 질병 때문이었다. 유럽인이 침략하기 전까지 멕시코에는 2,200만의 인구가 살고 있었다. 1520년 스페인 함대와 함께 천연두, 황열병, 홍역 등이 들어왔고, 이 치명적인 감염병들은 순식간에 멕시코 인구의 90퍼센트 이상을 죽음으로 몰아갔다. 이런 예는 수없이 많다. 유럽인이 상륙하기 전 하와이에는 50만 명의 주민이 살고 있었다. 유럽의 토착 감염병은 100년이 채 지나기도 전에 하와이 인구를 7만 명만 남기고 모조리 학살했다. 하와이 주민들은 이전까지 다른 대륙과 교류가 없었기에, 낯선 병 앞에서 속절없이 죽어나갔던 것이다.[11]

기후변화 역시 인류가 새로운 질병과 맞닥뜨리게 된 중요한 원인으로 추정된다. 지구의 온도가 급격히 올라가면서 생태계는 근본적인 변화를 겪고 있다. 서식지의 환경이 급변하면서 동식물들의 활동반경이 축소되거나 확장된다. 열대기후에 거주하던 생물들이 온대기후 지역으로 진출하는 일이 빈번해지면서, 인간들은 낯선 바이러스와 마주할 확률이 올라간다. 코로나19 바이러스의 경우 숙주인 열대 지역의 박쥐가 기온이 올라가자 중국 남부로 서식지를 확장하려 진출하면서 인간과 접촉해 옮겨온 것으로 추정하고 있다. 온대 지역 사람들이 전혀 다른 지역에서 살던 생물이 전파한 새로운 바이러스에 속수무책으로 당하게 된 것이다.

두 번째 요인은, 전원에서 도시로 세상의 중심이 이동했기 때문이다. 바이러스의 확산은 고도화하는 도시의 인구밀도와 밀접하게 관련된다. 몰려드는 많은 인구를 수용하기 위해 현대 사회의 도시는 점점 거대해지고, 높게 올라가고 있다. 도시 공간의 단위면적당 인구수는 끊임없이 증가할 수밖에 없다. 인구 간 접촉이 빈번한 환경일수록 한 명의 감염자가 타인을 재감염시키는 '감염재생산 지수'가 비례해 증가한다. 대다수 좀비영화의 배경이 도시인 건 우연이 아니다. 좀비 바이러스의 최초 유출지역이 외딴 지역일지라도, 바이러스가 빠르게 증식하며 팬데믹으로 번지는 건 언제나 인구가 밀집된 도시에서다. 좀비와 마찬가지로 새로운 감염병 역시 대도시에서 번성한다.

바이러스의 전파도가 인구밀도와 연관된다는 것은, 생활 환경과 질병 간의 관련성을 일깨워주기도 한다. 같은 도시 공간에 거주할지라도 바이러스에 감염될 확률은 공평하지 않다. 넓은 저택에서 생활하는 사람과 좁고 밀집된 환경에서 생활하는 사람 간의 위험도, 재택근무가 가능한 사무직과 불가능한 육체노동자가 감내해야 할 위험도는 크게 차이가 날 수밖에 없다. 개인 이동 수단을 보유한 사람과 대중교통을 이용해야만 하는 사람의 차이 역시 마찬가지다. 코로나19 바이러스의 확산 경로에서 드러나듯 밀집되고 밀폐된 근무환경에서 노동해야 하는 사람들, 혹은 비좁은 기숙사나 숙소에서 거주해야 하는 사람들은 감염 예방을 위한 거리두기나 생활 방역 수칙을 제대로 지키기 어렵다.

대표적인 예로 2021년 4월 서울 동부구치소에서 1,173명의 감염자가 발생했으며, 3월 동두천시에서는 이주 노동자 167명이 감염된 바 있다. 같은 시기 구로구의 한 콜센터에서는 158명의 집단 감염 사태가 이어졌다. 이들은 모두 안전을 위한 최소한의 거리와 공간을 확보하기 어려운 밀집되고 열악한 노동 환경과 주거 환경에서 생활하고 있다. 이렇듯 도시 공간에서 개인의 소득과 자산 수준은 곧 안락하고 깨끗한 주거지, 쾌적한 노동 환경과 직결되기에, 저소득 노동자는 필연적으로 감염병에 취약한 상태로 내몰리게 된다.

세 번째 요인은 교통수단의 눈부신 발달이 지구 곳곳을 신속하게 연결했기 때문이다. 글로벌 자본주의가 작동하기 위한 핵심인 생산, 유통, 판매망을 구축하기 위해, 물류 운송시스템 및 교통수단이 빠르게 발전했다. 모빌리티의 진화, 통신과 매체의 발달은 세계화의 조류를 가속화했으며, 전 세계를 하나의 생활 공간으로 압축했다.

기술이 발달하고 세계화가 본격적으로 이루어지기 전까지 감염병은 현재에 비해서 현저하게 느린 속도로 퍼져나가거나, 혹은 중간에 전염 경로가 차단되어 하릴없이 사라지곤 했다. 바이러스나 세균은 어디까지나 인간의 신체를 매개로 삼아 전파되기에, 인간의 이동 속도라는 물리적 한계에서 벗어날 수 없었기 때문이다.

다양한 바이러스 중 가장 치명적이고 높은 감염성을 지닌 형태는 '공기감염 바이러스'다. 홍역이나 결핵 등의 질병이 여기에 해당한다. 이런 바이러스는 극도로 가벼워 공기 중에 둥실둥실 떠다니면서, 직접 접촉하거나 타액이 묻지 않더라도 호흡기를 통해 주변의 인간들을 감염시킨다. 이는 '비말감염'(침과 콧물 등 타액을 통한 감염)보다 훨씬 더 전염성이 높은 방식이다. 공기감염 바이러스는 비말감염으로 전파되는 코로나19 바이러스에 비해 전염력이 수배에서 많게는 10배 이상 높은 것으로 알려져 있다.

불행 중 다행인 점은 바이러스가 공기 중에서 홀로 살아남기 힘들다는 것이다. 숙주의 몸에서 분리되는 순간 바이러스는 그리 길게 생존하지 못한다. 바이러스는 항상 숙주와 함께 이동한다. 따라서 물리적인 거리의 확대, 다시 말해 한 숙주에서 다른 숙주를 찾는 데까지 걸리는 공간적이고 시간적인 단절이야말로 바이러스의 최대 천적이다. 새로운 숙주를 만나지 못하면 바이러스는 얼마 가지 않아 사멸하고 말 것이다. 거대한 바다, 높은 산맥과 같은 지리적인 제약은 인간의 이동을 차단하기에, 바이러스에게는 건널 수 없는 심연과도 같은 장벽이 된다. 이동 수단이 선박이나 마차, 도보에 국한되어 있던 시절의 감염병은 기껏해야 특정 지역이나 특정 국가를 망가뜨리는 데 국한되었다. 제아무리 전염력이 강한 질병이라 할지라도 대륙의 경계를 벗어나는 일은 쉽지 않았다.

그러나 오늘날 글로벌 자본주의의 탐욕은 세계 전부를 남김없이 포섭해 촘촘하게 연결해놓았다. 현대의 바이러스는 인간이 구

축해놓은 안락한 모빌리티 환경에 탑승해 빠르고 손쉽게 퍼져나
간다. 세계 방방곡곡을 빠짐없이 누비는 인간의 경로를 따라서 전
염병이 구석구석까지 방문한다. 가장 강력한 형태의 공기감염 바
이러스조차도 현대의 운송 수단들에 비하면 지극히 느린 속도로
퍼져나갈 수 있을 뿐이다. 인간의 적극적인 협조와 도움이 없다면
바이러스는 홀로 바다는커녕 국경을 건너기조차 힘들다.

그렇다면 바이러스를 막기 위해 국경이나 특정 지역을 봉쇄하고
모든 이동을 차단한다면 어떨까? 좀비 바이러스는 타인과의 직접
적인 신체접촉을 통해서 전파되기에, 공기감염이나 비말감염 바이
러스보다 전염성이 떨어지는 형태다. 그렇다면 좀비 바이러스에게
바다라는 천혜의 장벽은 가장 치명적인 제약일 것이다.

그러나 브룩스는 바다가 더 이상 인간으로부터 바이러스를 갈
라놓지 못한다고 말한다. 좀비에게 날개가 돋아나지 않는 이상 스
스로 바다를 건널 수는 없다. 미국에 좀비가 창궐하더라도 대양으
로 분리된 아시아나 유럽, 아프리카, 혹은 호주에 사는 사람들은
안전할 거로 생각할 수 있다. 하지만 드넓은 바다가 우리를 바이러
스로부터 지켜줄 거라는 믿음은 순진한 착각일 뿐이다. 이는 세계
의 모든 정부가 사태 초기에 위험성을 신속하게 파악한 뒤, 모든
국경을 봉쇄하고 항구와 공항을 폐쇄한다고 가정할 때만 가능한
이야기다. 현실에서 정부의 대응은 언제나 뒷북을 치게 마련이고,
바이러스는 그보다 한발 앞서 바다를 건너 국경을 돌파할 확률이
높다. 설사 봉쇄 조치에 성공한다 해도 이미 감염된 승객과 승무
원들이 타고 있는 비행기, 감염된 선원이 탑승한 배를 예외 없이

저지하고 상륙을 완벽하게 막을 수 있을까? 브룩스는 불가능한 일이라고 대답한다.[12]

좀비로 변한 인간은 의사소통이 불가능하고 다짜고짜 폭력성을 표출하기 때문에 비교적 쉽게 구별해낼 수 있다. 하지만 일반적인 바이러스의 경우, 증상이 본격적으로 발현되기 전까지 감염자와 비감염자의 구별이 까다롭기에 통제하기 더욱 어렵다. 바이러스가 발생하자마자 전 세계가 국경을 봉쇄하고 항공과 해운 운송을 전부 틀어막기를 기대하기는 어렵다. 증상이 발현되지 않은 자국민이 귀국하겠다고 요청할 때, 그것을 무작정 거부할 정부도 많지 않을 것이다. 수많은 운송 수단과 인간들 사이에 숨어들어 있을 미세한 바이러스를 일일이 감시하고 통제하기란 불가능하다. 바이러스는 조용히 그 속에 스며들어 언제고 당신을 찾아갈 기회를 노릴 것이다. 좀비가 모빌리티를 타고 물리적이고 신체적인 제약을 극복하며 널리 퍼져나가듯, 바이러스 역시 배와 항공을 경유해 국경과 바다를 건너 전파된다.

게다가 현대의 고도로 발달한 모빌리티 기술은 얼마든지 은밀하게 물자와 인간을 실어 나를 수 있다. 섣부른 봉쇄 조치는 오히려 추적하기 어려운 밀입국과 밀반입 시도를 증가시킬 뿐이다. 이것이 바이러스가 창궐했을 때 세계 어느 지역도 안전을 담보할 수 없는 이유다. 미국은 코로나19 팬데믹 초기에 발 빠르게 입국 금지 조치를 단행했지만, 세계에서 가장 많은 확진자와 사망자 수를 기록한 바 있다.

세 가지 요인을 종합해보자. 급격한 인구 증가로 인한 생태계 파괴, 도시로의 인구 밀집, 모빌리티의 끝없는 연결은 지구를 전염성 질병이 창궐하기에 더할 나위 없이 좋은 환경으로 바꾸어놓았다. 어떠한 예외도 없이 모든 지역과 존재자에 도달해 기어이 착취하고야 마는 글로벌 자본주의의 무분별한 팽창과 끝없는 탐욕이야말로 문제의 핵심이며, 팬데믹의 본질이다. 이것을 바꿀 수 없다면 사태는 근본적으로 해결될 수 없다. 과학자들은 코로나19 팬데믹이 일단락된다고 할지라도, 앞으로 더욱 치명적인 형태의 신종 질병이 반복적으로 유행하게 될 거라 경고한다.

모빌리티와 좀비

글로벌 자본주의 세계에서 상품은 고정된 한 장소에서 생산되는 것이 아니라, 전 지구를 가로지르며 생산되는 국제적인 협업의 산물이다. 상품 한구석에 'made in china'라는 익숙한 문구가 새겨져 있더라도, 그것은 물건이 최종적으로 조립된 장소가 중국이라는 사실을 말해줄 뿐이다. 제품 내부의 다양한 부품들이나 그것들을 생산하기 위한 규소, 니켈, 리튬, 희토류 등의 원자재는 최저 비용으로 생산 가능한 세계 곳곳의 다양한 지역에서 만들어진다.

지리학자 데보라 코웬Deborah Cowen은 《로지스틱스》에서 글로벌 자본주의의 핵심이 물류 운송, 즉 무역 경로의 완결성을 유지하는 데 있다는 사실을 지적한다. '홈 없는seamless' 흐름의 순환, 어떤 멈춤이나 중단 없는 이동의 경로를 완벽하게 구축하고 보호하는 것이야말로 글로벌 자본주의의 주요한 관심사다. 코웬에 따르면 2001년 9월 11일에 벌어진 재난의 핵심은 쌍둥이 빌딩의 붕괴가 아니다. 자본주의 세계에서 진정한 재난은 테러로 인해 "무역이 교란되었다"라는 사실이다. 테러 이후 미국 정부를 비롯한 국제기구, 다국적기업, 사설 보안 업체 등은 어떤 경우에도 끊어짐 없이 유지되는 '공급 사슬 보안'을 최우선으로 마련하고자 했다.

오늘날 보안 전문가들은 '무역 보안'이야말로 시민과 사회의 안전을 보장하는 일, 더 나아가 국가의 안보와 직접적으로 연결된다고 주장한다. 테러를 핑계 삼아 공급 사슬 보안은 마침내 초법적인 힘을 획득한다. 자본주의 세계는 물류의 운송 과정을 철저히 보호하는 데 여념이 없으며, 이 과정은 민간 기업체의 보안팀이 관할하고 있다. 모빌리티와 관련되는 경로와 영토는 국가의 통치와 법의 관할조차 벗어나는 공간이 된다. 특히 물류가 경유하는 주요한 장소인 공항과 항만은 법의 작동이 중단되는 '예외상태'*가 되었다. 국가의 낡은 영토적 경계가 공급 사슬 보안의 선형적 경계에 의해 침범당하고 도전받고 있다.[13]

---

* '예외상태'란 일종의 무법상태로, 정상적인 법의 통치나 통제에서 벗어나는 법 바깥의 영역을 의미한다. 전쟁이나 재난으로 인해 계엄령이 선포되는 비상사태가 바로 예외상태에 해당한다. 이탈리아 사상가 조르조 아감벤(Giorgio Agamben)은 현대로 오면서 일시적이었던 예외상태가 점차 확장되고 항구적인 공간성을 획득하게 된다고 주장한다. 이를테면 정치범이나 테러리스트를 가두는 '관타나모 수용소'나 공항이나 항구의 임시 난민 수용소는 법이 통용되거나 작동하지 않는 초법적인 공간이 되어가고 있다.

원자재의 수송과 가공, 상품의 생산, 그리고 물류의 운송과 관련된 모든 단계는 '규제 철폐'와 '자유 무역'이라는 미명 아래 최대한 빠르고 매끄럽게 이루어진다. 지역적인 규제와 통제를 뚫고 신속하고 안전하며 홈 없는 경로로 완성된 전 지구적인 모빌리티 경로를 따라서 바이러스가 전파된다. 세계가 이토록 꼼꼼하게 연결되어 있지 않았더라면 바이러스의 확산은 크게 느려졌을 것이며, 우리가 손쓸 수 없이 당하지만은 않았을 것이다.

국경을 넘나들며 빨라진 바이러스의 이동 속도에 발맞춰, 오늘날 좀비는 빠른 발을 가진 괴물로 변화했다. 21세기 초, 특히 〈28일 후〉2002를 기점으로 활동반경을 극적으로 확장한 뛰는 좀비가 등장한 것이다. 바이러스를 따라 좀비가 빠르게 뛰기 시작하면서, 좀비영화는 전 세계를 배경으로 하는 아포칼립스 서사로 발전했다. 20세기 좀비영화가 주로 특정 지역에 국한되어 벌어지는 2종 재난(사회적 재난)을 다루었다면, 21세기의 바이러스좀비영화는 전 지구적인 3종 재난(인류적 재난)을 그린다. 모빌리티의 발달과 더불어 좀비가 자연스럽게 인류 전체의 종말을 초래하는 위협으로 거듭난 것이다.

우리는 좀비영화에서 모빌리티를 매개로 좀비가 전파되는 모습을 드물지 않게 본다. 넷플릭스 영화 〈아미 오브 더 데드〉2021는 모빌리티 환경을 둘러싸고 벌어지는 인간과 바이러스 간의 치열한 전쟁을 그리고 있다. 인간은 모빌리티의 편의를 홀로 독점하고 싶어 하지만, 바이러스는 그것을 가만히 두고 보지 않는다. 좀비를 정체불명의 바이러스 자체, 혹은 바이러스에 감염된 슈퍼 전파자로 대체해보면, 이런 구도는 더욱 명확해진다.

미국 정부의 은밀한 실험으로 만들어진 좀비 바이러스가 사고로 유출되면서 라스베이거스 지역이 초토화된다. 미국 정부는 좀비로 가득해진 지역 전체를 컨테이너로 빙 둘러싸 봉쇄한다. 감염자들의 처리를 두고 여러 가지 이견이 충돌하지만, 결국 핵무기를 발사해 지역 내 모든 바이러스를 완전히 제거하기로 결정된다. 좀비들과 싸우며 내부에 있던 인간들은 핵무기가 떨어지기 직전 헬리콥터를 타고 간신히 탈출한다.

그러나 바이러스는 그리 호락호락하게 사멸하지 않는다. 헬리콥터 안에서 인간과 바이러스 간의 싸움이 다시 벌어진다. 헬기에는 살아남은 인간 둘과 함께 좀비가 타고 있다. 좀비는 인간의 모빌리티를 이용해 장벽을 건너가려 하고 인간은 이를 어떻게든 막으려고 한다. 인간은 바이러스의 전파를 막기 위해 목숨을 희생해가며 좀비를 제거한다. 마침내 바이러스가 전부 제거된 듯 보이지만, 사실 두꺼운 은행 금고 안에 숨어 있던 인간은 바이러스에 감염된 채 살아 있다. 그는 자신이 감염되었다는 사실을 까맣게 모른 채 자동차와 비행기를 타고 멕시코 시티로 향한다. 잠복된 바이러스가 활동을 시작하면서 좀비는 또다시 출현한다.

영화 〈28주 후〉[2007]에서도 이와 유사한 장면을 볼 수 있다. 헬기를 타고 좀비로 가득한 영국을 탈출한 인간들은 마침내 살았다며 안도한다. 그러나 그중 한 아이는 바이러스의 보균자다. 바이러스는 모빌리티를 통해 섬에서 벗어나 바다를 건너 대륙에 상륙한다. 이윽고 바이러스가 다시 확산하기 시작하면서 인류를 파멸로 몰아간다. 만일 현대의 운송 수단이 없었더라면 바이러스는 살아남지 못했을 것이다. 이렇듯 세계화와 기술의 발달은 인간의 생활을 편리하게 해주고 활동반경을 넓혀주지만, 동시에 바이러스의 활동반경을 확장하고 확산에 일조하는 협력자의 역할을 하기도 한다. 이것이 오늘날 바이러스의 전파와 감염을 통제하기 어렵게 만드는 주요한 원인이 된다. 모빌리티의 주인은 인간이 아니다. 바이러스다.

전염병의 정체화

역사학자 티머시 스나이더Timothy Snyder는 "정상적인 규칙이 깨진 것으로 보이고 기대가 산산조각 났을 때, 누군가가 자연을 적절한 도정으로부터 어떻게든 전환시켰다는 의심이 형성"되기 쉽다고 지적한다.[14] 전 지구적인 질서가 붕괴할 때, 사람들은 복잡한 설명과 자성의 목소리보다는 극도로 단순한 진단에 이끌리기 마련이다. 히틀러가 대중의 마음을 사로잡은 방법이 바로 이런 식의 단순한 정체화다. 모든 문제와 책임을 유대인에게 덮어씌우고, 그들을 배제하기만 하면 사태가 해결될 거라고 말이다. 그러나 정체화는 언제나 사태를 해결하는 데 아무런 도움이 되지 않으며, 실질적인 악화만을 불러올 뿐이다.

팬데믹 상황에서도 혹자는 재난의 책임을 특정한 정체성 범주에 전적으로 떠넘기기 위해 골몰한다. 어떤 이들은 코로나19 바이러스가 최초로 발견된 곳을 찾아내서는, 바이러스를 '우한 폐렴'이라고 불러야 한다고 주장한다. 탐욕스러운 중국인이 자연의 질서를 왜곡하고 무분별하고 몰상식한 개발과 파괴를 벌이다가 재난이 닥쳤다고 말이다. 재난을 정체화함으로써, 전염병을 지역적 혹은 국가적 정체성과 결부하려 시도하는 것이다.

이런 구도에서 결론은 아주 단순해진다. "원흉은 우한 지역, 결국 중국 자체다. 그들에게 모두 책임을 묻고 지구상에서 박멸해야 한다." 그러나 우한이 재난의 시발점이라는 주장은 아직 근거가 부족한 가설에 불과하다. 실제로 라오스 북부에 서식하는 박쥐에게서 발견된 바이러스가 코로나19 바이러스와 95퍼센트 이상 일치한다는 연구 결과가 발표되기도 했다. 그렇다면 우한은 바이러스의 근원지라기보다 그저 바이러스의 본격적인 전파가 시작된 장소일 수 있다.

과거에도 전염병을 특정한 지역의 이름으로 부르려는 정체화의 시도는 반복되어왔다. 예컨대 '스페인 독감'으로 알려진 바이러스는 사실 스페인에서 시작된 것이 아니다. 스페인에서 크게 유행하기 이전에 이미 미국에서 발병한 적이 있다는 기록이 발견되었다. 기록이 없을 뿐, 어쩌면 미국에서의 발병도 최초는 아닐 것이다. 언제나 어디에나 존재하는 바이러스는 숙주와 접촉해 자기복제 공장을 가동할 기회만을 엿보고 있기 때문이다. 페스트 팬데믹 시기에도 외부로 시선을 돌리려는 수법은 크게 다르지 않았다. 중세 유럽인들은 페스트가 전형적인 동양의 질병에 해당하며, 죄 없는 유럽인은 억울하게 당하기만 한다고 주장했다.[15]

특히 매독은 성을 매개로 전염되는 병이기에 사람들은 책임을 서로 떠넘기기 위해 골몰했고, 그 결과 나라마다 각기 다른 명칭으로 불렸다. 이탈리아에서는 '프랑스 병', 프랑스에서는 '나폴리병', 네덜란드에서는 '스페인 병'이었다. 러시아에서는 '폴란드 병', 폴란드에서는 '독일 병', 그리스에서는 '불가리아 병', 불가리아에서는 '그리스 병'이었다. 우리나라도 예외가 아니다. 조선 시대에 사람들은 매독을 '중국 병'이라는 의미의 '당창唐瘡'이라고 불렀다. 이렇듯 사람들은 재난의 원인과 책임을 내가 아닌 누군가에게 뒤집어씌워 외부화하고, 그를 비난함으로써 손쉽게 마음의 안정을 찾고자 한다.

그러나 나는 이 사태에 아무런 책임이 없으며 무고한 피해자일 뿐이라는 생각은 사실이 아니며 아무런 도움도 안 된다. 바이러스는 인간과 마찬가지로 지구에 기거하는 하나의 존재자이며 생태계를 이루는 여러 구성요소 중 하나다. 심지어 바이러스는 인류가 지구상에 존재하기 훨씬 이전부터 존재해왔다. 인류가 최초로 출현한 이래로 우리는 오랫동안 바이러스와 함께 적대적으로 공존해왔다. 문제가 발생하는 지점은 인간이 이전까지 알려지지 않은 바이러스와 접촉하면서, 면역력이 없는 상태에서 감염되었고, 글로벌 자본주의의 유통망을 따라 빠른 속도로 바이러스가 전파되었다는 것이다. 문제의 원인을 직시해야 한다. 우리가 겪고 있는 혼란과 고통의 본질은 코로나19 때문이 아니다. 종말이 좀비의 출현

때문이 아니듯이 말이다.

미국에서는 '코로나19 사태의 원인'이라고 여겨지는 아시아인에 대한 혐오가 번지고 있으며, 아시아인을 대상으로 한 범죄가 비일비재하게 벌어진다. 이와 유사하게 한국 사회에서는 중국인에 대한 혐오가 유행처럼 퍼지고 있다. 미국의 아시아인 혐오와 한국의 중국인 혐오는 동일한 층위에서 작동한다. 특정한 정체성을 공유하는 집단을 상상하고 그들 전체를 낙인찍어 배제하는 방식 말이다. 우리가 계속해서 중국인 혐오를 즐기는 한, 다른 곳에서 벌어지는 아시아인 혐오에 대해 문제 제기할 권리를 가질 수 없다. 사태의 책임을 외부의 대상에게 전적으로 떠넘기는 행위는 논리적으로나 윤리적으로 옳지 않다.

미국의 인종 차별자는 정체성의 범위를 확장해서 중국인과 한국인을 싸잡아 '아시아인'으로 구분하고 이를 비난한다. 반면에 한국인은 아시아인이라는 정체성 범주를 축소해 중국과 한국을 구분해달라고 말한다. 특정 정체성을 혐오하는 일에 찬성하는 어떤 한국인은 미국인들의 심정을 잘 이해하고 있으며, 다만 '나쁜 중국인'과 다른 '착한 아시아인'을 잘 구분해서 중국인만을 혐오해야 한다고 주장한다. 그렇다면 12억이 넘는 인구의 중국인들이 '나쁜 우한인'과 '착한 중국인'을 구분해야 한다고 주장한다면 뭐라고 대답할 것인가? 혹은 우한인을 더 작은 집단으로 구분해 '바이러스 발발 인근 지역'의 주민만을 혐오하고, 그 외의 주민은 혐오하지 말라고 말하면 어떤가? 혹은 바이러스 최초 접촉자만을 혐오하라고 말한다면?

우리는 여기서 정체성의 범주가 지극히 모호하고 불분명한 개념임을 알 수 있다. 인종 혹은 민족적 정체성을 근거로 하는 집단의 범위는 결코 자명하지 않다. 이런 정체성을 공유하는 집단이란 실존한 적 없는 상상의 산물이며 근거 없는 편견들로 구성된 허구적 집단에 불과하다. 정체성 범주에서 가정되는 이상형ideal type에 해당하는 인간이란 애초에 존재하지 않는다. 이를 해결할 방법은 정체성의 확장도, 축소도 아니다. 정체성 범주의 완전한 폐지다. 우리는 인류라는 하나의 동등하고 보편적인 정체성을 지닐 뿐이다.

방역인가, 시장인가

팬데믹으로 인해 경제 활동을 할 수 없게 되면서, 당장 많은 사람이 경제적인 어려움과 맞닥뜨리게 되었다. 직업을 잃거나 수입이 크게 줄어든 사람들의 생계 문제를 해결할 조치가 병행되어야 한다. 그렇지 않다면 아무런 소득 없이 사지로 내몰린 사람들은 병에 걸리더라도 일할 '자유'를 달라며 저항할 것이다. 방역 행정을 성공적으로 시행하고 사람들을 설득하기 위해서는 과감한 경제적 지원이 필요하다. 우리에게는 그럴 만한 충분한 능력과 자원이 있다. 부족한 것은 기존의 시장 숭배라는 광신을 깨부술 용기와 그것을 현실로 옮길 행동뿐이다.

지젝은 세계가 '자본주의적 애니미즘'이라는 기이한 현상에 사로잡혀 있다고 분석한다. 그것은 시장이나 금융자본과 같은 사회현상을 마치 살아 있는 실체처럼 대하는 태도를 말한다. 지젝은 거대 언론들이 팬데믹으로 고통받는 사람들보다 팬데믹으로 인해 '시장이 공포에 떨고 있다'라는 사실에 더 호들갑을 떨고 있다고 지적한다. 이들은 바이러스가 앗아가는 생명들에 관심을 쏟기보다는 바이러스로 인해 원활한 작동이 중단될 위기에 빠진 세계시장을 더 걱정하고 있는 듯 보인다.[16]

지젝의 말대로 오늘날 세계의 주요한 관심사는 재난 속에서 지원과 구호 없이 죽어가고 있으며, 앞으로 죽어갈 수많은 사람이 아니다. 세계는 팬데믹을 막는다는 '핑계'로 도입되는 방역과 봉쇄조치가 시장에 초래할 악영향과 경제 성장에 미치게 될 여파에만 촉각을 곤두세우고 있다. 팬데믹 시대의 사양산업과 성장산업을 분석하고 '코로나19 테마주'를 물색하느라 정신이 없다.

'방역'의 대척점에 '시장'과 '경제'가 있다. 감염 확산을 막기 위한 방역 행정, 예컨대 야간 영업 금지, 5인 이상 집합 금지, 유흥업 영업 제한 등의 '사회적 거리두기' 조치들로 인해 시장이 죽어가며, 궁극적으로 경제를 위기로 몰아가고 있다는 것이다. 공장의 가동이 중단되고 무역이 단절됨으로써 세계시장은 고통에 신음하고 있다. 여기서 시장과 경제는 마치 살아 있으며 공포에 떨고 있는 아이처럼 묘사된다. 시장은 코로나19 바이러스가 창궐해 고통받고 있는 순진한 피해자다. 시장주의자들의 논리는 이렇다. "우리는 방역을 희생해서라도 경제를 살려야 한다, 병에 걸려 죽으나 굶어 죽으나 매한가지다, 경제의 위기는 더 많은 사람의 삶을 나락으로 몰아갈 것이다."

그러나 전 지구적 자본주의 경제체제의 유지를 위해 시장을 떠받들어온 결과가 팬데믹이라는 진실은 이야기되지 않는다. 시장은 팬데믹으로 고통받는 피해자가 아니라 팬데믹을 불러온 가해자다. 수많은 사람의 생계를 위기에 빠뜨리는 근본적 원인은 팬데믹이 아니다. 그것은 현재의 극단적인 시장 우선주의며, 극도로 편중된 자원의 분배다. 팬데믹 사태는 시장을 방임한 채 내버려두고, 분배를 시장의 자율에 맡기는 것이 얼마나 비효율적이고 불합리한 것인지 폭로하는 사태다. 그동안 분배 개선을 위한 여러 노력, 환경을 위한 장기적 정책들이 시장을 위축시킬 수 있다는 이유로 늘 뒷전으로 밀려났음을 잊지 말자.

팬데믹 상황을 통해 보았듯 우리는 공산주의라는 단어에 유난히 민감하게 굴거나 과도한 거부 반응을 일으킬 필요는 없다. 팬데믹이 초래한 혼잡과 혼란 속에서 실질적인 도움을 준 것은 대부분 평상시라면 자유주의자들이 눈에 불을 켜고 반대했을 법한 '공산주의적'으로 보이는 조치들이었다. 마스크가 동나고 가격이 천정부지로 치솟을 때, 그것을 그냥 시장의 자율에 맡겨두었다면 어떤 일이 일어났을지 생각해보라. 정부의 강력한 개입과 강제 배급이 없었더라면, 마스크 사재기가 기승을 부리고 검증되지 않은 규격 미달의 제품과 정체를 알 수 없는 온갖 가짜 마스크가 판쳤을 것이다. 일부 사람들은 이때를 틈타 마스크를 창고에 대량으로

쟁여두었다가 터무니없는 가격에 판매하려 들었을 것이다. 결국 시장은 제 기능을 잃은 채 교란되고 사회의 혼란은 극단으로 치달았을 것이다.

만일 시장이 알아서 백신에 가격을 책정하고 판매하도록 내버려뒀다면 어떻게 됐을까? 큰 비용을 낸 부자들이 먼저 마음에 드는 백신을 선택해 접종했을 것이고 가난한 사람들은 백신의 혜택을 누리지 못했을 것이다. 이들은 한참 뒤에 백신이 남아돌아 가격이 급락한 시점에야 간신히 백신을 접종할 수 있었을 것이다.

바이러스가 창궐했을 때 가장 취약하고 치명적인 위험에 노출되는 계층은 대개 고령이거나 기저 질환을 앓고 있어 면역력이 약한 사람들이다. 이들은 병원 치료나 백신 접종에 충분한 비용을 지불할 수 없을 확률이 높다. 만약 적극적인 공산주의적 조치가 없었더라면, 지금보다 훨씬 많은 사망자가 생겼을 것이고, 바이러스는 더욱 맹위를 떨치며 사회를 혼란으로 몰아갔을 것이다. 기대와 희망을 잃고 불안과 공포에 사로잡힌 사람들은 사회의 치안을 파괴하고 범죄 행위로 치달았을 수도 있다.

여전히 공산주의적 조치가 작동하지 않는 영역이 있다. 바로 백신과 방역 물품을 둘러싼 국제적인 불평등이다. 여전히 통치의 범위를 국경과 국민 내부로 한정하는 국민국가가 세계를 구성하는 주요한 권력으로 작동하고 있기 때문이다. 부자 나라에서는 백신이 남아돌고 있으며 백신의 효력을 의심해 접종하지 않겠다는 사람들이 넘쳐나지만, 다른 지역에서는 맞고 싶어도 맞을 백신이 없는 사람들이 끊임없이 바이러스에 감염되고 있다. 이들은 제대로 된 방역 물품이 없어 쉽게 감염되고 타인을 감염시키며, 감염된 이후에도 제대로 된 치료를 받지 못한다. 모든 질병에는 면역력을 증진하는 것이 가장 기본적인 치료법이다. 하지만 가난한 나라의 사람들은 적절한 영양 상태를 유지하기 어려운 데다가 충분한 휴식을 보장받을 수도 없다. 그들은 병에 걸려도 생계를 위해 다시 일하러 나서야 하기에 증세가 쉽게 악화된다. 생활환경 역시 전염에 취약하기 마련이다. 그렇게 바이러스는 끊임없이 재생산된다. 더욱 심각한 문제가 되는 지점은 바이러스가 자가 증식하고 전염되는 과정에서 예기치 못한 변종이 탄생한다는 것이다.

코로나19 팬데믹에서 최초 형태의 바이러스는 이미 주류에서 밀려난 지 오래다. 그 자리를 새로운 변종들이 채우고 있다. 진화한 변종들은 전염력을 강화하거나 치명률을 높여가며 인류의 생존을 위협하고 있다. 이는 국제사회가 방역 부문에서 평등을 실현하지 못한다면 팬데믹이 끝나지 않을 것이라는 사실을 암시한다. 공산주의적 조치는 전 세계적으로 확대되어야 한다. 또한 국제주의적 협력이 한층 강화되고 국제기구의 역할과 범위가 더욱 확장되어야 한다. 물론 WHO를 비롯한 국제기구는 팬데믹 상황에서 제대로 작동하지 못했고, 특정 국가들의 이익을 대변해 비판받았다. 그러나 이것이 국제주의나 국제기구의 불필요함을 의미하는 것이 아니다. 국제기구에 더 많은 예산과 권한을 부여하고, 독립적인 운영을 보장하기 위한 신속한 조치들이 감행되어야 한다.

얼굴과 인간

자유주의자들은 마스크 화형식을 거행하며 "마스크는 개인의 자유를 억압한다"라고 주장한다. 그들의 주장에 따르면 '자유'란 무엇보다 중요한 권리이며, 설사 국가라 해도, '비상사태'라 해도 함부로 개인의 권리를 침해할 수는 없다. 마스크 착용이라는 제한 사항은 내가 동의한 바 없는 자유의 억압이며 부당한 인권 침해다. 따라서 나는 자유를 억압하려는 국가 권력에 맞서야 하며, 마스크를 거부해야 한다. 이들은 마스크 착용을 거부하고 맨얼굴을 드러내는 행위야말로 독재에 맞서는 투쟁이며, 정당한 시민 저항권의 행사라고 여긴다.

자유주의자들은 '노마스크'를 장려하는 캠페인을 벌이며 마스크를 벗는 대가로 돈을 준다거나, 심지어 마스크를 착용한 사람들을 상대로 폭력을 행사하기도 한다. 이들의 생각을 요약하면 이렇다. "얼굴을 가리는 것은 의뭉스러운 짓이다. 얼굴을 드러내지 않는 자는 솔직하지 못하며 무언가 추잡스러운 꿍꿍이를 지닌 자다. 그들은 위험하고 혐오스러운 존재다." 이런 생각은 제1세계 자유주의 국가에서 아랍 문화와 아랍인을 바라보는 시각과 일치한다. 그들이 보기에 얼굴을 드러내지 못하는 인간은 테러리스트와 다를 바 없다. 그러나 얼굴을 가리는 행위에 굳이 대단한 의미를 두지 말자. 자유가 단지 얇은 부직포 마스크로 가린다고 사라지는 것이라면, 자유란 얼마나 초라하고 우스꽝스러운 권리인가?

　내 어릴 적 친구 중 한 명은 물고기를 먹지 못했다. 그는 물고기의 얼굴, 더 정확히 말하면 생선의 눈을 싫어했다. 인간과 같은 눈꺼풀이 없기에 물고기는 죽더라도 눈을 감을 수 없다. 죽은 물고기는 텅 빈 눈으로 자신을 먹으려 드는 인간을 응시한다. 친구는 물고기의 눈이 자꾸만 자신을 쳐다보고만 있는 것 같아, 불쌍한 생각이 들어 먹을 수 없다고 말했다. 그는 특히 멸치 반찬을 가장 싫어했는데, 수많은 멸치가 눈을 동그랗게 뜬 채 자신에게 먹지 말라고 간청하는 것처럼 느껴졌기 때문이다. 그런데 그는 토막 난 고등어나 갈치는 문제 없이 먹었다. 토막 난 물고기에는 얼굴이나 눈이 없기 때문이다. 손질되어 나온 물고기의 머리는 미리 잘려 쓰레기통에 버려지기에, 그는 아무런 죄책감과 고민 없이 식사를 즐길 수 있다.

　〈킹스맨: 시크릿 에이전트〉의 발렌타인은 잔인한 걸 끔찍이도 싫어하는 성격이라 피를 한 방울이라도 보면 구토한다. 이런 모습만 보면 발렌타인은 생명을 존중하고 폭력을 싫어하는 사람일 것만 같다. 하지만 그는 피만 보이지 않는 상황이라면 거리낄 것이 없다. 다른 사람에게 살인을 명령하고는 멀찌감치 떨어져서 뿜어져 나오는 피를 보지 않으면 그만이다. 그는 대량 살육이 일어나는 걸 멀리에서 원격 모니터로 지켜보며 기쁨의 축배를 든다. 이처럼 우리는 얼굴을 바라보며 살인을 저지르는 예를 얼마든지 찾아볼 수 있다.

드라마 〈킬링 이브〉2018~2022의 유능한 살인청부업자 빌라넬(조디 코머 분)은 자신이 살해한 사람의 얼굴을 가만히 들여다보는 걸 좋아한다. 빌라넬은 누군가가 죽음을 맞이하는 순간 그의 눈동자가 생기를 잃으며 사그라들고, 결국 한없이 작은 점이 되어 끝없는 수렁으로 추락하는 모습을 보면서 스스로 살아 있다는 희열을 느낀다고 고백한다. 빌라넬에게 살인 후 얼굴을 관찰하는 행위는 열심히 계획하고 공들인 장난을 저지르고는 완성된 결과를 마지막까지 지켜보는 가장 만족스러운 순간이다. 그는 타인을 죽이며 어린아이처럼 환호하고 신이 나서 기쁨과 행복감에 젖는다.

만일 얼굴이 현상적인 신체의 특정한 부위로 한정된다면, 우리의 인간성은 얼굴에만 한정되는 것인가? 얼굴을 가린 타인을 향한 폭력이나 살해는 그 죄가 경감되는가? 물론 그렇지 않다. 얼굴은 하나의 상징이자 기표일 뿐이다. 누군가 얼굴을 가렸다고 해서 그가 지닌 인간성이나 인간으로서의 가치가 사라지는 것은 아니다. 마찬가지로 마스크를 쓴 인간이라고 해서 그가 의심스러운 존재라든가 정체를 알 수 없는 괴물인 것은 아니다.

아감벤은 자유주의자들의 얼굴에 대한 집착과 마스크를 향한 혐오의 물결에 동참한다. 아감벤은 짐승이나 사물과는 달리 "오직 인간만이 얼굴을 가지고 있다"라고 주장한다. 마스크로 얼굴을 덮은 개인은 얼굴만이 표현할 수 있는 다양한 표정, 거기에서 오는 온기와 감정의 전달을 상실한다. 얼굴 없이 단편적인 메시지로만 소통하는 자는 결국 타인과 단절된다. 이것이 궁극적으로 의미하는 건 '모든 정치의 종말'이다.

아감벤은 "얼굴은 진정한 인간성의 공간이자 탁월한 정치적 장치"라고 말하며, 얼굴을 인간성과 정치 그 자체의 근본적인 조건이라고 선언한다. 따라서 얼굴에 대한 중요한 권리를 단념한 채, 시민의 얼굴을 마스크로 덮어 가리기로 결정한 국가는 "정치를 스스로 없애버린 셈"이다.[17] "가장 인간적인 장소"인 얼굴을 가리게 하는 현시대는 지극히 "비정치적인 시대"다. 여기서 인간에게는 "얼굴이 없어야 하고, 숫자와 수치만"이 있을 뿐이다.[18]

아감벤에 따르면 마스크를 강요하는 사회란 정치가 사라진 사회이며, 인간성 대신 숫자와 수치만을 신봉하는 "광기"에 사로잡힌 사회다. 그는 현재의 팬데믹 상황에서 통제사회와 파시즘이라는 디스토피아의 징후—그가 '예외상태'라고 부르는—를 발견한다. 그에게 '얼굴의 드러냄'이란 절대 물러서거나 타협할 수 없는 인간성의 최후의 보루다. 얼굴은 인간을 비로소 인간이게끔 만드는 결정적인 장소다. 우리는 얼굴과의 마주침을 통해서만 "서로를 인지하고, 서로를 향해 열정을 쏟"을 수 있으며, '사랑의 떨림'을 향해 나아간다.[19]

이 같은 아감벤의 '얼굴론'은 다분히 철학자 에마뉘엘 레비나스 Emmanuel Lévinas를 연상시킨다. 아마도 레비나스는 얼굴에 관한 가장 깊은 철학적 성찰을 시도한 사람일 것이다. 그에게 얼굴로 상징되는 윤리란 존재론보다 더 앞서는 제일철학의 위상을 갖는다.

벌거벗음—얼굴—속에서 자신을 표현하는 어떤 이는 나에게 호소한다는 점에서, 나의 책임하에 놓인다는 점에서 유일한 자이다.

이미 나는 그에게 응답을 해야 한다. 타인의 모든 몸짓은 나에게 전달된 신호들이었다. (…) 타인은 내가 그에 대해 지는 책임 속에서 나를 개체로 만든다.[20]

타자의 벌거벗은 '얼굴'은 나에게 호소한다. 나는 얼굴을 마주하고 그에게 응답하며, 마땅히 책임을 져야 한다. 얼굴은 나에게 윤리적인 명령을 부과한다. 그것은 결코 거부하거나 피할 수 없는 절대적인 책임이다. 타인의 얼굴은 나에게 "나를 죽이지 말라" "나를 해치지 말라" "나의 고통을 외면하지 말라"고 말한다. 그것은 나의 존재보다 선행하는 절대적인 명령이기에, 우리는 얼굴 앞에서 무조건적인 응답을 할 수 있을 뿐이다. 우리는 얼굴에 대한 응답과 책임 속에서만 인간으로서 존재할 수 있다. 따라서 아감벤의 말처럼 레비나스에게 얼굴을 은폐하거나 통제하려는 시도는 인간성을 말살하려는 시도와 크게 다르지 않은 것처럼 보인다.

그런데 레비나스는 다른 글 〈평화와 근접성〉에서 "얼굴이 반드시 인간의 얼굴인 것만은 아니"라고 말한다. '얼굴'은 말 그대로 인간 신체의 특정한 부위인 '얼굴'만을 직접적으로 지칭하는 것이 아니다. 얼굴은 "사람의 등, 길게 뺀 목", 혹은 얼굴을 통해 나오는 소리에서도 드러난다. 철학자 주디스 버틀러Judith Butler는 얼굴에는 여러 이름이 있지만 "그것들은 명명될 수 없는 것, 엄밀히 말해 언어로 이루어지지 않는 발화를 위한 형상"이라고 말한다.[21] 얼굴이란 가난한 타인의 존재와 그가 호소하는 고통 그 자체다. 누군가 얼굴을 가렸다고 해서 우리가 그들의 고통을 외면할 수 있거나, 책임에서 벗어날 수 있는 것은 아니다. 레비나스가 얼굴에 대한 절대적이고 무조건적인 책임을 말했을 때, 그것은 얼굴이라는 신체 부위가 인간성을 대변한다거나 그 자체가 인간성이라는 의미가 아니다. 다만 레비나스는 얼굴을 인간성을 상징하는 대표적인 기표로서 제시했을 뿐이다.

인간성의 상징 혹은 기표는 시대와 사회에 따라 계속해서 변해왔다. 이를테면 고대 사회에서 오랫동안 인간성의 상징으로 기능한 신체 부위는 '고환'이다. 고환testicle의 어원은 '증인'을 뜻하는 라틴어 'testis'에서 왔다. 고환이 바로 인간성을 증명하는testify 물건이기 때문이다. 실제로 고대 이스라엘과 로마 사회에서 사람들은 중요한 맹세를 할 때 양손으로 상대의 고환을 잡은 채 신을 걸고 맹세했다.[22] 고환은 곧 엄숙한 맹세의 증인이자 신뢰의 징표이기에, 고환이 없다면 그는 신용할 수 없는 자라 여겨졌다.

고대 그리스 사회에서 투표권을 행사하기 위해서는 먼저 자신에게 고환이 있음을 보여주어 정당한 권리를 지녔음을 증명해야만 했다. 누군가에게 고환을 드러내는 행위는 곧 자신의 시민권을 증명하는 신원 확인 절차와도 같다. 고환이 곧 고대 사회의 신분증인 셈이다. 반면 고환을 드러내지 못하는 인간, 즉 여성이나 거세된 남성은 인간으로 여겨지지 못했다. 따라서 그들은 투표권을 가질 수 없다. 고환을 드러내지 못하는 인간은 시민으로 인정받을 수 없으며, 정치적 권리를 가질 수 없다.

고환을 드러낼 수 없는 자에 대한 차별은 종교에서도 찾아볼 수 있다. 성경은 고환이 없는 여성은 '불결한' 존재이기에 예배에서 아무 말도 하지 말고 그저 복종할 것을 명한다(고린도전서 14:34). 고환이 손상된 남성은 처지가 더 나쁜데, 그들은 아예 예배에 참석할 수 없다(신명기 23:1). 중세 가톨릭교회에서 새로 선출된 교황은 하위 성직자에게 고환을 만져보게 해 고환을 가지고 있음을 증명해야 했다. 고환을 확인한 사람은 "그에겐 고환이 달려 있습니다"라 외치고, 나머지 성직자들은 "주여, 찬미 받으소서"라고 화답했다.[23]

이렇듯 고환은 누군가가 온전하고 신뢰할 만한 인간이라는 사실과 더불어, 그의 시민권과 인간다움을 증명하는 가장 중요한 부위다. 신과 자유롭게 소통할 수 있는 자격 역시 오로지 고환을 가지고 있고 그것을 드러낼 수 있는 자에게만 허락된 권리다. 고환을 드러내지 못하는 사람은 정치와 종교의 영역에서 한 명의 온전한 인간으로 셈해지지 못한다.

자, 이제 얼굴이 아니라 고환이야말로 신뢰와 자유의 상징이자, 인간성을 대표하는 장소다. 스스로 정직하고 떳떳하다면 고환을 드러내지 못할 이유가 없지 않은가? 고환이 없거나 고환을 드러내지 않는 인간은 누구와도 신뢰 관계를 맺을 수 없고, 정치적 권리가 주어져서는 안 되며, 신과 소통할 수 없다! 만일 오늘날 이런 식의 논리를 펼친다면 정신 나간 사람 취급을 받을 것이다. 고환은 남성 생식 기관의 일부일 뿐이지 인간성을 대표하거나 증명하지 않는다.

마찬가지로 인간성은 얼굴과 같은 특정한 신체 부위에서 비롯하는 것이 아니다. 인간성은 신체의 현현 그 자체로부터 비롯한다.

고환과 마찬가지로 얼굴도 수많은 신체 부위 중 일부일 뿐이다. 마스크로 얼굴이 가려졌다고 해서 그가 정체를 숨기려는 범죄자인 건 아니다. 얼굴에 대한 과도한 집착은 얼굴에 손상을 입은 사람이나 선천적 장애인을 인간으로부터 배제하는 행위이기도 하다. 누군가에게 얼굴이 없거나 온전하지 못하더라도 그는 여전히 인간이며, 인간성과 인권을 지닌 존재다.

얼굴을 가렸다고 해서 그를 테러리스트로 취급하거나 정체불명의 괴한으로 여기지도 말자. 우리는 시위 현장에서 얼굴을 가린 사람들을 종종 보곤 한다. 이는 폭력이나 범죄를 저지르기 위해 신원을 감추려는 목적이 아니다. 오히려 사회적 폭력으로부터 스스로를 보호하기 위한 이유다. 가깝게는 2016년 이화여자대학교에서 벌어진 대학생 시위를 떠올려볼 수 있다. 이들은 학교의 일방적인 행정에 반대하며 대학 본부를 점거하면서 마스크를 착용했다. 물론 이들이 나쁜 짓을 했다거나 비난받을 행위를 한 것은 아니다. 그럼에도 이들은 마스크를 써 신원을 감추었는데, 이는 극우 성향의 커뮤니티가 시위대의 사진을 보며 얼굴을 품평하거나 원색적인 성희롱을 하는 등 사이버 폭력을 가해왔기 때문이다. 이들에게 마스크 착용은 외부의 부당한 시선과 폭력으로부터 자신을 지키기 위한 자구책이자 보호장치다. 아감벤의 경고와는 달리 이들은 얼굴의 일부를 가렸다고 해서 서로 단절되지 않았으며, 마스크가 연대나 협력을 방해하지도 않았다.

팬데믹 상황에서 마스크는 외부 병원균의 침입으로부터 나를 보호하기 위한 최소한의 장비다. 그것은 또한 나의 감염을 막음으로써 궁극적으로 공동체 내에 바이러스가 확산하는 걸 막는 효과도 있다. 면역력이 강한 젊은이들은 바이러스에 감염되더라도 큰 피해나 후유증을 겪을 확률이 높지 않다. 그러나 모두가 마스크를 착용하는 이유는 타인을 염려하기 때문이다. 자신보다 약자인 사람들의 생명을 보호하기 위함이다. 나는 마스크를 쓴 사람들을 만나더라도 그들을 신뢰할 수 없다는 느낌을 받지 않는다. 오히려 마스크 착용을 거부하는 사람들에게서 무례와 배려 없는 태도를 목격한다.

생태주의와 바이러스

지젝은 우리가 코로나19 사태에 대해 철저히 성찰해야 하지만, 과도한 의미를 부여하려는 유혹에 빠지지 않도록 주의해야 한다고 경고한다. 우리는 팬데믹에 숨겨진 깊은 의미를 찾겠다는 유혹에 빠지곤 한다. 이를테면 바이러스란 그동안 지구상의 다른 생명체들을 잔혹하게 착취해온 인간에게 내려지는 마땅한 처벌이라는 식의 생각 말이다. 감염병 현상에서 이런 식의 메시지를 읽어낸다면, 우리는 여전히 우주를 신비로운 소통 파트너처럼 여기던 전근대적 상태에 머물러 있는 셈이다.[24]

바이러스라는 존재 자체에 윤리적 판단을 결부시키는 행위는,

역병에게 인격을 부여하고 병원 치료 대신 악귀를 쫓는 굿을 벌이는 것처럼 우스꽝스러운 발상이다. 기껏 쌓아온 인류 문명의 진보와 현대 과학의 성과를 내던지고 뜻 모를 초월론과 애매모호한 신비 현상을 맹신하는 전근대로 회귀하는 어리석은 짓일 뿐이다.

감염병은 자연의 우연성이 순수하게 발현된 결과로 그냥 생겨났을 뿐이다. 거기에 감추어진 의미 따위는 전혀 없다.[25] 여기에 어떤 음모론을 제기한다든가, 바이러스가 마치 숨겨진 비밀스러운 계획하에 움직이고 있다는 상상은 터무니없을뿐더러, 불필요한 혼란만을 초래한다. 신의 심판이나 '가이아의 복수' 따위를 상상하지도 말자. 그것은 우리의 상황을 더욱 복잡하게 만들고 해결을 더디게 만들 뿐이다. 과학자들과 환경 전문가들은 이미 오래전부터 신종 바이러스의 출현과 유행의 위험성을 경고해왔다. 우리가 집중해야 할 지점은 바이러스가 범유행으로 치닫는 데 영향을 미친 '인간 활동'에 대한 철저한 반성뿐이지 바이러스 자체에 초자연적 가설이나 온갖 음모나 의미를 부여하는 것이 아니다.

초월론과 신비주의는 과학기술의 발달과 계몽의 노력에도 사그라지지 않고, 그 모습을 달리하며 여전히 번성한다. 심지어 그것은 새로운 시대와 더불어 발달한 기술, 지식 등과 결합한 첨단 버전으로 갱신되어 우리를 현혹한다. 오늘날 초월성과 신비주의의 새로운 형태는 과학기술에 대한 비판 담론과 인류가 져야 할 마땅한 책임이라는 윤리적인 외양을 띠고 등장한다.

우리는 특히 자연, 환경, 혹은 지구라는 이름을 가진 '초월성의 복권'을 경계해야 한다. 우리는 어디까지나 인간의 힘과 활동 영역이 미치는 범위만을 분석하고 판단한 뒤에 결단을 내려 행동으로 옮길 수 있을 뿐이다. 팬데믹과 관련된 윤리적 판단은 인간 영역에 국한해 적용해야 한다. 윤리 문제를 지구나 환경 전체로 확장하는 것은 낭만주의적 가설이자 과도한 자의식을 지닌 인간의 또 다른 버전의 인간중심주의(생태학적 인간주의)에 불과하다.

오늘날 일부 생태주의 담론은 과거에 발생한 '무시무시했던' 재난과 함께, 앞으로 머지않아 다가올 더욱 공포스럽고 끔찍할 초대형 재난에 대한 공포를 근거 삼아 인류와 전 지구적 생태계의 부정적인 유대를 강화한다. 이에 따르면 코로나19 팬데믹은 인류가 지구를 대상으로 저지른 무수히 많은 죄악으로 말미암은 받아 마땅한 심판이다. 여기서 지구 혹은 자연은 타락한 인간들에게 페스트라는 징벌을 선사했던 중세 시대 '신'의 자리를 그대로 갈음한 위치에 놓인다. 지구는 마치 '정치적 행위자'처럼 타락한 인류에게 마땅한 심판을 내리는 초월적 주체로 상상된다. 분노한 신의 심판을 감히 거스를 수 없듯이, 인간은 지구가 내리는 형벌에 저항할 수 없으며, 저항해서도 안 된다.

철학자이자 페미니스트인 로지 브라이도티Rosi Braidotti는 인간과 자연, 혹은 문화와 자연을 연속체로 파악하는 포스트휴먼 관점을 도입한다. 브라이도티에 따르면 '심층 생태학'*이나 '가이아 가설'**

---

* 심층 생태학(Deep ecology)이란 생태계 위기의 근본적인 원인이 인간중심적 사고방식에 있다고 주장하는 이론이다. 심층 생태학에 따르면 인간중심주의는 자연을 인간의 관점에서만 평가하고, 인간의 욕망을 충족시키기 위한 자원 또는 물질로만 파악할 뿐이다. 반면 심층 생태학은 인간뿐 아니라 모든 생명체는 동일하게 번영과 안녕의 권리를 가진다

은 환경을 인간화시키고 있다는 점에서 "매우 문제적"이다. '지구 중심적 이론'이라 부를 수 있을 이런 종류의 이론들은 궁극적으로 "총체성을 되살리고 지구 전체를 하나의 신성한 유기체로 보는 개념으로 복귀하자고 제안"한다.

이런 이론들의 문제는 자연 자체를 인간화하는 신비적이고 낭만적인 관점에 기대고 있다는 점이다. 또한 이들은 스스로 주장하는 자연과 인간을 하나로 보는 유기적인 연결을 끝까지 밀고 나가지 못하고, 다시 자연(원래부터 그 자신으로 현존하는 것)과 문화(인간에 의해 사후에 제작된 것) 사이에 넘나들 수 없는 범주적 분리를 기입하고 있다. 결국 자연과 문화 사이에는 또다시 위계적 구분이 설정되고 자연과 대립하는 산업화, 기술, 사회 등은 모두 부정적인 범주로 치부될 뿐이다.[26]

이런 방식의 단순화되고 편협한 이분법적 관점은 세계를 위한 어떤 긍정의 대안이나 실질적인 도움을 제공하지 못한다. 기술성 자체가 자연을 파괴하는 혐오스러운 대상이라고 상정하고 나면, 가능한 해결책은 과학기술의 개발을 일거에 중단하고 조화를 이루었던 조상들의 지혜를 따라 과거로 돌아가 잃어버린 자연과의 연결을 회복하는 방법뿐이다. 그러나 그것은 가능하지 않기 때문

고 주장한다. 따라서 자연의 일부에 불과한 인간에게는 다른 생명체의 권리를 침해하거나 해칠 권리가 없다.

** 가이아(Gaia)란 그리스 신화에 등장하는 '대지의 여신'이다. 1978년 영국의 과학자 제임스 러브록(James Lovelock)이 처음 주장한 가이아 가설에 따르면, 지구는 대기, 해양, 토양 등의 환경과 다양한 생물들이 마치 하나의 생명체처럼 유기적으로 연결된 '거대한 나무'와 같다.

에, 이들의 진단과 예견은 점점 더 비관적이고 우울한 방향으로 기울어간다.

브라이도티는 이로부터 우리가 "임박한 파국에 대한 두려움에 기반"한 부정적이고 취약한 '범인류panhumanity'로 구성되고 있다고 지적한다. 과거 냉전 시대 핵전쟁의 위협이 '인류의 멸종'에 대한 불안을 초래했다면, 현시대의 위협은 "죽음의 지평을 대부분의 종으로 확장"한다. 이로부터 "부정적이거나 반동적 형식의 범인간적 행성적 유대"가 생겨나고, "죽음과 파괴가 이 횡단적 제휴의 공통분모"가 된다. "범인류적 취약성"에 노출된 우리는 긍정의 해결책을 모색하거나 개선을 위한 연대를 구성하는 대신, 부정적이고 무기력한 상호연계로 함몰된다. 이로 인해 오늘날 인류는 지구적인 근접성 속에서 타자에 대한 관용과 평화로운 공존을 추구하는 대신, "타자성과 외국인을 혐오하고 거부하는 형식과 무장폭력의 증가"라는 결과로 나아간다. 어차피 근본적인 해결이란 불가능하고, 궁극적으로 인간의 존재 자체가 재난과 파괴의 원인이라고 상상되기 때문이다.[27]

브라이도티는 일부 생태주의 담론이 초래하는 지나치게 부정적인 전망, 즉 "자신의 허약함의 조건에 절망적으로 매달리는 주체라는 음울한 전망"은 우리에게 주어진 현실과 맞서기에 적절하지 않다고 주장한다. 그 대신 우리는 "공동의 기획과 활동이라는 긍정적 토대"에 기반해 "현재에 가치 있는 존재"로 거듭나야 한다.[28] 나는 브라이도티 특유의 활력과 한결같은 긍정성을 좋아하는데, 그 핵심은 바로 현실에 대한 다음과 같은 세계 인식 태도에서 잘 드러난다. "'우리' 모두는 다른 모든 차이에도 불구하고 이러한 아수라장 안에 함께 있다."[29]

물론 현실은 아수라장이다. 어두운 미래, 치명적인 위협, 절체절명의 위기, 임박한 파국, 인간의 악행 등 위기의 수사는 무궁무진하다. 그리고 세계를 공유하며 살아가는 우리는 서로 여러모로 다르다. 그럼에도 불구하고 우리는 '함께 있다'. 이것은 부정과 취약성의 공유에 기반한 범인류적 부정의 연대와는 매우 다른 성격을 갖는다. 브라이도티는 아수라장 속이더라도 이제 가망이 없다는 절망, 더는 할 수 있는 게 없다는 체념의 자세로 빠져들지 않는다. 그 대신 현재의 악조건이야말로 우리를 일깨우고, 긴급하게 새로운 사유와 실험과 발명을 향해 나아가도록 추동하는 강력한 계기이자 기회라고 주장한다. 우리는 이전까지 이용되지 않았던 자원들, 고려되지 않았던 방법들, 셈해지지 않았던 타자들 모두와 더불어 지금은 없는 다른 형태의 공동체와 새로운 세계를 만들어가야 한다. 미리 주어진 현실을 변화시키고 가능한 복수의 미래들을 창조하기 위해 힘을 모아야 한다.

바디우는 일부 생태주의 담론이 제시하는 구도가 그동안 수없이 반복되어온 낯익은 종교적 초월론에 해당한다는 사실을 지적한다.

나는 생태주의에 있어 우리가 상대하는 것이 지복천년설이라고 생각합니다. 나는 지구 온난화를 부정하거나(기후 전문가가 아니므로), 우리의 행동에 도입해야 할 규율의 필요성을 부정하고자 애쓰는 것이 아닙니다. 나는 이러한 사실을 이데올로기로 전환시키는 것에 반대합니다. 여기서 그 이데올로기는 우리가 아주 잘 알고 있는 모습, 즉 지복천년설이라는 모습, 즉 최후의 거대한 파국에 대한 믿음이라는 모습을 띱니다.[30]

지복천년설이 되어버린 일부 생태주의는 앞으로 우리에게 남겨진 미래란 오로지 암울한 파국뿐이라고 공언한다. 이 파국은 심지어 인류만의 파국이 아니라, 전 생명체의 절멸로 이어지는 모두의 보편적인 파국이다. 이런 식의 생태주의가 보기에 어리석고 죄 많은 존재인 인간은 인류의 멸망, 생태계의 멸망, 지구의 멸망에 전적으로 책임을 져야 한다. 그렇지 않은 인간은 자신의 잘못된 행동으로 죄 없고 무고한 다른 생명마저도 파멸로 몰고 가는 무책임하고 파렴치한 존재일 뿐이다. 파국은 결국 운명적으로 도래한다. 바디우는 이것이 기독교의 "지복천년설"의 다른 형태에 불과하다고 본다. 물론 여기서 바디우가 기후변화를 부정한다거나 이를 막기 위한 행동과 규율을 거부하려는 것은 아니다. 바디우가 반대하는 건 생태주의 자체가 아니라, 생태주의가 경고하는 위기를 이데올로기로 전환해 변화의 역능을 앗아가려는 '권력의 작동'이다.

바디우가 보기에 권력으로 동원된 생태주의 담론은 우리를 "공포에 찬 동시에 무력한 정신 상태"로 만들어버릴 수 있다는 점에서 지극히 의심스러우며 위험하다. "공포와 무기력의 혼합물보다 더 권력에 이로운 것은 없"기 때문이다. "최종적 파국의 전망은 있는 그대로의 지구를 보존하기 위해, 부유한 나라들의 프티부르조

아와 세계화된 자본주의의 포식자들에게 온도를 비롯한 쾌적한 '환경'을 보존하기 위해 모든 사람을 동원"하는 결과로 이어지기 마련이다. 이런 조건 아래서 우리는 현 상태의 폭력적이고 전제적인 권력의 억압을 그대로 감내해야만 한다는 지속적인 압박을 받게 된다. 임박한 파국이 바로 눈앞에 놓여 있기에, 우리에게는 다른 생각을 할 만한 여유나 여력이 없다고 여겨지기 때문이다. 다만 현 상태의 지구 환경이나마 최대한 보존하는 것만이 유일하게 가능한 방책으로 제시될 뿐이다.[31]

위기가 도래했을 때, 위기를 극복하자는 범인류적 연대의 강조는 자칫 그 이면에서 작동하는 근본적인 원인과 자본 집중에 대한 관심을 앗아간다. 늘 그렇듯 부자들은 위기 상황을 대중의 눈가리개 삼아 재산을 더욱 축적하는 일에 몰두하고, 훼방을 놓는 시장 규제를 철폐하는 데 여념이 없다. 다시 한번 강조하자면, 여기서 말하고자 하는 건 생태주의가 말하는 기후 위기나 환경 문제가 가짜라든가, 거기에 문제를 제기하는 게 잘못이라는 것이 아니다. 위기 상황은 우리에게 행동의 열정과 변화의 시급함을 강조한다. 다만 그 방향이 세계를 이대로 보존하는 방식이 아니라, 위기를 초래한 원인을 직시하고 궁극적으로 자본주의의 부작용을 해소한다는 목표를 향해야 한다는 것이다.

보편적 인류와 최고선을 고려하지 않은 행동은 자칫 '반자연적 종말'의 추구로 이어질 수 있다. 만일 우리의 행동이 현재의 세계와 타협하고 자본주의를 유지하는 쪽으로 이어진다면, 그것이야말로 정확히 반자연적 종말을 향해 달려가는 꼴이 될 것이다. 문제의 원인에서 시선을 돌리지 말고 끝까지 물고 늘어져야만 한다. 시장은 극단적으로 불평등한 상황을 세계의 자연스러운 원리라며 옹호하고, 죽어가는 위태로운 생명들을 수탈해 피의 잔치를 벌인다. 부를 극도로 편중시키는 자본주의 세계를 파괴하는 것만이 유일한 해결책이다.

오늘날 우리가 마주한 실질적인 위기 상황은 어떠한가? 대략적인 수치는 다음과 같다. 상위 1퍼센트가 전 세계 부의 절반을 독점하고 있다. 하위 50퍼센트가 보유한 자산은 모두 합해도 전 세계 부의 1퍼센트가 채 되지 않는다. 가장 부자 국가인 미국의 상황도 크게 다르지 않다. 미국을 기준으로 2020년 3분기 상위 1퍼센트가 전체 부의 31퍼센트를 차지하는 데 비해, 하위 50퍼센트는 2퍼센트를 나눠 갖고 있다. 제3세계의 수십억 인구는 절대 빈곤과 기아 속에서 죽어가고 있으며, 야만적이고 어처구니없는 전쟁이 도처에서 발발하고 있다. 상품이 지배하는 세계에서 전면적인 우민화가 진행되고 있으며, 자본이 초래하는 극단적 불평등의 위기는 점차 심화해 파괴적 전쟁을 불러오게 될 것이다. 바디우는 우리가 위기를 경유해 현재의 자본주의의 전면적 지배라는 상황과 타협해선 안 된다고 강조한다.[32]

우리가 위기라는 수사에 집중하는 동안 하루하루 사태는 악화하고 있으며, 미디어가 관심을 두지 않는 사이 수많은 사람이 보이지 않는 곳에서 죽어간다. 더 이상 전선을 복잡하고 흐릿하게 만들지 말자. 우리가 처한 상황은 절대 녹록지 않으며, 우리의 힘은 극도로 제한되어 있다. 제한된 힘을 모아 근본적인 적을 겨냥하고 사태 해결을 위해 집중해야 한다.

팬데믹이라는 위기 상황이 불평등을 극적으로 심화시키고 있다는 사실이 드러나고 있다. 세계은행이 발표한 보고서에 따르면 2020년의 극빈층 규모는 전년보다 6,000만 명 증가한 7억 280만 명이 되었다. 2021년에는 극빈층 규모가 최대 7억 2,900만 명까지 (유엔대학 세계개발경제연구소UNU-WIDER의 보고서에 따르면 최대 11억 명까지도) 늘어난 것으로 추산된다.[33] 이는 전 세계 인구의 9.4퍼센트에 달하는 숫자다. 이들은 하루에 2,200원, 1년에 80만 원이라는 돈으로 간신히 연명하고 있다.

이와는 대조적으로 경제지 〈블룸버그〉의 집계에 따르면 2020년 세계 상위 부자 500명의 순자산은 한 해 동안 31퍼센트 급증해 2,000조 원(1조 8,000억 달러)이 불어났다.[34] 이는 2019년 기준으로 세계 12위인 한국의 1년 치 GDP보다 많으며, 세계 10위인 캐나다의 GDP조차 웃도는 금액이다. 다시 한번 강조하자면, 이것은 부자 500명이 소유하고 있는 '전체 재산'이 아니라, 단 1년간 증가한 자산규모일 뿐이다. 이는 전 세계 인구 모두에게 각각 30만 원을 나눠 줄 수 있는 금액에 해당한다.

내가 이런 수치들을 늘어놓으면, 누군가는 이렇게 반문한다. "그래서 어쩌자는 거지? 부자들의 재산을 강제로 빼앗아 거지들에게 나눠 주기라도 하자는 건가? 부자는 열심히 노력하며 살았을 뿐인데, 돈 많은 게 죄인가? 이거 완전 공산주의자가 따로 없구먼!" '공산주의'란 그들이 생각해낼 수 있는 가장 끔찍한 단어이며, '공산주의자'란 연쇄살인마와 같은 의미다. 그들은 내가 '공산주의자'

라는 무시무시한 꼬리표가 붙을까 봐 지레 겁을 먹고 꼬리를 내릴 걸 기대한다. 그러면 나는 반색하며 이렇게 대답한다. "와, 정확합니다! 그게 바로 제가 주장하는 바입니다!"

재난의 시대

세계 각국의 제약회사에서 저마다 개발된 백신이 상용화되어 대량 생산되고, 백신 접종률이 빠르게 오르면 신체 내부에는 바이러스에 대항할 수 있는 항체가 형성될 것이다. 국가별로 속도의 차이가 있겠지만 시간이 지나 집단 면역이 어느 정도 달성되고 나면, 바이러스의 치명률은 감소하게 될 것이다. 치명률이 0.1퍼센트대까지 떨어진다면, 계절성 인플루엔자의 위력과 크게 차이가 나지 않게 된다. 코로나19 팬데믹이 더 이상 인류의 생존을 위협할 만큼 노심초사할 위기 상황은 아니게 되는 셈이다.

그다음으로 예측할 수 있는 나쁜 시나리오는 사람들이 언제 그랬냐는 듯 모든 걸 잊고 다시 일상으로 돌아가는 것이다. 물론 이 일상은 자본주의적 사치와 향락에 마음껏 탐닉하는 일상이다. 심지어 그동안 누리지 못한 것들을 한 번에 보상이라도 받을 수 있다는 듯이 더 신나서 소비하는 일상을 즐기게 될지 모를 일이다. 팬데믹 이후 우리가 가장 경계해야 할 태도는 집단 면역의 달성을 마치 바이러스와의 전쟁 끝에 거둔 승전보로 여기며 환호작약하는 것이다.

바이러스는 비인격체로서 특정한 목적이나 의도를 품고 있지 않다. 바이러스는 항상 존재하며, 존재의 기층에서 자기복제만을 반복하는 기계장치에 불과하다. 그들은 평소와 똑같이 활동하고 증식하다가, 적당한 환경과 만나 번성했을 뿐이다. 바이러스처럼 반복 작업에 특화된 좀비라는 기계를 떠올려보자. 좀비는 오직 식인이라는 한 가지 목적하에 몸을 움직이고 인간을 감염시켜 자신을 재생산한다.

브룩스는 좀비의 뇌를 컴퓨터에 비유한다. 컴퓨터는 미리 입력된 프로그램대로 작업을 실행한다. 오직 한 가지 기능만을 실행하도록 설정된 컴퓨터가 존재한다고 상상해보자. 수정할 수도, 삭제할 수도, 중단할 수도, 다시 인스톨 할 수도 없는 컴퓨터가 있다면, 이 컴퓨터는 작동이 완전히 멈추는 순간까지 오로지 하나의 명령만을 끝없이 반복할 것이다. 한 가지의 목적만을 위해 움직이는 좀비라는 기계장치가 바로 이와 같다.[35]

좀비와 마찬가지로 바이러스 또한 주변 환경이나 대상에 관심을 두지 않고 미리 입력된 명령어를 끝없이 실행하고 재실행하는 일에만 몰두하는 무심한 컴퓨터와 같은 존재다. 그것은 새로운 명령어를 삽입하거나 코드를 수정할 수 없이, 사전에 설계된 방식으로만 작동하는 기계인 셈이다. 파괴되기 전까지 끝없이 인간에게 침투하고 감염시켜 숙주로 만든 뒤, 스스로를 재생산한다는 점에서 좀비와 코로나19 바이러스는 유사하다. 좀비는 스스로 번식하거나 개체 수를 늘리지 못한다. 그들은 오로지 인간을 매개로 경유해서만 수를 불리고 세력을 늘려나갈 수 있다. 단세포 생물에 해당하는 세균은 독립적으로 복제와 번식이 가능하다. 반면, 바이러스는 좀비와 마찬가지로 숙주가 되는 유기체가 없이는 홀로 아무것도 할 수 없는 기생체다.

기계를 타이르거나 달래서 작동을 멈추게 하거나 달콤한 보상을 약속해 타협이나 협상안을 끌어낼 수 있을까? 불가능하다. 반대로 누군가의 행동이나 모욕적인 말에 분노한다거나, 질투심에 사로잡히는 기계가 있을까? 적어도 현재 시점에서는 없다.* 바이러스도 마찬가지다. 바이러스는 특정한 의도나 장기적인 목적을 갖고 움직이지 않는다. 그것은 아주 작은 기계나 좀비와 다르지 않다. 우리가 좀비나 기계와의 중재와 타협의 가능성을 상상할 수 없듯이, 바이러스와의 타협이나 중재도 불가능하다.

팬데믹은 하나의 현상이지 전쟁을 벌일 대상이나 맞서 싸울 원수가 아니다. 현상에 지나친 두려움을 갖거나 경외심을 품을 필요는 없다. 그것은 개기일식을 두려워하거나 번개를 신의 분노로 여기는 원시인처럼 어리석은 짓이다. 바이러스를 저주한다거나 바이러스와의 전쟁을 선포하지도 말자. 그것은 해나 달과의 전쟁을 선포하고 허공에다 총질해대는 일만큼이나 우스꽝스러운 짓이다. 바이러스에 인격을 부여하고, 그들과의 싸움에서 이겼다며 승리에

---

* 언젠가 생각하고 감정을 느끼는 인공지능 기계가 나타날지 모른다. 그러나 우리가 여기서 다루고 있는 기계란 단순한 구조를 지니며 특정한 명령을 반복 수행하는 극소의 존재를 은유적으로 지칭하고 있다는 사실을 잊지 말자.

도취해 의기양양해 하는 얼간이가 되지는 말자.

　코로나19 팬데믹이 당장 인류 전체를 종말로 몰아가지는 못할 것이다. 이에 어떤 사람들은 이렇게 말할 것이다. 그냥 조금 심한 독감 따위를 가지고 다들 괜한 호들갑을 떨었다고. 그러나 이번 재난을 심각하게 받아들여야 하는 이유는 명백하다. 우리가 눈여겨보고 걱정해야 할 첫 번째 사실은 이전까지 없던 새로운 종류의 바이러스가 발견되었다는 점이다. 자본주의의 무분별한 개발과 팽창을 하루라도 빨리 끝장내야만 한다. 두 번째는 코로나19 바이러스가 2종 재난(사회적 재난)에서 그치는 게 아니라, 매우 빠른 속도로 전파되며 3종 재난(인류적 재난)의 형태로 발전했다는 점이다. 이는 현재 세계의 환경이 바이러스에 매우 취약한 상태로 노출되어 있다는 사실을 방증한다. 두 가지 사실은 앞으로 새로운 바이러스가 등장하는 족족 언제든 3종 재난이 또다시 도래하게 될 거라는 암울한 미래를 예시한다.

　철학자 자크 데리다Jacques Derrida는 2001년 9·11테러는 구식 극장에서 마지막으로 상연된 낡은 형태의 재난에 불과하다고 분석한 바 있다. 그리고 장래의 재난은 더욱 파괴적이고 생각할 수 없는 방식으로 은밀하게 닥쳐올 거라 경고했다. 그것은 우리가 세계화의 시대를 살고 있기 때문이다. 세계화를 찬성하는 사람들은 원격 기술의 발달, 국경과 시장의 개방, 기회균등 등을 강조하며 세계화가 가져다준 축복을 찬미한다. 그러나 데리다는 "인류 역사상 이렇게 많은 불평등과 영양실조, 생태학적 재앙, 손쓸 수 없는 전염병이 절대적 수치에 이르도록 발생한 적은 결코 없었"다고 강조한다. 세계화의 혜택은 단지 특정한 나라, 거기에서도 특정한 계급만이 온전히 누리고 있는 예외적인 특권일 뿐이다.[36]

불평등의 세계화와 더불어 우리는 '재난의 세계화' 시대를 살고 있다고 말할 수 있다. 데리다의 말대로 9·11테러는 2종 재난(사회적 재난)의 전성기가 막을 내렸음을 알리는 최후의 구식 영화였던 셈이다. 그리고 코로나19 팬데믹은 바야흐로 3종 재난(인류적 재난)의 시대가 새롭게 시작되었음을 선포하는 우울하고 비극적인 서막이다. 우리는 앞으로 경험하게 될 수많은 3종 재난이라는 새로운 영화 프랜차이즈의 예고편을 이번 팬데믹을 통해 살짝 엿본 것에 불과하다.

온 인류가 합심하고 협동해야 간신히 대처할 수 있을 3종 재난의 도래는 바이러스의 끝없는 자가 증식의 경로를 단절하고, 그것을 미연에 방지할 환경을 마련할 때 달성될 수 있다. 요컨대 우리는 이전과는 다른 세계를 건설함으로써만 재난의 발발과 파국의 도착을 지연시킬 수 있다. 우리가 맞서야 할 진정한 적은 바이러스 따위가 아니다. 그것은 바이러스가 활약할 최적의 환경을 만들고 아무런 대비도 하지 않는 시스템이다. 반복적으로 예고된 재난이었지만, 비용과 시장만을 걱정하며 한 귀로 흘리고 아무런 대비도 하지 않았던 세계다.

오늘날 세계는 모든 관심을 시장의 원활한 작동과 자본의 증식에만 두고, 다른 어떤 것도 신경 쓰지 않는 글로벌 자본주의에 사로잡힌 인질이다. 글로벌 자본주의는 자신을 해친다면 세계 또한 결코 무사하지 못할 거라는 협박을 일삼는다. 그러나 진실은 인질을 조종하고 착취하며 아무런 통제 없이 마음껏 전횡을 일삼는 글로벌 자본주의를 추방해야만 세계의 안녕과 우리의 삶을 온전히 지켜낼 수 있으리라는 것이다.

5.
좀비

몰락한 아버지의 세계를 폭로하는 타자

좀비의 유행[1]

2000년대 중반까지만 해도 한국 사회에서 좀비는 낯선 타국의 괴물로 취급받았으며, 좀비영화는 마니아나 향유하는 마이너한 장르물에 불과했다. 사람들은 좀비에 관해 잘 몰랐을뿐더러, 좀비영화를 좋아한다고 말하면 의아한 시선을 보내곤 했다. 왜 그런 특이한 괴물영화를 좋아하는지 이해할 수 없다는 것이다. 잔인하고 추한 걸 좋아하는 이색적인 취향의 소유자라거나 남다른 독특한 감식안을 지녔다고 여겨지기도 했다.

분위기가 반전된 건 연상호 감독의 〈부산행〉[2016]부터다. 관객 수 1,100만을 넘기며 큰 성공을 거둔 〈부산행〉을 기점으로 좀비가 본격적으로 한국 사회로 스며들기 시작했다. 마침내 좀비라는 생경한 괴물이 대중문화에 각인된 것이다. 뒤이어 넷플릭스 드라마 〈킹덤〉[2019~2021]이 전 세계적인 흥행몰이에 성공하면서 한국의 좀비가 세계로 수출되는 현상이 벌어졌다.

좀비 열풍은 팬데믹 중에도 멈추지 않는다. 2020년 6월 개봉한 영화 〈#살아있다〉2020는 관객 수 190만 명, 같은 해 7월에 개봉한 〈반도〉2020는 380만 명의 관객을 기록했다. 두 편은 팬데믹으로 인한 '사회적 거리두기'라는 최악의 극장가 상황에서도 손익분기점을 넘기며 소기의 성과를 거둔 것으로 평가받고 있다. 2022년 1월 공개된 넷플릭스 드라마 〈지금 우리 학교는〉2022은 국내뿐만 아니라 전 세계에서 15일간 시청 시간 1위에 오르며 선풍적인 인기를 끌기도 했다.

물론 우리가 좀비에 관심을 가져야 하는 이유는 단순히 인기가 있다거나 외화벌이에 도움이 되기 때문은 아니다. 우리는 좀비라는 시대적 기표를 통해 인간이 어떤 상황과 마주하고 있으며, 세계가 어떤 곤경과 위기에 처했는지를 감지할 수 있다. 좀비는 부단히 그 모습을 달리하며 당대의 괴물로 기능하면서, 인간의 추악한 욕심을 드러내고 세계의 모순과 부조리를 폭로하는 역할을 해왔기 때문이다.

새로운 형태의 좀비를 등장시켜 좀비사史의 흐름을 바꾼 두 편의 영화가 있다. 바로 조지 로메로 감독의 〈살아있는 시체들의 밤〉1968과 대니 보일Danny Boyle 감독의 〈28일 후〉2002다. 〈살아있는 시체들의 밤〉은 이전의 '부두교좀비'에서 벗어나 처음으로 식인과 전염의 특성을 지닌 '식인좀비'를 등장시켜, 현대 좀비의 원형을 제시한 고전이다. 〈28일 후〉는 처음으로 '뛰는 좀비'와 바이러스 감염자라는 설정을 도입해, 좀비 르네상스의 포문을 연 기념비적 작품이다. 흥미로운 점은 두 영화에 모두 '좀비'라는 단어가 나오지 않는다는 것이다.

두 감독은 자신이 만든 영화에 등장하는 괴물이 좀비라고 생각하지 않았다고 밝힌 바 있다. 로메로는 좀비가 아닌 '구울'을 염두에 두고 영화를 제작했다고 말했고, 〈28일 후〉에 등장하는 좀비는 사실 '분노 바이러스'에 감염된 인간일 뿐이다. 그런데 이 새로운 괴물들은 당시의 대중에 의해 곧바로 새 시대의 좀비로 호명된다. 이처럼 좀비는 사회적 흐름에 따라 진화하고 변신하며, 대중에게 승인받는 '대중의 괴물'인 셈이다.

그렇다면 팬데믹 사태와 관련해 좀비는 어떻게 변화하고 있을까? 오늘날 좀비영화가 묘사하는 재난의 풍광은 더 이상 스크린 속에서만 국한되는 상상이 아니라 언제든 닥칠 수 있는 재난이자 실제적인 위기의 재현처럼 보인다. 그것은 우리가 팬데믹, 자연재해, 기후변화, 테러리즘, 금융위기 등으로 시시각각 망가져가는 세계의 모습을 직접 보고 경험하고 있기 때문이다. 2016년 이후 한국 사회에서의 좀비 열풍은 그리 반가워할 일만은 아닐 수도 있다. 좀비의 유행은 한국이 그만큼 위험에 노출되어 있으며, 사람들의 감정구조가 부정적인 양상으로 변모해간다는 사실을 암시하기 때문이다.

2016년은 청년 세대를 중심으로 '헬조선' 담론이 크게 유행하며 한국 사회에 대한 자조적이고 비관적인 분위기가 가득했던 시기다. 좀비의 번성은 세계가 결코 안전한 공간이 아니라는 깨달음과 언제든 세계가 멸망할 수도 있다는 아연함에서 비롯한다. 더 결정적인 계기로는 박근혜 정부 시절 '세월호 참사'와 '메르스 사태'를 들 수 있다. 세월호 참사를 보며 우리는 긴박한 위기의 순간에도 국가가 국민의 안위에 관심이 없다는 사실을 깨달았다. 재난으로부터 살아남으려면 오로지 '각자도생'을 도모하는 수밖에 없는 듯 보인다. 또한 '메르스 사태'를 경험하며 우리는 한국이 더 이상 감염병의 안전지대가 아니라는 사실을 알게 되었다. 메르스가 유행하는 와중에 국가는 적절히 대처하지 못하고 은폐와 회피로만 일관하는 무능성을 드러냈다.

대규모의 자연재해나 재난으로 위협받는 사회는 좀비가 활약할 수 있는 최적의 환경을 제공한다. 좀비는 언제나 세계에 만연한 공포와 불안으로부터 생명력을 얻어 되살아나는 괴물이기 때문이다. 코로나19 팬데믹 또한 좀비에게 끊임없이 새로운 자양분을 공급한다. 끝이 보이지 않는 듯한 팬데믹 상황에서, 사람들의 촉각은 온통 안전과 생존을 향해서 곤두선다. 감염병 재난으로 고통받고 있는 사람들에게 좀비라는 '감염병 괴물'은 흥미롭고 매력적인 소재로 다가올 수밖에 없다.

외재적 재난과 내재적 재난

모든 것이 한순간에 끝장나는 절멸의 순간, 세계의 종말에 관한 상상은 인류가 시작된 이래로 끝없이 이어져왔다. 유대-기독교 전통에서도 종말은 빠뜨릴 수 없는 요소다. 종말은 절대자인 신 앞에서 인간이 얼마나 나약하고 유한한 존재인지 일깨워주기 때문이다. 인력으로 도무지 손쓸 수도 거스를 수도 없는 거대한 재난이 닥쳐오면, 오만한 인간은 그제야 자신의 무력함을 실감하고 신에게 운명을 위탁하기 마련이다.

예컨대 〈요한계시록〉은 종말의 순간을 자극적인 장면과 애매모호한 표현들로 묘사해 어려운 교리에는 별 관심이 없는 무지한 농부들을 겁박해 개종시키려는 목적으로 쓰였다. 〈요한계시록〉을 집필했다고 알려진 파트모스의 요한John of Patmos은 장엄하고 무시무시한 목소리로 이렇게 외친다. "어리석은 자들아, 심판의 날이 머지않았다, 어서 머리를 조아리고 너의 유일신을 숭배하라!" 《채털리 부인의 연인》으로 유명한 영국의 작가 D. H. 로런스David Herbert Lawrence는 〈요한계시록〉은 기독교의 이류에 불과하며, 이교도들이나 다뤘을 법한 기만적이고 추악한 내용으로 가득하다고 비판한다.[2]

대중문화의 상상력 또한 오래전부터 종말을 즐겨 다뤄왔다. 특히 할리우드에서 종말은 반복적으로 쓰이는 매력적인 소재다. 종말이라는 사태의 비장한 스펙터클, 종말이 닥쳤을 때 인간 군상이 보여주는 다양한 반응과 행동, 그리고 그 상황을 둘러싼 암울하고 비극적인 분위기는 수많은 영화감독이 종말에 매료되게 했다. 영화, 드라마, 혹은 소설에서 우리는 수많은 종말 서사를 보아왔다. 대중문화에서 다루는 종말의 양상은 다양하지만, 그 규모의 대부분은 4종 재난(지구적 재난) 이하에 해당한다. 그리고 앞서 언급했

듯 우리가 다룰 수 있는 종말의 최대 규모는 3종 재난(인류적 재난)이다.

종말이라는 개념 자체에는 특정한 정체성이나 내용이 기입되어 있지 않다. 종말이란 미규정된 사태 자체를 중립적으로 지칭할 뿐이다. 따라서 종말의 결과는 유사하지만(인류의 절멸), 그 원인과 거기에 이르는 과정은 형태와 내용이 다양하다. 예컨대 인공지능 기계에 의한 종말을 다루는 〈터미네이터〉 시리즈나, 유인원에 의해 초래되는 종말을 묘사한 〈혹성탈출〉 시리즈는 인간과 대등하거나 더 뛰어난 존재가 나타나 인류를 멸망에 이르게 할 거라는 상상이다. 〈코어〉2003나 〈2012〉2009는 모종의 이유로 지구의 환경이 급변하면서 대규모의 자연재해가 덮치는 재난을 묘사한다. 〈딥 임팩트〉1998나 〈아마겟돈〉1998에서 다루는 소행성 충돌로 인한 재난 역시 대중문화의 단골 소재다.

좀비영화가 다른 재난영화와 변별되는 첫 번째 특징은 '내재적 재난'을 이야기한다는 점이다. 일반적인 재난영화에서 재난은 예기치 못한 사태의 발발로부터 시작된다. 이를테면 어느 날 천문학자가 지구로 날아오는 소행성을 발견한다든가, 갑자기 지구의 자기장이 사라진다든가 하는 식이다. 어쨌든 인류의 존망을 위협하는 사태가 도래하고, 이후 재난의 장대한 스펙터클이 연달아 묘사된다. 세계가 붕괴되고 무너져내려 폐허가 된다. 하지만 결국 주인공의 영웅적인 분투로 사태가 해결되거나 소강상태에 이른다. 이 외에도 다양한 형태의 재난영화가 있지만, 어쨌든 여기서 재난이란 어떤 '외재적' 요인으로 인해 불가피하게 맞이하게 되는 사태다.

〈우주전쟁〉2005이나 〈클로버필드〉2008 등 외계 생물의 침략을 그리는 영화에서도 재난의 원인은 외부에 있다. 악과 파괴는 언제나 외부에서 내부로 침투한다. 단란하고 평화로웠던 가정, 안정적이고 질서정연했던 세계는 이방의 괴물이 침투하면서 혼란에 빠지고 위기에 봉착한다. 결국 누군가의 희생과 분투로 괴물이 퇴치되고 세계는 평화를 되찾는다. 세계의 균질성과 질서가 회복되는 듯 보이고, 내부의 인간은 기뻐하고 안도한다. 그러나 이것은 문명 대 야만이라는 구도의 고루한 반복에 불과하다. 외부에서 침투하는 재난은 친숙한 내부와 이질적인 외부라는 구분을 공고히 한다. 이방의 침입을 겪으며 내부의 단결은 단단해지고, 사람들은 일상이 얼마나 소중하고 가치 있는 것이었는지 깨닫는다. 일상을 깨뜨리고 세계를 파괴하는 외부의 것은 불결하며 더러운 것, 추하고 사악한 것으로 타자화된다.

물론 '초월적 재난'도 인간의 외부에서 도래하지만, 이는 '외재적 재난'과 다르다. 초월적 재난이 인간의 이해 범위를 초과하는 재난이라면, 외재적 재난은 논리적으로 설명 불가능한 재난이 아니다. 초월적 재난이 불가해한 악마의 권능이나 악령의 저주 따위라면, 외재적 재난은 합리적으로 사유하고 대처할 수도 있는 종류의 재난이다. 예컨대 소행성 충돌을 다루는 영화에서 인류는 새로운 굴착 기술을 활용한다든가, 핵무기를 발사해 소행성을 폭파하고자 시도한다.

반면 좀비가 초래하는 위기는 '내재적 재난'이며, 이는 외부나 초월적인 원인으로부터 비롯하는 게 아니다. 재난은 인류가 저 스스로 초래한 것이며, 인간이야말로 재난의 근본적인 원인이다. 좀비는 언제나 인간으로부터 출현하고 인간을 통해 번져가기에, 좀비 재난은 곧 인간 자체의 몰락을 의미한다. 게다가 좀비가 지닌 감염이라는 특성은 내부와 외부의 구분을 무용지물로 만들고 혼란에 빠뜨린다. 좀비는 가해자인 동시에 피해자이며, 잠재적 좀비에 불과한 인간 역시 마찬가지다. 코로나19 팬데믹 역시 내재적 재난이라는 점에서 좀비와 공명한다.

좀비영화의 두 번째 특징은 좀비가 '종말'과 밀접하게 연관되는 괴물이라는 점이다. 일반적인 괴물영화는 종말을 즐겨 다루지 않는다. 예컨대, 뱀파이어나 늑대인간이 저지르는 살인과 파괴는 제한적일 수밖에 없다. 이들은 인류의 종말을 원하지 않는다. 이들은 어디까지나 인류의 생산력에 기생하는 존재이며, 자신의 생존을 위해 먹이(인간)의 재생산을 필요로 한다. 인류를 파멸에 이르게 하는 건 자살 행위일 뿐이다. 호러영화에서 귀신이나 유령은 대개 인간의 실수나 범죄, 악행 등과 관련되어 탄생한다. 이들은 인간의 나약한 마음과 사악한 본성을 비집고 들어와 삶을 파괴하고, 영혼을 파멸시켜 죽음에 이르게 한다. 그러나 귀신의 등장 역시 한정적인 재난을 초래할 뿐이다. 이들의 파괴는 명백한 한계 내에서 작동하며, 그것은 1종 재난(사적 재난)이거나 조금 확장된 형태의 2종 재난(소규모 집단이나 지역사회의 재난)을 가져다줄 뿐이다.

반면 좀비는 세계 전체를 망가뜨리고 쑥대밭으로 만드는 괴물이다. 좀비의 등장은 언제나 대규모의 3종 재난(인류적 재난)으로 이어진다. 좀비가 저지르는 대량 살인과 파괴 행위에는 한계가 없다. 좀비는 단 한 명의 살아 있는 인간조차 가만히 두고 보는 법이 없다. 세계 전체가 바스러지고 무너져내릴 때까지 죽음의 행진은 만족하거나 멈출 줄 모른다. 인간이 곧 재난이기에 좀비영화에서 사태는 좀처럼 해결되지 않으며, 위기는 마지막 순간까지 봉합되지 않는다. 도래하는 종말은 도저히 막을 수 없어 보인다. 인간이 존재하는 한 좀비는 영원히 떨쳐버릴 수 없는 잠재적 종말로서 함께하기 때문이다. 그 대신 좀비영화는 망가진 세계의 파열점을 집요하게 물고 늘어지며, 상처 입은 세계의 민낯을 그대로 보여준다. 거기서 인간은 어떻게든 살아남겠다고 이전투구를 벌이며 추악한 동물성을 드러낼 뿐이다.

아버지는 무능하다

좀비영화에서 아버지의 위상은 여타 영화들과 다르다. 일반적인 재난영화에서 아버지는 가족을 지키기 위해 애쓰는 존재다. 아버지는 가족을 구하는 일에 매진하며, 필요하다면 기꺼이 자신의 목숨을 바친다. 스스로 희생해 가족을 구하는 일은 곧 인류 전체를 구원하는 일과도 등치된다. 아버지는 가족들의 몰이해와 오해에 안타까워하지만, 결국 위기의 순간 아버지는 누구보다 가족을 사랑하며 헌신적이고 유능한 존재라는 사실이 드러난다. 아버지는 외부로부터 별다른 도움과 지원이 없을지라도 혼자만의 싸움을 수행하는 고독한 영웅이다.

재난영화에서 아버지는 가족을 사랑하지만, 표현에 서툴고 인색해 자식들에게 무뚝뚝하다. 과중한 업무에 치여 항상 바쁘고 피곤한 아버지는 마음과는 달리 가정에 소홀할 때가 많다. 소규모의 사회적 재난을 다루는 〈다이하드〉 시리즈의 존 맥클레인(브루스 윌리스 분) 형사 역시 마찬가지다. 아버지에게는 언제나 가정보다 더 중요한 '큰일'이 있기 때문이다. 매번 중요한 다른 일을 핑계로 멀리 있는 아버지에게 가족은 실망한다. 아버지는 아이의 학교 행사에 참석하지 못하거나 기념일을 계속 잊어버린다. 가족들은 가족보다 중요한 일이 도대체 무엇이라는 건지 이해하지 못한다.

워커홀릭이었던 아버지는 가족과 지나치게 멀어졌다는 사실을 깨닫고는 뒤늦게 후회하지만, 가족들은 이미 떠나가거나 소원해진 이후다. 남편은 아내에게 이혼당했고 자식들은 아버지를 미워한다. 아버지는 양육권을 주장할 권리조차 없어 자식을 제대로 보지도 못한다. 그런데 이 아버지는 위기가 닥쳐오는 순간 자신을 희생해 가족과 인류를 구해낸다. 안도한 가족은 기쁨의 눈물을 흘리고 마침내 아버지의 진심을 이해한다. 여기서 아버지는 이방에서 침범하는 위기에 맞서는 영웅이다. 아버지의 숭고한 희생으로 가정은 다시 돈독해지고 가부장적 가족주의가 강화된다.

하지만 만일 위기가 외부가 아니라 내부에서 초래되는 것이라면 어떠한가? 좀비영화에서 아버지는 무능하고 도덕적으로 타락했으며, 결정적인 순간에 부재한다. 아버지가 맞서 싸울 대상이 모호하기 때문이다. 아버지는 누구와 싸워야 할지 알지 못한다. 좀비 영화에서 맞서 싸워야 할 위협은 지구 바깥의 소행성이나 외계인이 아니다. 위기는 아버지가 그동안 애써 만들어 유지하고 떠받쳐온 세계 자체에서 초래된다. 몰락한 건 다름 아닌 아버지의 세계다. 아버지는 세계를 구하는 영웅이 아니라 괴물이다. 아버지에게 가족보다 더 중요한 일은 바로 지옥을 건설하는 일이었다. 따라서 아버지가 바로 지옥이다. 아버지는 세계에 재난을 가져다준 장본인이다.

첫 번째, 시대착오적인 고집쟁이 아버지 유형을 보자. 로메로의 〈살아있는 시체들의 밤〉은 시골의 외딴 농가를 배경으로 한다. 집 안에는 쿠퍼 가족을 비롯한 벤(두안 존스 분), 바버라(주디스 오디아 분) 등이 좀비를 피해 숨어 있다.

주목해서 보아야 할 것은 파국에 다다른 가부장제를 상징하는 쿠퍼 가족이다. 지하실에 숨어 있는 권위적이고 고집스러운 아버지 해리 쿠퍼(칼 하드먼 분)는 자신의 세계가 끝장났음을 인정하지 않는다. 지상에서 버티다가 기회를 보아 탈출해야 한다는 벤의 의견과 달리, 해리는 그저 눈앞에 닥친 위험을 피해 지하실에 숨어야 한다고 고집을 부린다. 그는 별다른 계획이나 근거 없이 좀비를 피해 지하에 숨은 채 겁먹은 강아지처럼 목소리를 높일 뿐이다. 그는 아내 헬렌(마릴린 이스트먼 분)에게 자신의 불합리한 의견을 폭력적으로 관철하려 든다. 아내는 그런 남편이 마뜩잖지만, 강압적인 그의 태도에 어쩔 수 없이 따른다.

쿠퍼에게 중요한 건 무엇이 합리적인 대안이거나 올바른 의견인지가 아니다. 그는 여성(아내)과 흑인(벤)이 주장하는 내용의 당위에는 아무런 관심이 없다. 그가 진정으로 혐오하는 건 그들의 의견에 굴복함으로써 자신이 패배했다는 사실을, 자신의 세계가 끝났다는 사실을 인정하고 받아들이는 것이다. 해리는 끝내 오류와 잘못을 인정하지 않는 아집으로 제 권좌를 유지할 수 있다고 믿는다. 결국 해리는 침몰하는 배와 함께 수장되는 선장처럼, 몰락한 세계를 붙들다가 함께 파멸에 이른다.

비극은 그의 어리석은 고집으로 인해 온 가족이 모두 죽는다는 점이다. 좀 더 정확히 말하면, 좀비로 깨어난 딸 캐런(카이라 숀 분)에 의해 부모가 살해당한다. 딸은 아버지의 시체를 뜯어먹고 어머니를 모종삽으로 내리쳐 죽인다. 이는 헛된 고집을 부리며 망가진 세계를 붙들다가 파국을 불러온 아버지를 향한 자식 세대의 분노를 표명하고 있다. 여기서 우리는 팬데믹 시나리오의 결말을 예측할 수 있다. 세계가 고집스럽게 이대로 지속된다면, 자식은 괴물이 된다. 아버지가 잘못을 깨닫고 노선을 수정하는 대신 글로벌 자본주의를 지탱한다면, 그 결과는 공멸이다. 종말은 조만간 도래한다.

아버지는 부재한다

두 번째, 부재하는 아버지 유형이다. 여기서 아버지는 자녀한테서 멀리 떨어진 어딘가에 있어서, 사태 해결에 어떠한 실질적 조언이나 도움을 제공하지 못한다. 그는 지옥 한복판에 자식을 던져놓고는 무책임하게 자취를 감추었다. 그가 하는 전부라곤 쓸모없는 말 몇 마디뿐이다. 〈#살아있다〉의 오준우(유아인 분)는 갑작스러운 좀비의 창궐로 아파트 안에서 홀로 고립된다. 무선 통신망이 마비되기 직전 아버지(김학선 분)는 그에게 메시지를 보낸다. "아들! 꼭 살아남아야 한다." 이 말은 남겨진 이의 삶 전체를 규율하는 법칙이 된다. 준우는 아버지가 남긴 마지막 메시지 "살아남아야 한다"를 써 붙이고 끊임없이 되새김질한다. SNS에 자신이 생존해 있음을 밝히고 "#살아남아야한다"라는 태그를 단다. 결국 아버지를 비롯한 가족이 죽었음이 암시되면서 아버지의 당부는 유언이 된다.

〈킹덤〉의 왕(윤세웅 분)은 권신들에게 둘러싸여 아무것도 하지 못하는 꼭두각시다. 그는 아들인 이창(주지훈 분)에게 아무런 도움이 되지 않는다. 이창은 오히려 아버지로 인해 권력 다툼의 한복판에 놓이게 되었고, 계속 생명을 위협받는다. 세자 이창을 대신해 다른 왕을 옹립하려는 세력이 끊임없이 그를 제거하려 들기 때문이다. 이창은 자신의 의사와 관계없이 살아남기 위해서 경쟁자들을 제거하고 왕이 되어야만 할 처지다.

왕이 급작스럽게 사망하자, 다른 왕을 추대하려는 세력은 새로운 세자가 태어날 때까지 왕이 살아 있는 것처럼 꾸미기 위해 죽은 왕을 좀비로 만든다. 죽은 이후에도 안식을 얻지 못하고 이용당하는 무능한 왕은 아들에게 명령한다. "내가 사랑하는 사람들은 모두 죽거나 내쳐졌다. 넌 내 유일한 아들이며, 가장 소중한 사람이다. 그러니 살아남거라." 그것이 아버지가 남긴 유일한 말이다. 그것은 마치 저 높은 곳에서 전달되는 아버지의 유언처럼 장엄하게 울려 퍼진다.

부재하는 아버지는 어떻게 해야 살아남을 수 있는지, 이런 지옥에서 살아남는다는 게 도대체 무슨 의미가 있는지, 그렇게까지 해서 왜, 무엇을 위해 살아남아야 하는지 말해주지 않는다. 살아남아야 한다는 지상명령이 남겨진 자들에게 주어진 유일한 행동의 준칙이다. 이것은 오늘날 세계를 규율하는 '생존주의 이데올로기'다. 생존주의는 우리의 세계에서 마치 보편적이며 선험적인 법칙이자 '자연'과도 같은 위상을 차지하게 된 '신자유주의'가 강요하고 주입시키는 주요한 행동강령이다.

신자유주의는 글로벌 자본주의의 원활한 작동을 추동하고 떠받드는 세계화된 이데올로기로서 기능한다. 글로벌 자본주의가 '탈영토화된 괴물'이 되어 세계를 물어뜯고 내키는 대로 착취하고 파괴할 수 있게 된 데에는 1970년대 후반부터 시작된 신자유주의 사조가 배경으로 자리 잡고 있다.* 신자유주의는 국가의 개입은 결과적으로 시장에 악영향을 미칠 뿐이며, 어떠한 규제나 제약도

---

* 1979~1980년, 영국 총리 마거릿 대처(Margaret Thatcher)와 미국 대통령 로널드 레이건(Ronald Reagan)은 경제 성장을 지속하려면 국가의 개입과 사회 복지 제도를 축소해야 하며, 기업의 자유로운 활동과 확장을 위한 환경을 보장해야 한다고 주장했다. 1980년대를 지나면서 금융규제 완화와 시장의 자율성과 효율을 신봉하는 신자유주의 사조가 전 세계적으로 퍼져나갔다. 1990년대 공산주의가 붕괴하게 되면서 자본주의의 끝없는 성장과 번영을 향한 믿음은 더욱 공고해졌다. 이후 거세진 세계화의 조류를 타고 신자유주의 사조가 전 세계에 공고히 자리 잡는다. 이로부터 국가의 통제나 지역적인 규제들에서 벗어난 글로벌 자본주의가 탄생한다.

시장의 원활한 작동에 제약을 가해서는 안 된다는 대원칙을 내세운다. 신자유주의는 자유로운 기업 활동의 보장과 이를 위한 규제 철폐, 시장 원리(보이지 않는 손)의 자율적인 작동에 관한 신화화, 그리고 경쟁의 전방위적인 도입을 특징으로 한다. 신자유주의하에서 국가는 기업식 운영과 경영관리의 구현체로 탈바꿈되며(국가 운영의 기업화), 기업적인 이윤 추구와 합리성 모델이 공공서비스와 사회 전 분야에 적용된다(사회적 자산의 민영화).

신자유주의 통치술은 "시장의 경제적 형태를 (…) 모든 사회 체계 안에까지" 적용했을 뿐만 아니라, "절대적이고 한계가 없는" "경쟁의 일반화"의 원리를 개인의 내면으로 침투시켜 자리 잡도록 만들었다.[3] 신자유주의는 세계의 작동 원리와 사회 체제를 전면적으로 재구조화했음은 물론이고, 개인의 무의식 깊숙한 곳까지 스며들어 영향을 미쳤다. 이제 개인은 전근대적인 온정주의와 비합리적 태도에서 벗어나, 마땅히 현대적이고 세련된 '기업가적 마인드'를 추구해야 한다고 여겨진다(기업가적 윤리의 내면화). 개인은 스스로의 삶을 홀로 경영하고 책임지는 '제 운명의 CEO'이며, 기업 운영과 마찬가지로 부단한 자기 계발과 타인과의 경쟁을 통해 직접 장래를 설계하고 개척해야 한다.

신자유주의는 개인들 간의 자유로운 경쟁으로 가득한 상태는 자연스럽고 당연한 세계 본래의 모습이며, 그 전쟁에서 승자가 되기 위해서 어떻게든 남들을 짓밟고 올라서야 한다는 거짓된 전제를 영혼의 내부에 아로새겼다. 인간은 끝없는 투쟁이라는 타고난 운명을 거스를 수 없으며, 살아남아 성공하려면 서로 사납고 치열하게 다투어야 한다. 경쟁의 원리는 숭고한 자연의 원리로서, 자연스러울 뿐만 아니라 아름답고 신성하다. 생존을 위해 노력하고 싸우는 투지와 땀방울이란 얼마나 아름다운가? 치열한 전쟁을 뚫고 마침내 승리의 트로피를 차지하게 된 최후의 승자란 얼마나 위대하단 말인가?

신자유주의가 권장하는 생존주의 이데올로기 아래서 모든 개인은 각자의 생존에 관한 단독적이며 고유한 책임을 지닌다. 생존은 전적으로 개인의 통제 아래 놓인 '노력'의 결과이자 변인이다. 따라서 나는 타인의 생존 여부에 어떠한 빚도 지지 않는다. 나는 오로지 나의 생존에만 한정해 책임을 질 뿐이며, 나의 이익과 생존만을 도모할 뿐이다. 어차피 세계는 정글이다. 세계는 지옥이다. 모든 사람은 생존을 두고 나와 다투는 '경쟁자'이자 '적'이다.

생존주의 이데올로기는 생존의 조건을 척박하게 만드는 팬데믹 상황을 맞이해 더욱 맹위를 떨친다. 우리는 주위에서 위기 상황에서의 생존법을 가르쳐주는 프로그램들을 쉽게 찾아볼 수 있다. tvN의 〈나는 살아있다〉2020는 6인의 출연진이 특전사 출신 교관에게 위기 상황에서 탈출하는 방법과 생존전략을 배우는 프로그램이다. 이 프로그램 기획 의도는 현시대의 감정구조를 잘 보여준다.

그 어느 때보다 재난, 재해에 대한 (…) 대응 능력과 생존법이 초미의 관심사로 떠오르고 있는 지금! 예고 없이 닥친 바이러스뿐만 아니라 (…) 자연재해, (…) 대형 사건·사고는 지역과 도시와 사람을 가리지 않는다. 재난영화 속 이야기가 이제 나와 우리 가족

의 실제상황이 되어도 전혀 이상하지 않은 현실! 이제 지구상 안
전지대는 그 어디에도 없다! (…) 모든 생존의 기술을 낱낱이 전
수한다.[4]

〈나는 살아있다〉는 코로나19라는 전 지구적 재난을 비롯해 온
갖 종류의 재난에 대처하는 방법이 우리에게 초미의 관심사가 되
었다고 지적한다. 바이러스를 비롯해 대규모의 자연재해, 붕괴, 화
재 등의 대형 사고들은 매년 되풀이되는 일상적인 위협이 되었다.
재난은 지역도, 도시도, 사람도 가리지 않기에, 그 누구라도 재난
으로부터 자유로울 수 없다. 나와 내 가족 역시 언제든 재난에 빠
질 수 있으며, 방심하는 순간 피해자가 될 수 있다. 어디에도 안전
지대는 없다. 대도시부터 산, 바다, 어떤 환경에 처하든지 당신은
생존을 위해 노력하고 분투해야만 한다. 재난에 대응할 수 있도록
저마다 '능력'을 키우고 '생존법'을 부단히 연마해야만 한다.
　KBS1의 〈재난탈출 생존왕〉2020~2021의 기획 의도는 비교적 간단
하지만, 이와 크게 다르지 않다. "어느 날 당신에게도 닥칠 수 있
는 수백 가지의 다양한 재난! 예상치 못한 재난 상황에서 어떻게
살아남을 것인가?"[5] 이 프로그램 역시 재난의 위기를 강조하고 어
떻게든 거기에서 살아남아야 한다고 종용한다. 이런 종류의 '생존
예능'들에서 제시하는 재난의 테제는 간명하다. 너의 세계는 온갖
종류의 치명적인 위험과 적대적인 위협들로 가득한 곳이다. 거기
에서 생존하기란 지극히 어렵다. 따라서 너는 다양한 생존 기술을
익히고, 살아남기 위해 어떻게든 죽기 살기로 노력해야 한다. 그래

야만 생존 가능성을 높일 수 있다.

　사실 생존에의 강조는 우리에게 낯선 것이 아니다. 예전부터 방영해 인기를 끌어온 수많은 오디션 프로그램 역시 생존 예능의 다른 판본에 해당한다. 자연 상태가 생존경쟁의 정글이듯, 사회 또한 다르지 않다. 오디션 프로그램은 현대 사회라는 무자비한 정글 속에서 남들과 경쟁해 최후의 승자가 되는 법을 가르치고, 갈등과 다툼의 상황을 적나라하게 중계한다. 지진이나 화재와 같은 '자연적 재난'을 대신해 심사자의 인위적 기준—능력주의는 탈락을 정당화할 적당한 핑곗거리일 뿐이다—을 가지고 평가해 극소수만을 제외하고는 모조리 제거하는 '사회적 재난'이 있을 뿐이다.

　이런 부류의 프로그램이 가르치는 것은 생존을 위한 기술뿐만이 아니라, 살아남기 위해 갖추어야 할 신자유주의적 태도와 사고방식이다. 신자유주의는 "모든 신뢰를 파괴하고 그것의 반대자인 불신과 두려움을 산업적으로 생산"한다.[6] "신뢰의 붕괴에 의해 열린 구렁 안에 자기, 타인들, 세계에 대한 불신과 두려움이 자리 잡는다."[7] 세계에서 살아남기 위해 우리는 타인, 세계, 심지어 자기 자신조차도 신뢰하지 말아야 한다. 끊임없이 단련하고 스스로 자학하고 자책해가며 능력을 기르고 경쟁해 살아남는 수밖에 없다. 자신의 신체와 정신을 착취의 대상으로 여기는 것, 타인을 적대자로 여기는 것, 그리고 세계를 위협적인 공간으로 여기는 것은 신자유주의 통치가 구성해낸 예속된 주체가 사로잡힌 세 가지 강박증이다.

　경쟁에서 패배하는 것은 곧 도태되는 것, 탈락하는 것이며, 기실 죽음과 다름없다. 마지막까지 살아남는 자가 곧 최후의 승리자다. 승자가 되기 위해서 언제 닥칠지 모르는 재난(혹은 타인과의 전쟁)에 대비해, 너는 항상 철저하고 완벽하게 준비를 마쳐놓아야 한다. 끝없는 노력만이 해답이다. 살아남기 위해 타인을 배제하는 일은 다소 슬프지만, 그것이 세상의 냉정한 법칙이기에 어쩔 수 없는 일이다. 그렇다고 알량한 동정심에 젖어 타인을 위해 대신 죽어줄 수는 없는 일 아닌가? 설사 그게 가능하다고 해도 그것은 '공정하지' 못한 일이 아닌가?

신자유주의에 잠식당한 개인은 고삐 풀린 글로벌 자본주의의 원활한 작동을 떠받치고 유지하는 자양분으로 기능한다. 생존이야말로 신자유주의적 아버지가 권장하는 최고의 선이다. 생존한 자는 승리자다. 때로는 부도덕하고 잔인하게 타인을 짓밟더라도 어쨌든 최후까지 살아남아야 하지 않았는가? 어떻게든, 무슨 짓을 해서든 끝까지 살아남는 것, 그것이 지옥에 내던져진 우리에게 아버지가 남긴 하나뿐인 법이다. 아버지는 자신의 세계, 자신이 만든 지옥에 대한 반성이나 성찰이 없다. 그 대신 자신도 실패하고 말았던 생존의 임무를 떠맡긴다.

이런 세계에서 아버지는 모든 권위를 상실했다. 아버지는 아무것도 도와주거나 책임지지 않기 때문이다. 그 또한 세계가 멸망했음을 알고 있다. 그래서 아버지는 권위를 내세우지 않고 당부하듯, 호소하듯, 너를 위한다는 듯한 어조로 명령한다. 말투와 관계없이 그것은 명령이다. 그 명령은 고집쟁이 아버지의 명령보다 더 기만적이다. 무책임에 대한 변명이기 때문이다.

〈살아있는 시체들의 밤〉의 아버지는 적어도 자신이 결정을 내리고 (설사 잘못된 결정일지라도) 책임을 진다(살해당한다). 그러나 신자유주의 시대의 아버지는 판단을 보류하고, 모든 결정을 아들에게 위임한다. 네 살길은 네가 알아서 찾거라, 나는 도와줄 능력이 없단다, 다만 어떻게 해서든지 살아남아야 한다. 이 위선적인 명령, 이것은 아들을 진퇴양난에 빠뜨린다. 지옥에서 도대체 어떻게 살아남을 수 있다는 말인가? 지옥을 만든 것은 바로 당신이 아닌가? 책임져야 할 자는 도대체 어디로 숨었는가?

아버지는 괴물이다

살아남기, 좋다. 그런데 어떻게? 〈부산행〉의 한 장면을 보자. 〈부산행〉의 아버지 서석우(공유 분)는 초반에 부재하는 아버지다. 아내와 이혼 소송 중인 그는 일에만 몰두할 뿐, 딸의 고민이나 학교생활을 거의 알지 못하며 현재의 심리상태에도 별다른 관심이 없다. 딸이 엄마를 보러 엄마가 사는 부산까지 가고 싶어 한다는 사실도 눈치채지 못한다. 그는 딸의 생일선물로 전에 사주었던 것과 똑같은 게임기를 다시 사주기도 한다.

수안(김수안 분)은 아버지에게 아무런 기대도 없기에 이런 일에 익숙해 보인다. 엄마와의 통화에서 어리광을 부리는 수안의 모습과 대조적으로, 아버지를 대하는 수안의 태도는 어른스럽다. 수안은 아버지를 어려워하고 서먹해하는 모습을 보인다. 엄마를 친근한 말투로 대하는 것과 달리, 아버지에게는 존댓말을 쓰며 거리감을 느낀다. 석우는 그런 딸과 함께 아내를 만나러 부산행 열차에 올라탄다. 열차가 좀비 사태로 인해 생존경쟁의 정글이 되자, 부재하던 아버지는 이제 열정적으로 귀환한다. 아버지는 그동안 못했던 부모의 역할을 한꺼번에 하려는 듯, 밀린 숙제를 벼락치기 하듯 딸을 구하고자 노력한다.

그런데 아버지는 이미 괴물이다. 그의 노력과 열정은 신자유주의 지옥을 만들고 악화시키는 원동력이다. 그는 자신의 실적과 회사의 이익을 위해 무고한 사람들에게 피해를 주고, 죽어가는 기업을 살려낸 바 있다(그리고 이 기업에서 좀비 바이러스가 만들어지고 유출되었다). 그런 아버지의 가르침은 이것이다. 살아남기 위해서는 기꺼이 괴물이 되어야 한단다.

아버지는 거동이 불편한 할머니에게 자리를 선뜻 양보하는 수안에게 쓸데없는 친절을 베풀지 말라며 이렇게 다그친다. "지금 같을 때는 자기 자신이 제일 우선이야!" 또 다른 장면에서 아버지는 대전역사가 이미 좀비로 가득하다는 사실을 알고 있지만, 다른 사람들이 사지를 향해 가는 걸 아랑곳하지 않고 딸과 자신만 몸을 피하려 한다. 다른 사람들에게 알려야 한다는 수안을 아버지는 이렇게 꾸짖는다. "신경 쓰지 마, 그냥 각자 알아서 하는 거야!" 여기서 우리는 세 번째 유형의 아버지를 발견할 수 있다.

세 번째, 귀환한 아버지는 괴물이다. 여기서 아버지는 추악하고 부도덕하며, 혐오스러운 존재다. 아버지는 살아남기 위해 타인을 얼마든지 죽음으로 몰아넣거나 살해하고, 세계를 지옥으로 만드는 일에 기꺼이 매진한다. 연상호 감독의 또 다른 작품 〈서울역〉2016에서도 이런 유형의 아버지를 볼 수 있다. 가출청소년 혜선(심은경 목소리)에게는 아버지가 없다. 아버지는 가정을 돌보지 않는 무력한 병자다. 그는 집 나간 딸에게 아무런 관심이 없고 찾으려 들지도 않는다. 미성년자인 딸이 술집과 여관을 전전하며 성매매로 생활을 유지하고 있다는 사실조차 모른다. 딸이 좀비에게 쫓겨 생사의 기로를 헤맬 때도 아버지는 어디에도 없다. 결국 딸의 처지를 알게 되고 자신이 딸의 빚을 대신 떠안을 상황에 이르자, 마침내 그는 무거운 몸을 일으켜 어디론가 완전히 사라진다.

이 무기력한 아버지를 대신해 다른 아버지가 귀환한다. 자신이 혜선의 아버지라고 주장하는 석규(류승룡 목소리)는 위험에 빠진 딸을 찾겠다며 고군분투하는 열정에 찬 아버지다. 누구보다 딸을 염려하는 석규는 좀비로 가득한 위험한 도시를 온통 헤매다니며 딸의 행방을 추적한다. 그는 때때로 과격하고 폭력적인 행동을 보이기도 하지만, 그것은 딸이 걱정돼 간절하고 절박해진 아버지의 부성애처럼 보인다. 그런데 영화가 진행되면서 석규는 사실 진짜 아버지가 아니라 성매매 업소의 포주라는 사실이 드러난다. 그는 생물학적 아버지가 아닌 사회적 아버지다.

석규는 도망친 혜선을 잡아 다시 성매매 일에 투입하고, 밀린 빚을 갚게 만들겠다는 일념에 사로잡혀 있기에 그 누구보다 딸의 안위에 관심이 많다. 딸의 신체가 온전해야만 자신의 금전적 이익이 보장되기 때문이다. 온종일 누워 있는 생물학적 아버지는 딸에게 아무런 관심이 없으며, 열정에 찬 사회적 아버지는 딸을 재화이자 생산 기계로만 바라본다. 생물학적 아버지는 무능력하고 사회적 아버지는 괴물이다. 석규는 자신의 목적(딸의 신병 확보)을 위해 필요하다면 아무렇지도 않게 타인을 살해하고 이용하기도 하지만, 거기에서 아무런 거리낌이나 죄책감도 느끼지 못한다. 심지어 그는 혜선을 찾자 그동안의 고생을 보상받겠다며 강간을 시도한다.

고집쟁이 아버지 유형이 20세기 좀비영화에 주로 등장한다면, 부재하는 아버지나 괴물 아버지는 21세기 뛰는 좀비와 함께 등장하는 유형이다. 로메로는 좀비를 통해 세대 간의 갈등, 혹은 보수주의와 진보주의 간의 다툼을 그리고자 했다. 따라서 그의 영화에서 고집쟁이 아버지는 구시대의 낡은 체제에 대한 은유로 기능했다. 그런데 신자유주의가 본격화하면서 아버지는 어디론가 숨어서 사태를 관망하고, 그 대신 자식에게 처절한 생존게임의 사투를 벌일 것을 명한다. 투쟁을 위한 가시적 주체는 이제 없다. 아버지는 부재하는 흔적으로만 존재한다. 아버지는 지옥을 마련한 신자유주의 체제 그 자체이기 때문이다. 만일 부재하는 아버지가 귀환한다면, 그 아버지는 머지않아 자신의 괴물성을 드러내기 마련이다. 괴물들로 가득한 지옥으로부터 멀쩡히 귀환했다는 사실은 그가 이미 충분히 괴물이라는 사실을 암시한다.

〈28주 후〉에서 좀비의 습격에 쫓겨 아내를 버리고 홀로 도망친 아버지는 헤어진 아이들과 만난다. 아무것도 모르는 아이들은 부재하는 아버지의 급작스러운 귀환에 기뻐하지만, 아버지는 금세 괴물로 변한다. 좀비가 된 아버지는 악착같이 아이들만을 쫓아오는 괴물이다. 좀비는 원한을 품는다거나 특정한 대상을 목표로 삼지 않기에, 아이들을 향한 아버지의 집착은 어딘지 어색하고 강박적이다. 지옥에서 탈주하려는 아이들을 따라다니며 눈에 불을 켜고 막으려는 분노한 괴물 아버지, 그것은 자본주의의 바깥을 도저히 허락할 수 없는 신자유주의적 아버지의 끈질긴 집념이 아닌가? 자본주의 세계에도 바깥이 있음이 폭로된다면, 자신이 이제껏 설파해온 세계의 법칙들, 즉 '세계는 지옥이다' '어떻게든 살아남아라' '서로 죽고 죽이며 싸워라'라는 규칙은 곧바로 의문에 처하기 때문이다.

아버지는 반성한다

이어서 네 번째 아버지 유형을 살펴보자. 〈반도〉의 아버지는 비교적 솔직한 태도를 지닌 듯 보인다. 퇴역 군인 김 노인(권해효 분)은 처음에 무능한 아버지로 등장한다. 김 노인은 무슨 이유 때문인지 정신이 온전치 않다(아마도 그가 지휘하던 군부대 내에서 반란이 있었던 걸로 추정된다). 그는 위압적인 장교의 말투로 명령을 내리지만, 그의 발화는 아무런 권위도 갖지 못한다. 즉, 그는 신체적으로는 함께 있을지 몰라도 정신적으로 부재하는 아버지다. 지옥에서 아버지는 괴물이거나 혹은 실없는 소리만 늘어놓는 정신 나간 늙은이로만 존재 가능하다. 아버지의 명령은 아이들 병정놀이의 역할극으로만 기능할 뿐이다.

아버지는 계속해서 존재하지 않는 가상의 '제인'을 찾으며, 그에게 자신들을 지옥에서 구해달라고 간청한다. 그는 마치 메시아의 도래를 확신하는 광신도처럼, 구원을 기도하고 응답이 오기를 기다린다. 미군을 초월적 구원자로 여기며 여전히 환상 속에 기거하는 전쟁 세대와 마찬가지로, 이 구세대의 늙은이는 한미연합사령부의 제인(제인은 정체성이 특정되지 않는 흔한 이름이다)을 끝없이 부를 뿐이다.

그런데 아버지는 자식이 위기에 처하자, 자식을 살리려고 제 목숨을 던진다. 그리고는 죽어가면서 마침내 자신의 죄를 고해한다. "미안해. 이런 세상에서 살게 해서, 미안…" 아버지는 적어도 제 잘못을 안다. 정신착란에 빠져 있음에도 스스로 희생해 다음 세대를 구한다. 죽어가면서 반성한다. 반성하는 아버지는 〈킹덤〉이나 〈#살아있다〉의 부재하는 아버지에 비해 솔직히 잘못을 인정하고, 〈살아있는 시체들의 밤〉의 고집스러운 아버지나 〈부산행〉 〈서울역〉의 괴물 아버지에 비해 무해하다. 아버지는 자신이 세계를 "이런 세상"(지옥)으로 만들었다는 사실에 미안함을 느끼고 책임을 지려 시도한다.

반성하는 아버지는 우리 사회에서 이른바 '힐링 멘토'라 불리는 자들이다. 청년 세대는 이런 아버지에 열광한다. 아버지가 생존을 독려하고 '꼰대'질을 설파하는 대신, 공감하고 위로를 건넨다고 믿기 때문이다. 1990년대 〈TV유치원 하나둘셋〉에서 종이접기 아저씨로 큰 인기를 얻었던 김영만이 2015년 〈마이 리틀 텔레비전〉에 나와 다시 큰 주목을 받았던 건 그가 반성하는 아버지였기 때문이다. 김영만은 "직장 좀 만들어주세요"라는 요청에 이렇게 답한다. "내가 만들 수 있으면 하루 종일 만들어줄 수 있을 텐데. 그렇지 못해서 미안해요. 사실 정규직, 비정규직 이런 거 전 잘 몰라요. 이런 사회 자체는 어르신들이, 어른들이 만들어놨죠. (…) 어른 입장에서 죄송합니다. 정말 미안해요." 평생을 지옥에서 생존경쟁을 하라고 채찍질 받으며 살아온 청년들은 이런 위로에 울음을 터뜨렸다. 우리에게 이런 유형의 반성하는 아버지가 극히 드물었기 때문이다.

그런데 이걸로 충분한가? 다시 〈반도〉로 돌아와보자. 〈반도〉에서 김 노인은 다른 의미에서 기만적이다. 그가 제시하는 해결책은 다음과 같다. "한국을 떠나라. 탈조(탈조선)하라. 지옥(헬조선)으로부터 벗어나라, 그것만이 유일한 살길이다. 유토피아는 한국 너머에, 한국의 바깥에 있다." 김 노인은 이를 실현하기 위해 아무런 의미 없이 외부에 구원을 요청할 따름이다(그가 제인과 소통한다고 주장하는 통신기기는 망가져 작동하지 않는 상태다). 따라서 〈반도〉의 결말에 실제로 '제인'이 등장하는 장면은 실로 우스꽝스러운 판타지이자 현실 도피에 가깝다.

그것은 정말로 '탈조'가 해결책이며, 헬조선 너머에 유토피아가 있을 것만 같은 환상을 제공한다. 그러나 〈반도〉의 초반에 그려지듯이 한국이 아닌 곳에서의 삶 또한 지옥이다. 글로벌 자본주의의 바깥은 없다. 거기에서 사는 한국인들은 여전히 폭력과 빈곤에 시달리고 있으며, 갖은 차별과 편견으로 고통받고 있다. 그곳은 단지 '덜 나쁜 지옥'일 뿐이다. 애초에 주인공 일행이 다시 한국으로 들어가겠다고 결심하는 이유는 '덜 나쁜 지옥'에서 '더 나쁜 지옥'으로 이동해 이득을 취한 뒤 다시 '덜 나쁜 지옥'으로 돌아가 그곳에서 좀 더 나은 삶을 찾겠다는 이유가 아니었던가?

요컨대 〈반도〉의 반성하는 아버지는 다른 아버지와 마찬가지로 생존을 최우선 가치로 제시한다. 다만 그 방식이 내부에서의 생존이 아니라, 외부로의 도피라는 형태로 제시될 뿐이다. 그러나 우리는 생존을 추구하는 것이 해결책이 될 수 없으며, 오히려 이것이 세계를 지옥으로 만들었다는 사실을 깨달아야 한다. 생존만이 유일한 가치이자 중요한 덕목으로 제시될 때, 우리는 근본적인 변화를 위해 행동할 동력을 상실한다. 여기에 신자유주의 시대 아버지의 무서움이 있다. 그들은 세계의 법칙 자체를 관장한다. 어떠한 형태의 아버지든 지옥이 된 세계 자체를 바꾸려 들지 않는다.

이런 점에서 반성하는 아버지는 부재하는 아버지에 근접한다. 이미 노쇠하고 지쳐버린 그는 별다른 시도를 감행하지 않으며, 변화를 위한 투지를 갖고 있지 않다. 그는 결과적으로 세계의 법칙을 거부하지 않는다. 다만 거기에서 고통받는 아이들을 토닥이고 어를 뿐이다. 반성하는 아버지는 이렇게 위로한다. "정말 미안하구나, 모든 게 전부 나의 잘못이다. 너의 박탈감과 고단함을 충분히 이해한단다. 그러나, (늘 그렇듯 핵심은 뒷부분이다!) 우리에게 '이미'

주어진 세계가 이 모양이니 어쩔 수 없다. 어쨌든 힘을 내서 다시 살아봐야지 않겠니?" 이런 부드러운 방식의 강요는 무엇도 바꾸지 못한다. 아버지는 달콤한 말로 독려하고 휴식을 제공해 아이를 어르고 달랜 뒤, 다시 지옥으로 되돌려보낸다. 반성하는 아버지에게는 무의미한 자책만이 존재할 뿐, 거기엔 실질적인 힘과 계획이 결여되어 있다.

종말의 종말, 아버지의 법을 위반하라

다시 〈킹덤〉으로 돌아가보자. 사실 세자 이창에게는 두 명의 아버지가 있다. 앞서 살펴본 생물학적 아버지인 왕과 대비되는 두 번째 아버지는 정신적인 아버지이자 유능한 아버지다. 그는 바로 이창의 스승인 안현 대감(허준호 분)이다. 〈킹덤〉 시즌1에서 안현은 이상적이고 좋은 아버지처럼 등장한다. 그는 상주 출신의 명망 높은 양반이자 전란으로부터 나라를 구한 영웅이다. 안현은 어린 세자의 교육을 담당할 만큼 학식이 높고 인품이 훌륭할 뿐만 아니라, 왜군과의 전쟁에 앞장서 승리를 이끌고 좀비들을 거침없이 베어 넘길 만큼 무예 또한 뛰어나다. 이창 일행이 좀비 무리에게 포위당해 위기에 처한 순간, 어디선가 안현이 나타나 그들을 구해낸다.

왕이 이창에게 "살아남거라"라는 불가능한 명령만을 남겼다면,

안현은 그 이유를 제시하고 실질적인 도움을 제공한다. 안현은 세자에게 이렇게 말한다. "스스로 지키십시오. 지금 저하는 저하 혼자만의 목숨을 지키는 것이 아니라, 불의와 싸우는 것입니다. 자신들의 탐욕을 위해 일국의 국본을 좌지우지하려는 불의! 그 불의와 싸워서 이기는 것만이 대의를 바로 세우시는 길입니다." 안현은 이창의 생존이 단지 개인적 차원의 안녕을 도모하는 일을 넘어, '불의에 맞서 대의를 지키는 일'이라고 주장한다. 이창은 부당하게 왕위를 차지하고 국본을 좌지우지하려는 불온한 세력으로부터 어떻게든 살아남아 스스로를, 그리고 나라를 지켜야만 한다.

그러나 안현은 다른 측면에서 여전히 무능한 아버지이자, 괴물 아버지에 속한다. 안현의 도움은 이창에게 일시적인 피난처를 제공하는 데 그칠 뿐이다. 상시적인 위협, 즉 조학주(류승룡 분)로 대표되는 외척 세력으로부터 이창을 지켜내는 일에서 안현은 무능하다. 거대한 조학주의 군세에 맞서는 안현의 세력은 지극히 열세에 처해 있다. 게다가 안현은 더 근본적인 위협, 온 나라를 휩쓸며 퍼져가는 좀비 역병을 막는 일과 관련해서도 무능하다.

그뿐만 아니라 조학주는 안현이 자신에게 반기를 들 수 없을 거라고 공언한다. 안현과 조학주는 사실 과거에 좀비 역병 사태를 일으켰던 공범이기 때문이다. 안현은 조선에 침략한 왜군을 무찌르기 위해 조학주가 내세운 계획에 동참한 적이 있다. 그 계획은 무고한 사람들을 무기로 활용해 왜군을 섬멸하는 것이다. 안현은 한센병 마을의 환자들을 집단 학살한 후, 그들을 좀비로 만들어 전쟁 도구로 사용했다. 안현은 병으로 고통받는 특정한 정체성의 소수자 집단에게 끔찍한 제노사이드를 자행한 자다. 안현은 이 일에 죄책감을 느끼고 있지만, 자신은 후회하지 않고 있으며 같은 상황이 와도 얼마든지 다시 학살을 자행할 거라고 고백한다.

두 아버지는 세계에 파국을 불러온 자들이다. 그들은 자식을 위기에 빠뜨리고, 국가 전체를 재난 상황으로 몰아갔다. 이제 두 아버지는 괴물이 되어 귀환한다. 〈킹덤〉 시즌2 2화에서 이창은 조학주를 제거하기 위해 문경새재를 기습하지만, 도리어 그의 계략에 빠져 좀비가 된 왕과 마주하게 된다. 살아남기 위해 이창은 어쩔 수 없이 아버지의 목을 벤다. 조학주는 기다렸다는 듯이 이창을 아버지 살해범이자 왕을 시해한 반역자로 몰아 체포한다. 안현은 이창을 구하려다가 목숨을 잃게 되고, 이창은 좀비로 변한 안현의 목을 잘라 다시 한번 살해한다.

이창은 유교 사회에서 가장 금기시되는 살부殺父 행위를 반복해서 수행한 자다. 그는 아버지를 살해하고, 스승을 살해하고, 왕을 살해했다. 유교 이데올로기에서 그는 가장 추악한 범죄자이자, 기존의 도덕 질서를 무참히 파괴한 패륜아다. 따라서 이창은 절대로 모범을 보여야 할 지도자가 될 수 없다.

그러나 이창의 살부 행위는 그가 새로운 세계를 건설할 왕, 이전까지와는 전혀 다른 지도자가 되겠다는 결연한 결단을 보여주는 상징적인 행위이기도 하다. 우리는 두 차례에 걸친 이창의 살부 행위를 몰락한 아버지 시대와의 절연, 다시 말해 아버지의 세계로부터 단절하겠다는 의지를 공표하는 행위로 읽을 수 있다. 그것은 소수의 양반만이 자원을 독식하고 백성들은 굶어 죽어가도 아무것도 하지 못하는 무능한 아버지, 전쟁을 승리로 이끌기 위해 약자들을 살해하고 병기로 사용한 괴물 아버지라는 기존의 세계를 끝장내겠다는 선언이다.[•]

다시 질문해보자. 종말이란 무엇인가? 우리가 실질적으로 체감하고 있으며 슬퍼하고 아쉬워하는 종말, 영영 사라질까 공포에 떠는 종말은 인류의 종말, 혹은 세계의 종말이 아니다. 그것은 '일상의 종말'이다. 그동안 누려왔던 일상, 예컨대 아무 때나 외출해서 마음껏 쏘다니고, 친구를 만나 카페에서 수다를 떨고, 내키는 대로 밤늦게까지 술을 마시며 흥청망청 놀고, 여기저기의 '힙한' 맛집 탐방을 다니고, 해외여행을 다니며 사진을 찍는 일상 말이다. 좀 더 솔직하게 말해보자. 우리가 그리워하고 돌아가고 싶어 하는 일상은 '자본주의적 일상'이며 '소비하는 일상'이다. 이제는 마음껏 소비할 수 없음에, 관광객으로 떠돌아다닐 수 없음에, 소비하는 사치와 향락을 누릴 수 없음에 우리는 아쉬워한다.

오늘날 미디어는 팬데믹 이후에 새로운 형태의 일상이 필요하다고 주장하며, 너나 할 것 없이 '뉴노멀'의 기치를 내세운다. 그런데 뉴노멀을 이야기할 때 주로 언급되는 것은 대체 산업의 등장, 4차 산업혁명, 주식투자 전망, 메타버스, NFT, 비트코인 따위다. 팬데

[•]   이창의 이런 결단이 시즌2의 마지막에 의미를 잃고 퇴색되어버린다는 점도 함께 언급해두자. 내가 《좀비학》에서 분석했듯이 〈킹덤〉의 시즌2는 정치적 주체를 제시하지 않는다. 이창은 아버지의 세계를 종식시키는 정치적 투쟁에 뛰어드는 대신, 별안간 모든 지위와 역할을 내던지고 사적인 차원에서 아버지의 세계와 절연하는 것으로 만족한다. 그는 세계를 변화시키는 일에 앞장서기보다는 세계를 떠돌며 위기에 처한 사람들을 직접 구해내는 자유주의적 영웅, 즉 '소방관 영웅'이라는 치안 보조자의 역할을 떠맡는다.

믹으로 소비가 위축되었음에도, 그 자리를 대신해 다른 형태의 소비가 급증했다. 원하는 소비를 다 하지 못한 걸 보상받기라도 하려는 듯 고급 가구나 가전제품의 소비가 급증했고, 인테리어 산업과 배달 산업이 크게 성장했다. 값비싼 사치성 소비재의 수요가 이전보다 크게 증가했다. 세계 각국의 정부들이 긴급하게 쏟아낸 자금들이 주식과 비트코인, 부동산으로 몰렸고, 혹자는 돈을 잃고 혹자는 큰돈을 벌었다. 하지만 우리가 명심해야 할 점은 '뉴노멀'이 자본주의의 새로운 생산양식의 형태가 되어서는 안 된다는 점이다. 우리는 뉴노멀을 '재난에도 불구하고 지속 가능한 자본주의적 일상'을 지칭하는 용어로 사용해서는 안 된다.

우리는 재난 이전의 일상을 그리워하며, 재난으로 인해 평화로운 일상이 파괴되었다고 여긴다. 우리는 재난 이전까지 누려왔던 소소한 일상을 그리워하고 있으며, 순진하게도 재난만 종식된다면 다시 일상을 되찾을 수 있을 거라고 믿는다. 그러나 사태의 본질은 정확히 그 반대다. 재난 이전에 일상은 이미 망가져 있었다. 불모의 것이 되어버린 일상의 반복이 가져온 귀결이 바로 재난—특히 코로나19 팬데믹—이다. 그렇다면 접근방식은 달라져야 한다. 팬데믹이 일상을 파괴한 원인이 아니라면 어떻게 해야 하는가? 우리가 그동안 영위해온 자본주의적 일상이 팬데믹이라는 파국을 불러왔다면?

다른 한편으로 우리는 주의해야 한다. 엄습하는 재난과 종말 담론은 분명 정신이 번쩍 들 만큼 무시무시한 경고장을 보내고 있다. 그러나 또한 반복적인 종말에의 공포와 종말 담론의 과잉은 우리를 의기소침하고 무력한 주체로 제약한다. '끝없이 이어지는 종말', 계속되는 종말의 연속은 생존주의 이데올로기가 번성할 수 있는 배경을 마련하며, 변화를 위한 행동의 열정을 사전에 제거한다. 고리타분한 아버지, 걱정이 많은 아버지, 괴물 같은 아버지, 죄를 고해하는 아버지는 모두가 함께 지옥 위에 산다.

아버지는 종말의 순간이 다가오고 세계가 지옥이 되어갈수록 확신에 차서, '홀로 살아남기'에 진력한다. 그들은 우리의 삶을 비참하고 초라한 연명의 연쇄로 가두려 한다. 상황을 반전시키기 위해서, 우리는 아버지가 설정한 세계의 법칙을 위반해야 한다. 삶을 지극히 보잘것없는 상태로 찌그러뜨리고 제한하려 드는 생존의 명령을 단호히 거절해야 한다. 삶을 최소단위의 생존으로만, 무의미한 동물의 삶만을 영위할 것을 강제하는 세계에 대항해, 반역의 깃발을 높이 들어올려야 한다.

바디우는 반복되는 종말로부터 참된 삶을 되찾는 방법에 관해 조언한다. 우리의 격률은 '종말을 끝장내기'가 되어야 한다. 종말을 끝장내기란 어떤 '결단 내리기'를 함축하고 있다. 종말은 결코 저 스스로 그치거나 멈추지 않으며 한없이 이어지기 때문이다. 우리는 종말에 종언을 고하기 위한, 무한히 반복되는 종말을 종식하기 위한 근본적인 결단을 취해야만 한다.[8]

아버지의 세계가 종말하지 않는다면, 글로벌 자본주의의 파괴와 약탈을 멈출 수 없다면, 재난은 결코 종식되지 않는다. 재난은 다른 형태로, 더 파괴적인 버전으로 부단히 갱신되며 반복해 도래할 것이다. 재난의 종식을 위해 요청되는 것은 '새로운 일상'(뉴노멸)이 아니다. 백신은 '일상의 포기'다.

　우리는 '종말의 종말'을 감행할 수 있을까? 여기에 우리가 감내해야 할 역설이 있다. 종말은 끝나지 않으며 한없이 이어진다. 진정으로 종말을 끝장내기 위해서는 종말을 실행하는 결단이 필요하다. 일상의 회복을 위해서는 일상을 끝장내야 한다. '종말을 끝장내기' 혹은 '종말을 종료하기 위한 결단'의 의미가 바로 여기에 있다. '(세계의) 종말'에 종언을 고하기 위해, 우리는 '(일상의) 종말'을 결단해야 한다.

6.
유토피아

우리가 '미처' 도달하지 못한 세계

세계는 어떻게 유지되는가?

〈살아있는 시체들의 밤〉의 식인좀비는 느리게 걸으며 인간의 살을 탐하는 괴물이다. 로메로 감독이 느린 좀비를 등장시킨 건 사실 현실적인 이유에서였다. 창고에서 친구들과 함께 영화를 제작했던 로메로는 부족한 제작비로 인해 이웃 주민들을 괴물로 분장시켜 출연시켜야 했다. 연기를 난생처음 해보는 사람들에게 화려한 액션이라든가 섬세한 감정 연기를 요구할 수는 없는 일이다. 표정 연기나 동선을 최소화해야만 했고, 결국 초점 없이 멍한 표정으로 느리게 걸어오는 좀비가 탄생하게 되었다. 하지만 21세기로 접어들면서 걷는 좀비는 영화의 빨라진 템포와 스펙터클에 익숙해진 관객을 만족시킬 수 없었다. 이에 좀비영화는 빠르게 뛰는 좀비를 등장시켜 자극적인 공포를 원하는 사람들의 갈망을 채워주었다.

　빠르고 공격적인 좀비가 유행하는 최근의 추세와는 달리, tvN 의 단막극 〈산부인과로 가는 길〉[2021]은 정반대의 선택을 한다. 〈산부인과로 가는 길〉의 좀비는 로메로 시대의 좀비처럼 굼뜨게 걷는 괴물이다. 이는 여러모로 영리한 설정이다. 뛰는 좀비가 등장하기 위해서는 액션이나 연출에서 보다 섬세한 디렉팅이 필요하며, 제작비와 제작 기간이 더 소요될 수밖에 없다. 또한 좀비를 무섭고 파괴적인 괴물로 실감 나게 표현하려면 다양한 분장, 장비, 특수효과들이 함께 동원되어야 한다.

그러나 단막극은 특성상 많은 시간과 자원을 들이기 어려운 환경에서 제작되기 마련이다. 어렵사리 단막극에서 뛰는 좀비를 등장시킨다고 해도 블록버스터 영화를 보며 이미 높아질 대로 높아진 관객들의 눈높이에는 여러 가지로 모자라 보일 수밖에 없다. 서사적 완성도와는 별개로 무서워야 할 좀비가 우스꽝스러운 괴물로 보이게 되는 것이다. KBS의 단막극 〈라이브쇼크〉2015가 좋은 예시다. 이 드라마는 뛰는 좀비를 등장시키는 과감한 시도를 감행했지만, 엉성한 완성도로 인해 사람들에게 외면받고 말았다. 하지만 느린 좀비를 활용한다면 이런 문제들을 해결할 수 있다.

〈산부인과로 가는 길〉은 느린 좀비를 채택하면서도, 동시에 긴장감을 놓치지 않기 위해 색다른 선택을 한다. 좀비로부터 도망쳐야 하는 인간을 신체적인 제약을 떠안고 있는 존재인 임산부로 설정하는 것이다. 드라마에서 좀비는 굼뜨고 느린 괴물이지만, 안타깝게도 인간이 좀비보다 더욱 느리다. 물론 빠른 좀비가 선사하는 자극적인 스펙터클은 감소할 수밖에 없지만, 애초에 스펙터클은 단막극의 미덕과는 거리가 멀다. 그 대신 드라마는 좀비장르의 변주를 통해 우리에게 친숙한 배경과 사물들을 활용하고, 재난의 극한 상황에서 일상이 어떻게 유지되는지 보여주는 데 집중한다.

드라마는 텅 빈 거리를 걷는 화영(박하선 분)의 모습으로 시작된다. 화영은 어딘지 초조하고 불안한 표정으로 주위를 살피면서, 무거운 배를 부여잡고 힘겹게 걷고 있다. 재난의 풍경으로 시작하는 첫 장면은 드라마의 세계관을 적절히 드러낸다. 어디선가 갑자기 총성이 울려 퍼지고 화면이 암전된다. 화영의 뒤를 쫓듯 피 묻은 발자국이 천천히 걷기 시작한다. '총소리'와 '피 묻은 발자국'은 앞으로 화영이 겪게 될 위기들을 암시하고 있다. '산부인과로 가는 길'은 그리 쉬운 길이 되지는 않을 것만 같다.

뒤이어 제시되는 건 좀비가 창궐하기 전 평온한 집의 모습이다. 출산을 앞둔 만삭의 임부 화영은 신중하게 건강 상태를 체크하고, 곧 태어날 '행운이'에게 다정한 목소리로 《토끼와 거북이》 동화를 읽어주며 태교에 힘쓰고 있다. 집은 미리 준비된 장난감과 옷가지 등 아기용품들로 가득하다. 패브릭 소재의 소파와 쿠션, 여기저기의 방석과 담요들, 원목 색의 가구, 푸릇푸릇한 식물들, 그리고 따뜻한 햇볕이 비치는 공간은 밝고 따뜻해 보인다. 재난이 습격하기 전의 일상은 안락하고 평화로운 모습이다. 이는 첫 장면에서 묘사된 화영의 모습과 대비되면서 묘한 불안감을 불러일으킨다.

평소와 다름없는 일상을 보내던 중 갑자기 진통이 시작된다. 진통 주기를 점검해보고 출산이 임박했음을 알게 된 화영은 남편에게 전화를 걸지만 받지 않는다. 화영은 산부인과에 연락하고 안내에 따라 짐을 챙겨 길을 나선다. 그런데 집 밖으로 나오자 세계는 좀비들로 가득한 아수라장이 되어 있다. 화영이 처음 마주하는 좀비가 경비원, 택배 기사, 그리고 소방관이라는 사실은 상징적이다. 이들은 사회를 유지하고 안전을 지키는 핵심적인 역할을 하며, 일상과 밀접한 직종의 사람들이다.

모두가 좀비가 되어버렸기에, 어느 때보다 도움이 절실한 화영이지만 도움을 청할 곳은 없다. 소방관마저 좀비가 되었다는 건 이미 사회의 치안이 마비되었음을 의미한다. 재난 상황에서 사회는 도와주지 않는다. 안전은 저 스스로 책임져야만 한다. 하지만 화영과 같은 사회적 약자는 누군가의 도움이 없다면 홀로 살아남기 힘든 처지다. 예기치 않은 재난이 닥쳐와 사회가 마련해놓은 최소한의 제도적 안전망과 공권력이 마비되었을 때, 위기에 처한 개인은 무엇에 의지할 수 있을까? 모든 게 붕괴되었다고 여겨질 때, 우리의 삶은 어떻게 유지되고 사회는 어떻게 굴러갈 수 있는가?

무심하게도 출산의 순간은 여지없이 다가온다. 화영은 무거운 발걸음을 옮기지만, 점차 심해지는 진통 때문에 곤경에 처한다. 부재하는 남편을 대신해 화영을 돕는 두 인물이 있다. 첫 번째는 야쿠르트 방문판매원 한재숙(김재화 분)이다. 전동카트를 타고 다니며 집마다 야쿠르트를 배달해주는 방문판매원은 우리가 길거리에서 항상 마주치는 가까운 이웃이다. 재숙은 막대 걸레를 활용해 좀비를 따돌리고 화영을 전동카트에 태운다. 전동카트는 크게 빠르지는 않지만 느린 좀비들을 따돌리기에는 충분하다. 게다가 자력으로 걷기 힘든 상태인 화영에게 전동카트의 도움은 더욱 요긴하게 다가온다. 화영과 '어머니'라는 공감대를 가진 재숙은 좀비들 사이를 돌아다니며 아들을 찾고 있다. 화영을 산부인과 앞까지 데

려다준 재숙은 아들을 찾으러 다시 길을 나선다.

두 번째로 화영을 돕는 인물은 산부인과 간호사 소진(배윤경 분)이다. 소진은 병원에서 구박받는 막내 간호사다. 선배 간호사는 택배를 병원으로 주문한 소진에게 주인 의식을 가지라고 강조하고, 원장은 말버릇처럼 '소명 의식'의 중요성을 역설한다. 원장은 간호사들에게 "각자 소명 의식을 가지고, 최고의 안식처를 위해 힘내 봅시다"라고 주문한다. 이윽고 좀비 사태가 터지자 소진을 제외한 모두가 좀비가 되고 만다. 병원에서 탈출하려는 찰나, 소진은 화영에게 걸려온 다급한 전화를 받게 된다. 소진은 병원에 좀비가 가득하니 오지 말라고 말하지만, 화영은 아이가 곧 나올 거라며 고집을 피운다.

세계에 재난이 닥치는 순간 사회는 기능을 잃고 일상은 위기에 처한다. 보이지 않는 곳에서 일하며 묵묵히 사회를 지탱하던 사람들은 저마다 살길을 찾아 이탈할 것이고, 당연하게 여겨왔던 공공 서비스들은 금세 붕괴하기 시작할 것이다. 그러나 소진은 다른 이의 삶을 유지하고 생명을 지키기 위해 자리에서 이탈하지 않기로 결심한다. 소진은 화영에게 도움을 줄 수 있는 유일한 사람이기 때문이다.

드라마가 전달하고자 하는 메시지는 간명하다. 재난이 닥친다 해도 우리는 어떻게든 살아가야 한다. 어쨌든 일상은 계속되어야만 한다. 일상이 유지되는 첫 번째 요건은 바로 선량한 시민의 자발적인 친절과 호혜다. 그게 위기에 빠진 화영을 구해내고 산부인과까지 데려왔다. 두 번째 요건은 재난을 무릅쓰고 자신의 자리에서 '소명 의식'을 갖고 일하는 사람들이다. 그들로 인해 소영은 희망을 갖고 아이를 낳을 수 있다. 그리고 그들은 멀리 있는 것이 아니라 주변에서 흔히 볼 수 있는 친근한 이웃이다. 이들이야말로 사회를 유지하고 지탱하는 최후의 보루이자 '영웅'이다.

화영에게 도움을 주는 이웃과는 달리, 그를 위기로 몰아넣는 두 사람이 있다. 화영은 이들 때문에 좀비라는 일상화된 재난 상황 이외에도 두 번의 위기를 겪는다. 첫 번째는 남편이다. 남편은 평화로운 일상의 순간에도 어디로 갔는지 보이지 않는 존재다(우리는 여기서도 '부재하는 아버지'를 볼 수 있다). 보이지 않는 남편은 세 가지 당부를 메모로 남겨놓았다. "무겁고 힘든 건 오빠에게 다 맡기기" "오래 걷지 말기" "진통이 느껴지면 무조건 오빠에게 전화하기". 화영을 염려하며 "전화하면 무조건 달려갈게"라고 적어둔 남편은 친절하고 따뜻한 사람처럼 보인다.

주문한 생수를 경비실에 둘 테니 가져가라는 택배 기사의 전화에 화영은 남편에게 전화를 걸어보지만, 무겁고 힘든 걸 맡겠다던 남편은 전화를 받지 않는다. 설상가상으로 갑자기 진통이 시작되지만, 연락만 하면 무조건 달려오겠다던 남편은 여전히 묵묵부답이다. 언제든 달려와 두 사람의 소중한 아이, 행운이를 지키고 돌보겠다던 아버지는 부재한다. 그가 메모로 남긴 공허한 약속은 모두 지켜지지 않는다. 화영은 직접 무거운 물건을 날라야 한다. 전화했지만 남편은 오지 않는다. 결국 화영은 혼자 오래 걸어 산부인과에 가야 한다.

부재하는 남편은 위기에 빠진 아내와 아이를 두고 어디에서 무엇을 하고 있을까? 산부인과와 남편의 직장이 같은 건물에 있기에, 화영은 병원으로 가기 전에 먼저 남편을 찾으러 간다. 화영은 좀비들을 피해 갖은 고생 끝에 마침내 남편의 행방을 파악하게 된다. 남편은 차 안에서 이미 좀비가 되어 있고, 그 옆에는 낯선 여자가 함께 앉아 있다. 서로 뒤엉켜 있는 두 사람의 옷은 다 풀어헤쳐져 있다. 오래전부터 잦은 야근을 핑계로 집에 늦게 들어오던 남편은 사실 다른 여자와 불륜을 저지르던 중이었다.

자상해 보였던 남편은 사실 입에 발린 그럴듯한 거짓말만을 늘어놓는 존재이며, 중요한 순간에는 자취를 감추어 어떠한 도움도 제공하지 않는다는 사실이 드러난다. 부재하는 남편은 괴물이 되어 귀환했다. 사실 세계에 재난이 닥치고 남편이 좀비로 변하기 전부터 이미 남편은 부재했고, 그는 재난 자체였다. 뒤늦게 진실을 깨달은 화영은 홀로 재난에 맞서야 한다.

곧이어 두 번째 위기가 닥친다. 좀비들을 피해 힘겹게 비상계단으로 도망가는 화영의 모습을 멀리서 지켜보는 사람이 있다. 전역을 하루 남기고 터진 좀비 사태로 인해 머리끝까지 화가 난 군인 도균호(김수호 분)다. 그는 느린 화영의 모습을 보고 좀비라고 여겨 죽이러 쫓아왔다. 사회적 약자를 좀비와 등치하는 것은 좀비장르에서 쉽게 찾아볼 수 있는 장치다. 예컨대 로메로의 〈살아있는 시체들의 밤〉에서 백인 자경단은 흑인을 좀비로 착각하고 쏴 죽인다. 연상호 감독의 〈부산행〉과 〈서울역〉에서는 노숙인과 가출청소년이 좀비로 취급받기도 한다. 이들은 좀비처럼 세계 내에서 무無에 가까운 극히 미미한 강도로만 현시顯示되는 존재이며, 최소한의 실존만을 갖는다.

군인은 화영이 물리지 않았다는 걸 알게 되지만, 어차피 물리게 될 테고 모든 게 끝났다며 총을 쏘아 죽이려 한다. 때마침 나온 간호사 소진의 도움으로 화영은 간신히 산부인과에 도착하고 무사히 아이를 낳는다. 군인으로 대표되는 공권력에 대한 불신과 그들을 무능하거나 부패한 집단으로 묘사하는 것은 좀비 장르의 반복적인 테마다. 정부와 공권력이 이상적으로 작동했더라면 재난이 오지 않았을 것이기 때문이다. 이들은 사람들을 구하거나 돕기는커녕 재난을 이용해 타인을 위협하고 살해하며 욕구만을 채우려는 범죄 집단이다. 약자인 화영과 아이의 생명을 위협하는 재난의 진정한 정체는 좀비가 아니다. 그것은 아버지와 공권력의 타락이다. 괴물이 된 그들은 따뜻하고 안락해 보이는 일상에 가려진 세계의 실재, 망가지고 추악한 일상의 민낯을 보여준다. 일상은 그 자체로 파국이며 재난과 구분되지 않는다.

일상과 영웅

이 드라마는 재난 앞에서도 타인을 위해 위험을 무릅쓰는 배달원, 그리고 초연히 자신의 자리를 지키며 맡은 일에 충실한 간호사를 이상적인 시민의 모습으로 제시한다. 이를 통해 사회를 유지하고 일상을 수호하는 일이야말로 가장 윤리적이고 영웅적인 일이라 주장한다. 우리는 여기서 처음에 다루었던 일상과 영웅이라는 주제로 다시 돌아가고 있다. 재난의 영웅을 요청하지 않았던 하버마스의 말을 조금 더 자세히 살펴보자.

재난의 현장에서 활약한 소방관들을 영웅이라고 생각하느냐는 질문에 대한 하버마스의 대답은 다음과 같다.

> 9·11 테러 당시에 곧바로 다른 사람들을 구하기 위해 자신들의 목숨을 걸었던 뉴욕의 소방관들이 보여주었던 용기와 규율, 헌신은 찬사를 받을 만합니다. 그렇다고 왜 그들을 '영웅'이라고 불러야 합니까? (…) '영웅'이 존경을 받을 때마다 저는 도대체 누가 영웅을 요구하고 있으며, 그 이유는 무엇인가라는 질문을 던지게 됩니다. 이 단어를 이렇게 느슨한 의미로 사용한다고 할지라도, 우리는 다음과 같은 브레히트의 경고를 이해할 수 있습니다. "영웅이 필요한 대지를 불쌍하게 여겨라!"[1]

하버마스는 영웅이라는 범주를 하나의 이데올로기로 파악하고 있다. 그들의 행동이 훌륭하며 찬사를 받을 만한 것임은 분명하다. 하지만 우리가 질문해야 할 것은 "누가 영웅을 요구하고 있는지", 그리고 "그 이유는 무엇인지"에 관한 것이다.

하버마스가 마지막에 극작가 베르톨트 브레히트[Bertolt Brecht]를 언급했다는 걸 눈여겨보자. 인용한 브레히트의 말은 1939년에 처음 쓰인 희곡 《갈릴레이의 생애》에서 등장한다. 이 희곡은

16~17세기 이탈리아의 과학자 갈릴레오 갈릴레이Galileo Galilei가 지동설을 주장한 이후에 겪게 되는 사회와의 갈등과 그 과정에서 그가 어떻게 고통받았는지를 그리고 있다.

갈릴레이의 주장은 성경을 옹호하려는 성직자와 신학자들, 그리고 아리스토텔레스가 옳다고 믿는 보수적인 과학자들에게 끊임없이 공격받았다. 결국 그는 종교 재판에 회부되기에 이른다. 재판장 밖에서 결과를 기다리는 갈릴레이의 제자들은 그가 결코 폭력에 굴복당하지 않을 것이라고 믿고 있다. 그들은 갈릴레이야말로 죽음 따위를 두려워하지 않는 위대한 이성의 화신이기에 이성에 의해 "어리석음이 굴복"당할 것이며, "이제야말로 지식의 시대가 시작"될 것이라고 생각하며 기뻐한다.[2]

하지만 기대와는 달리 갈릴레이는 자신의 주장을 철회하며, 다시는 지동설을 주장하지 않겠다고 맹세한다. 위협에 굴복한 갈릴레이를 보며 제자 안드레아는 크게 실망하고, "영웅을 갖지 못한 불행한 이 나라여!"라고 탄식한다.[3] 그러나 갈릴레오는 영웅을 갖지 못한 나라가 불행한 것이 아니라, 오히려 영웅을 필요로 하는 이 나라야말로 진정 불행한 것이 아니겠느냐고 독백하듯 말하고 사라진다. 갈릴레이가 보기에 사회가 영웅을 필요로 한다는 것은, 해당 사회가 제대로 작동하지 않고 있음을 방증하는 일이다.

영웅을 갖지 못한 것이 불행한 일이 아니라, 영웅을 필요로 한다는 사실이 불행한 것이다. 갈릴레이는 영웅의 희생으로 바뀌는 것은 아무것도 없으리라는 사실을 알고 있다. 해야 할 일은 영웅을 요청하는 것이 아니다. 끊임없이 영웅의 등장과 희생을 요구하는 비정상적인 사회의 문제점을 폭로하고 영웅이 필요치 않은 세계를 만드는 것이다.

참혹한 재난 현장에서 우리는 망연자실해 이성의 끈을 놓아버린 사람, 상심하고 실의에 빠진 사람들의 모습을 어렵지 않게 볼 수 있다. 커다란 상실을 극복하거나 헤쳐나갈 엄두를 내지 못하는 인간은 슬픔과 고통을 감당하지 못하고 초월성에 의존하곤 한다. 영웅을 끊임없이 소환하고 영웅을 필요로 하는 심리는 초월성에 의존하고 싶은 열망과 크게 다르지 않다. 그러나 분명한 것은 영웅을 만드는 건 아무런 해결책이 되지 못한다는 사실이다. 영웅의 범주는 희생을 자연화한다. 그것은 사회에 만연한 구조적 모순을 바꾸지 못한다.

영웅의 분연한 용기와 고결한 희생으로 일상은 잠시 지켜지는 듯 보이지만, 근본적인 원인이 해결되지 않기에 얼마 가지 않아 세계는 또다시 위기에 빠진다. 따라서 영웅은 끝없이 요청되고, 그들은 끝없이 희생한다. 일상의 영웅을 필요로 하지 말자. 그들은 영웅이 아니라 평범한 인간이다. 화재 현장에서 사망한 소방관을 영웅이라 부르고 추모한 뒤 아무것도 하지 않아 사고가 반복되도록 둘 것이 아니라, 원인을 찾고 희생의 반복을 막자. 가연성 건축 자재 사용을 금지하고 스프링클러 설치를 의무화하자. 의료진을 영웅이라 칭하는 대신 공공의료 병상과 인력을 대폭 확충하고 예산과 지원을 아끼지 말자.

하버마스는 완고한 칸트주의자이자 보편주의자이기에 어떤 예외의 지위를 할당하는 '영웅'이라는 호칭을 달가워하지 않았다. 타인의 생명을 구하는 것은 도덕적 당위이기에 보편의 범주에 속하는 것이지, 예외적 범주로 취급되어서는 안 되기 때문이다. 위기의 순간 타인의 생명을 구한 '일상의 영웅'을 인터뷰할 때면, 기자는 "어떻게 이런 대단한 일을 할 수 있었느냐"라고 질문한다. '일상의 영웅'들의 대답은 늘 한결같다. 사람들의 찬사에 그들은 겸연쩍다는 듯이 "당연히 해야 할 일을 했을 뿐"이라며 손사래 친다. 그것은 겸손의 표현이 아니다. 그것은 말 그대로 가감 없는 진실이다.

그런데 왜 그들은 매번 '영웅'으로서 호명되는 것인가? 우리는 여기에서 브레히트가 "영웅을 필요로 하는 대지를 불쌍히 여겨라!"라고 한탄했던 것을 이해할 수 있다. 당연하고 보편적이어야 할 일들이 예외로 여겨질 만큼 희귀해졌다는 사실은 세계가 깊숙이 병들어 있음을 보여주는 지표다. 나는 이들과 기본적으로 같은 입장을 공유한다. 도덕법칙의 준수는 보편적이고 당연하게 지켜져야만 하는 것이어야 한다.

그러나 나는 2001년의 재난으로부터 20여 년이 지난 시점에 하버마스의 말을 다른 방식으로 이해하고자 한다. 나는 하버마스와는 다른 입장에서 여전히 예외적 범주가 필요하다고 주장한다. 세계를 현 상태 그대로 유지해야 한다면, 예외는 필요 없다. 그러나 역사 속에서 새로운 가능성을 개방하고 인류를 더 나은 삶으로 이끄는 것은 언제나 예외적 사건으로부터 비롯했다. '일상을 지키는 자가 영웅이다'라는 테제에는 도덕법칙의 준수를 예외적인 범주로 환원하는 효과와 함께 진정한 '예외의 범주'를 은폐하려는 이데올로기가 숨어 있다. 예외란 반복되는 일상의 구조 자체를 파괴

하고 지금과는 완전히 다른 일상의 가능성을 분유分有하는 '사건'
이다. 일상과 치안의 유지만이 윤리적인 것으로 여겨지는 세계라
면, 그것에서 벗어나고자 하는 모든 시도는 언제나 파괴적이며 범
죄적인 것으로 치부될 수밖에 없다.

물론 내가 여기서 타인을 구하려고 위험을 무릅쓴 사람들을 비
윤리적이라고 폄하하려는 건 아니다. 물에 빠져 허우적대는 사람
을 구하러 물로 뛰어들고, 위험에 노출된 타인을 자기 생명을 걸
고 돕는 건 분명 선한 본능에서 비롯하며, 윤리적인 행동이다. 그
러나 우리는 이것이 윤리의 지극히 한정적인 측면만을 가리킨다
는 사실을 깨달아야 한다. 이것은 어디까지나 윤리의 최소치만을
지시할 뿐이다. 우리는 물론 최소한의 윤리마저도 희귀하며 제대
로 지켜지지 않는 세계에 살고 있다. 그렇기에 이런 행동들이 화제
가 되고 찬사의 대상이 되곤 한다. 그렇다고 해서 이게 가능한 윤
리의 전부라고 착각하지는 말자.

최근 유행하는 슈퍼히어로 영화를 떠올려보자. 이 영웅들은 평
소에는 신분을 감추고 평범한 시민으로 살아간다. 그런데 사회에
위기가 닥쳤을 때, 평범한 시민은 어디선가 옷을 갈아입고는 영웅
이 되어 나타난다. 영웅은 악당의 공격이나 재난의 습격으로부터
사람들을 구해내고 소중한 생명과 재산을 지킨다. 그럼으로써 이
들은 사회와 일상을 지킨다. 이렇듯 오늘날 영웅의 범주란 일상의
수호자로 축소되었다. 영웅은 치안을 지키는 자다. 영웅은 공권력
이나 사회의 도움이 미처 닿지 못하는 곳에서 활약하며, 그들의
구멍을 메우는 '치안 보조자'다. 자유주의 국가에서 가장 찬탄의

대상이 되며 영웅시되는 직업이 '소방관'이란 걸 떠올려보면 오늘날 영웅에게 덧씌워진 이미지를 쉽게 파악할 수 있다.

그러나 영웅은 치안의 보조자가 아니다. 그것은 자유주의 세계가 선전하는 이데올로기이며, 삶을 현상에 옭아매 불모의 것으로 만드는 기만이다. 영웅은 일상을 수호하는 자가 아니다. 영웅이란 일상을 파괴하는 자다. 영웅이란 한가롭고 안온한 일상에 종말을 가져다주며, 우리가 다른 삶을 사유하고 꿈꾸도록 충격을 주고 일깨우는 자다. 우리를 상황의 예속으로부터 끄집어내 새로운 세계를 보여주고 안내하는 자다.

나는 일상을 유지하는 것만이 윤리적이며 영웅적이라는 자유주의적 테제에 분명하게 반대한다. 그것은 우리 시대에 근본적인 변화를 가로막는 이데올로기로 작동하고 있다. 그리고 나는 자유주의적 테제와는 반대로 일상을 파괴하고 일상에 종말을 가져다주는 것만이 진정으로 윤리적이며 영웅적인 행위라고 주장한다. 일상을 지키고 익숙한 것을 반복하는 것만으로는 재난을 종결지을 수 없다.

세계는 윤리의 최소치에 호들갑을 떨고 찬사를 보내면서 이것이 윤리의 전부인 양, 윤리의 최대치인 양 선전한다. 윤리의 최소치는 타인을 돌보고 보호함으로써 일상을 지켜내는 일과 관련된다. 그것은 주어진 세계 안에서 그럭저럭 만족한 채 서로의 생존을 챙기며 살아남기를 돕는 일이다. 세계는 이런 걸 실천하는 자를 영웅이라 부르며 칭송한다. 반면 윤리의 최대치는 그보다 더욱 근원적이며 보편적인 것이다. 윤리의 최대치는 사회 전체의 행복, 인류 전체의 존속, 더 나아가 생명 전체의 안녕을 위해 힘쓰는 것이다. 그것은 현 상황에 불만족하고 더 나은 삶을 바라며 일상을 전복하는 행위와 관련된다. 세계는 이들에게 대체로 관심이 없거나, 꼬투리를 잡아 비난한다. 그럼에도 불구하고 우리는 '일상의 영웅'이 아닌 '예외의 주체'가 되어야 한다.

'일상의 윤리'는 세계를 변함없이 유지함으로써 생성의 역능을 가로막는다. 거기서 세계는 현기증 나는 반복의 굴레와 초라한 재현의 법칙 아래 굴복한다. 인간은 생존에만 집착하는 처량한 존재로 제한된다. 오로지 생존만이 전부인 삶, 그것은 전형적인 동물적인 삶을 지시한다. 설사 종말이 오지 않더라도, 그것은 이미 잠재적인 종말의 상태일 뿐이다. 반면 '사건의 윤리'는 불가능한 것의 실존을 믿는 것이다. 불가능한 것의 도래는 일상을 파괴하고 반복과 재현의 세계를 끝장냄으로써, 우리를 생성변화의 도정 아래에서 새로운 존재로 거듭나게 한다. 사건의 윤리는 이렇게 명령한다. 너의 일상을 파괴하고 다른 삶을 발명하라!

유토피아의 그림자

여기서 나는 낡고 진부하며 사장된 개념이 되어버린 유토피아를 생각하고 있다. 오늘날 유토피아란 과거에서 온 듯한 묘한 이질감을 풍기는 단어가 되었다. 유토피아를 공공연하게 말하는 사람은 사기꾼이거나, 몽상가처럼 보인다. 아니면 그는 철 지난 이데올로기에 사로잡혀 실없는 소리를 해대는 노인이거나, 메시아의 재림을 꿈꾸는 종교적 근본주의자일 것이다. 이렇게 유토피아는 사적인 자리에서나 치기 어린 열정으로 발설하거나, 아무도 보지 않을 일기장의 내밀한 독백으로만 언급해야 하는 금기가 되었다.

유토피아적 비전이 자취를 감춘 세기에, 우리는 광기 어린 유토피아의 그림자만을, 파국적인 유토피아적 열망만을 찾아볼 수 있다. 이상향을 꿈꾸고 실현하려는 인간의 근원적 열망은 쉽게 제거되지 않는다. 세계가 유토피아를 억누르고 분쇄하려 하면 할수록, 그와 비례해 유토피아적 열망이 꿈틀거리기 마련이다. 특히 현실에 만족하지 못하고 현재가 지옥 같을수록 유토피아를 향한 갈증은 커져만 간다. 거기서 사람들은 다른 삶을 꿈꾸며 불만으로 가득한 현재를 일거에 파괴하려는 열망으로 휩싸인다.

우리는 오늘날 두 종류의 유토피아의 그림자가 현존하고 있음을 볼 수 있다. 첫 번째는 종말 이후에 여기가 아닌 다른 곳에서 마련될 영원한 천년왕국을 꿈꾸는 종교적인 유토피아의 그림자다. 유토피아는 생전엔 도달할 수 없는 저 너머에 있다. 우리는 이런 종류의 도착적인 유토피아를 들뢰즈의 분류를 따라 '초월적 유토피아'로 부를 수 있다. 들뢰즈가 "독재적인 혹은 초월성에 의한 유토피아"라고 부르는 종류의 유토피아는 "초월성의 복권"을 꿈꾸며 "자만에 찬 확인의 위험"을 지니고 있다.[4]

종교적 유토피아를 꿈꾸는 자들은 초월적 존재와 임박한 메시아의 재림을 확신한다. 물질주의에만 빠져 정신적 고양과 신성한 가치를 소홀히 하고 신과의 연결을 놓아버린 타락한 인류는 그 대가를 혹독하게 치러야만 한다. 그날이 오면 불신자는 심판받고 신실한 신의 종들만이 구원받는 유토피아가 펼쳐질 것이다. 종교적 근본주의자들은 세계를 구원할 메시아의 재림을 앞당기기 위해 개인적 차원의 종말을 기껍게 받아들인다. 나는 비록 현실 세계에서는 죽을지라도, '더 좋은' 다른 곳에서 부활하게 될 것이라 믿기 때문이다. 이로 인해 우리는 오늘날 테러리즘이라는, 이전에 겪어보지 못했던 새로운 형태의 폭력 앞에 노출되어 있다.

두 번째는 과학적 담론과 관련되는 유토피아의 그림자다. 여기서 사람들은 과학기술이 가져다줄 장밋빛 미래를 꿈꾸며, 다가올 미래의 시간이 현재의 모든 모순과 난제들을 해결해줄 것이라고 믿는다. 이들은 질병이나 장애, 심지어 죽음마저도 극복 가능한 대상으로 여긴다. 이들은 미래를 앞당기기 위해 현재의 공간을 끊임없이 착취하고 희생해 시간의 흐름을 가속하려 한다.

과학적 유토피아는 바로 미래에 있다. 과학적 유토피아를 꿈꾸는 자들은 개인적 종말을 회피하려고 온갖 노력을 기울인다. 미래에 펼쳐질 유토피아에 내가 존재해야 하기 때문이다. 기업가이자 미래학자인 레이 커즈와일Raymond Kurzweil은 2045년이면 '기술적 특이점'이 도래해 인류가 영원한 삶을 누릴 수 있다고 주장한다. 그에 따르면 과학의 발전 단계가 '특이점'에 도달하는 순간, 과학의 발전 속도가 인간의 노화 속도를 추월하게 된다. 이때부터 인간은 나노 로봇을 주입해 치료받고, 장기를 교체하고, 보철물을 부착하면서 영생을 누릴 수 있다. 일흔이 훌쩍 넘은 커즈와일은 어떻게든 2045년까지만 살아남으면 된다고 믿으며 매일 수백 알의 영양제를 섭취하고 있다. 혹시 그 전에 죽을 경우를 대비해 냉동인간이 되기 위한 준비도 마쳐두었다.

두 가지 극단적인 형태의 유토피아는 서로가 서로의 원인이자 결과다. 과학적 유토피아는 계몽과 진보 담론의 극단적인 형태다. 이들은 미래의 유토피아를 위해 개방과 연결, 세계화라는 명목으로 전 지구를 포섭해 개발과 발전의 토양으로 삼으려 한다. 만일 이를 거부하는 국가가 있다면, 명분을 쌓아 군대를 파견해 정부를 무너뜨리고 꼭두각시 정권을 세우거나, 무정부상태를 유지해 마음껏 자원을 수탈한다.

반면 종교적 유토피아는 세계화라는 이름으로 진행되는 서구의 물질문명, 과학 담론, 자본주의의 팽창을 혐오한다. 이들은 세계화를 곧 고결한 전통문화와 정신문명의 저급화와 타락으로 여기며 거부하고, 그 대신 신성함과 순수성의 가치를 앞세운다. 퇴폐적이고 감각적인 서구 문명의 범람은 신을 모독하며 고유한 전통과 종교를 오염시킬 뿐이다. 이들에게 과학적 유토피아란 천박하고 혐오스러운 악마의 속삭임이며, 지옥의 다른 말에 지나지 않는다. 따라서 타락한 서구 문명에 맞서기 위한 '신성한 싸움'聖戰에 나서야 한다.

불가능한 유토피아

유토피아와 관련되어 현존하는 모순과 위협들은 우리가 유토피아에 관해 사유하거나 언급하는 것을 더욱 어렵게 만든다. 오늘날 유토피아와 관련해 상황 안에서 합의된 견해란 다음과 같다. "정의 또는 평등의 관념을 기입시키려는 모든 의지는 더욱 나쁜 결과를 가져"오며, "선을 위한 집합적 의지는 악을 행한다." "유토피아적 성격을 갖는 모든 혁명의 계획은 전체주의적 악몽"으로 변질된다.[5] 따라서 우리는 유토피아를 운운하며 정의나 평등 따위를 추구하지 말아야 하고, 선을 위한답시고 어떠한 집합적 의지를 구성해서도 안 된다.

이 입장에 따르면 유토피아는 불가능하다. 이것은 체념과 환멸에 빠져 사유를 포기해버린 무기력한 소피스트들의 주장이다. 이에 따르면 유토피아라는 것을 바라고 사유하는 것은 반인류적이며 범죄적인 환상에 불과하다. 20세기가 광기와 전쟁, 학살로 얼룩진 이유는 유토피아가 실현 가능하다고 여겼기 때문이다. 그들은 유토피아를 실현한답시고 잔악무도한 범죄를 저질렀다. 유토피아와 관련된 상상, 주장, 실행의 시도는 우리에게 파괴와 종말을 가져다줄 뿐이다. 우리가 모두 보았듯이 유토피아가 제시하는 '최선'의 세계란 존재하지 않으며 앞으로도 없을 것이다. 유토피아란 언제나 '최악'의 상황을 불러올 뿐이다. 최악을 피하기 위해서는 현 상태를 유지해야 한다.

또 다른 입장에 따르면 유토피아는 이미 실현되었다. 이는 정치학자 프랜시스 후쿠야마Francis Fukuyama를 비롯한 '역사의 종말' 따위를 주장하는 자들의 입장이다. 이에 따르면 가능한 최선으로서의 역사의 진보는 사실상 완료되었다. 더 이상 다른 세계의 가능성을 운운하는 건 불필요한 분쟁을 초래하고, 공연한 다툼과 전쟁을 불러올 뿐이다. 자본주의는 역사의 시련을 통과하며 살아남아 스스로를 증명했다. 이제 모든 게 결정 났으니 무언가를 바꾸려 들지 말라, 있는 그대로의 현실을 받아들이고 즐겨라. 만일 유토피아라는 게 존재하고 실현 가능하다면, 그것은 아마도 지금일 것이다. 왜냐하면 현 체제야말로 인간이 발명해낸 것들 중 가장 훌륭한 체제이기 때문이다.

그리하여 우리는 유토피아에 관해 상상하고 욕망하기를 포기하라고 종용당했다. 이것이 '전체주의적 범죄'의 세기로 요약된 20세기의 외상으로부터 우리가 얻은 교훈이다. 유토피아란 종결된 프로젝트가 되었다. 그리고 20세기로부터 도출된 21세기 전반은 다음과 같이 요약될 수 있다. 종말의 공포를 피한다는 평계로 모든 유토피아적 비전을 사그라뜨린 세기. 거대한 변화를 추동하는 역능을 포기하고 보잘것없는 향락을 추구하는 소시민적 만족만 남은 세기.

그러나 만일 유토피아가 필요 없다거나, 혹은 유토피아가 이미 달성되었다면 현재의 끝나지 않는 위기 상황들을 어떻게 설명할 수 있을 것인가? 사유의 종말이 가져다준 가능한 미래란 예고된 재난들로 가득한 파국뿐이다. 현실이 실현된 유토피아라는 인식, 혹은 유토피아란 불가능하다는 선언은 지금의 억압적 상태를 유지하며 계속 이득을 취하려는 지배자들의 이데올로기일 뿐이다.

유토피아적 범주를 포기해버린 인간이 할 수 있는 거라곤 소소하고 개별적인 선—이것은 '일상의 영웅' 테제를 지시한다—을 실천하거나, 현실의 구체적인 악—이것은 '최악을 피하는 것이 가능한 최선이다'라는 테제를 지시한다—을 제거하려고 노력하는 것이다. 그러나 바디우는 이런 견해야말로 어처구니없는 궤변이며 파멸적인 것이라고 비판한다. 거기서 인간은 "죽을 수밖에 없는 동물에 일체화"될 뿐이다. 사유란 "긍정적인 발명으로서만 존재"하는 것이며, "존재할 수 있는 기존의 것과의 근본적인 단절 속"에서만 도래한다. 세계에 관한 유토피아적 사유와 계획 없이는 우리는 어떠한 "존재하는 것에 대한 변혁"도 가져올 수 없다.[6]

유토피아란 하나의 사건이 드러내는 가능성의 지평이자 진리 절차의 귀결이라고 말할 수 있다. 사건이 우리에게 일상의 파괴를 요청할 때, 그것은 사적 세계에서의 파괴로 끝나지 않는다. 사건은 모두에게 적용되는 보편적 성격을 가지며, 개인보다 높은 단계에서의 단절과 도약을 요구한다. 사건의 윤리는 우리에게 고통과 변화를 감내하며 인류적 차원에서 일상의 파괴에 나설 것을 명한다. 그렇기에 일상의 파괴란 변화에 아무런 관심이 없거나 변화를 원하지 않는 사람들에게는 폭력적인 종결로 다가오기 마련이다.

여기서 우리는 사건이란 상황 안에서 특정한 폭력의 형태로 현시된다는 사실을 알 수 있다. 그 폭력은 '상황의 폭력'(일상화되고 자연화된 폭력)을 종결짓기 위해 '도래하는 폭력'(사건적 폭력)이다. 우리는 사건적 폭력을 '상황의 종말'이라고 부를 수 있다. 사건이란 기존 상황을 강압적으로 끝장내며 도래하는 것이기 때문이다. 따라서 사건은 상황 안에 거주하는 개인들에게 충격을 선사한다.

사건이 발발했다는 사실은 단지 하나의 잠재된 가능성이 표출되었음을 의미하는 것이다. 우리는 사건이 개방하는 새로운 세계에 '유토피아'라는 이름을 붙일 수 있다. 그러나 사건이 일어났다고 해서 상황이 급변한다거나 유토피아가 저절로 전개되며 꿈 같은 세계가 펼쳐지는 것은 아니다. 사건이 가져오는 충격은 국지적이며 여파는 금세 사그라들기 마련이다. 대다수의 개인은 여전히 상황 안에서 머무르며 익숙한 일상을 즐기기를 원한다. 사건의 주체란 사건을 떠맡고, 사건을 선언하고, 사건이 개방하는 세계를 건설해 보편에 적용하려는 투사다. 그들은 우리가 기존의 삶을 파괴하고 버릴 때 다른 존재로 거듭나고 유토피아에 다다를 수 있음을 알고 있다.

니체적 종말

독일의 철학자 마르틴 하이데거Martin Heidegger는 사후 발간된 일기장 《검은 노트Schwarze Hefte》에서 유토피아를 꿈꾸며 나치의 이념에 동조했다. 그러나 나치가 유토피아라는 이름으로 행했던 일들은 실상 잔혹한 범죄와 대량 학살로 가득한 디스토피아적 악몽을 현실에 구현한 것이었다. 이에 철학적 사유는 포기를 선언했고, 유토피아란 파시즘과 전체주의적 비전을 암시하는 비윤리적인 단어로 전락했다. 이제 유토피아란 암울한 종말과 위험한 범죄를 예고하는 끔찍한 단어일 뿐이다. 유토피아를 다시 말하고 그 가치를 복원하기 위해서, 우리는 유토피아란 이름으로 범죄를 옹호했던 하이데거를 넘어서야 한다.

그렇다면 하이데거가 꿈꾸었던 것은 정말 유토피아일까? 하이데거에게 인류의 역사는 존재 망각의 역사다. 도시의 밤을 대낮처럼 밝히는 휘황찬란한 인공의 빛들(테크놀로지)은 정작 별과 달로부터 전해지는 진정한 빛(존재)을 보이지 않게 만든다. 과학기술이 가져다준 이성의 빛은 모든 존재자를 빛나게 만들지만, 그것은 전부가 동질적인 가치를 가지며 조작 가능한 '사물들'로 가득한 죽은 세계에 불과하다. 거기서 존재자를 최초로 개방했던 '존재의 빛'은 사라지고 망각되며, 인간은 대상화되어 무가치한 사물로 전락한다. 빛을 잃어버린 세계는 종말의 심연을 향해 치닫고 있다.

하이데거는 세계가 쇠락하고 인류가 타락하는 원인이 다름 아닌 '이론적 사유', 특히 과학기술 때문이라고 비판한다. 하지만 그는 과학기술과 상품을 면밀하게 구분하지 않고 단순하게 뭉뚱그려 비판하고 있다. 문제는 상품으로만 귀결되는 기술과 자본주의적 생산양식에 종속된 과학이지, 과학적 사유 자체에 있는 것은 아니다. 과학기술은 분명히 인류에게 새로운 진보의 가능성을 제시한다.

종말에 맞서기 위해 하이데거는 오래된 우물로부터 자원을 길어 올려 결여를 채우고자 한다. 하이데거에겐 사라진 기원에 대한 확신과 잃어버린 전통에 대한 향수가 있었다. 인간은 무분별한 과학기술의 발전을 추구하는 대신, 옛 성현들의 말씀에 귀를 기울여야 한다고 믿었다. 하이데거는 소크라테스 이전의 그리스 철학에 특권을 부여하며 그리스로의 회귀를 준비한다. 그는 '테크놀로지'(상품 혹은 현대성) 대 '그리스적 기원'(전통)이라는 이분법적 구도를 설정한 뒤 복잡한 이론과 철학적 자원을 동원해 전통의 편에 서기로 결정한다.

이런 점에서 하이데거는 전통의 부활을 꿈꾸는 '철학적 복고주의자'이자, 기원으로의 회귀를 열망하는 '철학적 근본주의자'다. 그는 이렇게 주장한다. "우리는 존재의 빛이 찬란하게 비추던 그리스 철학의 '본래적 사유'로 돌아가야 한다. 독일어야말로 그리스어를 계승하는 철학의 언어다. 우수한 아리아인과 위대한 독일어만이 세계를 구원할 수 있다." 하이데거가 나치 독일에 동조했던 것은 그리 이상한 일이 아니다.

그러나 유토피아란 보편적 범주여야 하며, 인류 전체에게 새로운 세계를 제안하는 것이어야 한다. 우리는 하이데거의 유토피아가 과거 속의 오래된 왕국을 복원하려는 '정체성의 유토피아'에 해당하며, 그것의 실행 방식이 잔혹하고 도착적인 범죄 행위에 불과했다는 점에서 기각할 수 있다.

하이데거와 마찬가지로 니체 역시 세계가 점차 몰락하고 있으며, 유토피아적 가능성이 점차 고갈되어간다는 사실을 직감했다. 현재 만연한 종말과 죽음의 테제가 니체의 '신의 죽음' 선언에서 비롯했다고 여겨지는 말자. 그것은 니체에 관한 가장 폭력적인 오독 중 하나다. 포스트모더니즘류의 종말 담론은 어디까지나 하이데거의 유산이지 니체와는 무관하다. 니체는 과거로부터 급진적인 단절을 수행하기 위해, 가장 먼저 데카르트에서 비롯한 근대적인 인간 주체를 종결지어야 한다고 생각했다.

니체가 신의 죽음을 선언한 이유는 신에 의해 규정되고 조건 지어졌던 세계의 종말을 원했기 때문이다. 그는 신으로 대표되는 지나간 시대, 그리고 철 지난 그들의 유산을 끝장내고 싶어 했다. 그것은 근대적 가치 체계와 더불어 모든 종류의 초월성과의 완전한 결별을 표명하는 선언이었다. 신의 죽음이란 새로운 주체와 세계의 도래를 예비할 밑바탕을 마련하려는 니체의 사전 작업이다. 니체는 신을 살해함으로써 완고한 현실을 전복하고 새로운 유토피아를 모색하고자 했다.

하이데거가 보기에 종말은 미래에 도사리고 있으며, 현재는 종말이라는 운명적인 드라마를 향해 줄달음질 치고 있다. 거기에서 벗어날 기회는 오직 오래된 과거의 '기원'을 회복하는 일에 달려 있다. 반면 니체가 보기에 세계의 몰락은 미래에 있을지 모르는 미지의 위협으로부터 초래되는 것이 아니다. 종말이란 과거로부터 덫을 놓고 현재를 기다리고 있는 오래된 죽음이다. 인류가 지나간 전통으로부터 벗어나지 못하고 여전히 진근대적 세계의 끈을 놓

지 못한다면 종말을 피할 수 없다.*

니체는 '위버멘쉬Übermensch'라는 영웅적 주체—그것은 또한 '새로운 인류'에게 붙여질 이름이다—가 마련되기를 고대했다. 위버멘쉬를 초월성을 암시하는 단어인 '초인超人'으로 번역하는 건 적절하지 않다. 위버멘쉬는 과거를 '초월한 자'라기보다 과거로부터 '초연한 자'다. 위버멘쉬는 과거의 성상聖像들을 파괴한 자리에서 도래하며, 신을 불사르고 남은 잿더미로부터 탄생하는 자다. 그는 전통의 예속과 굴레로부터 단절된 자유로운 인간이며 미래를 향해 개방된 활력적인 인간이다.

니체는 새로운 시작과 탄생을 위해서는 무엇보다 종말이 선행되어야 했음을 잘 알고 있었다. 세계의 구원을 위해 관건이 되는 것은 과거의 억압으로부터 현재를 자유롭게 해방하는 일이다. 니체에게 종말이란 유토피아에 선행되어야 하는 선결 조건인 셈이다. 하지만 21세기에 니체적 종말은 모두 상실되고, 음울한 하이데거적 종말로 전치되었다. 다시 말해 니체적 종말이 내포했던 생성의 활력은 사라졌으며, 종말을 경유해 유토피아를 향하려는 기획은 받아들여지지 않는다. 신은 죽었다, 그래서 어쨌다고?

•   이와 관련해 우리는 사회학자 미셸 푸코(Michel Foucault)를 함께 떠올릴 수 있다. 푸코는 니체의 뒤를 따라 새로운 인간의 탄생을 위해서는 먼저 과거의 인간을 해체해야 한다고 주장하며 '인간의 죽음'을 선언한 바 있다.

내재하는 예외

들뢰즈는 유토피아의 내재성을 강조한다. 들뢰즈에게 "자발적, 혁명적, 내재적 유토피아"는 "무한한 운동과 불가분의 관계"에 놓여 있다. 자발적 혁명이자 무한한 운동으로서의 '내재적 유토피아'란 무엇인가? 들뢰즈에게 무한한 운동이란 헤겔의 '역사철학 도식'과 역사가 종결되었다는 '종말의 테제'에 반대하는 개념이다. 헤겔은 정립, 반정립, 종합이라는 세 가지의 논리적 운동과 이행을 절대정신의 자기 전개 과정이자 역사의 법칙으로 파악한다. 변증법적 과정을 따라 탄생한 종합의 상태는 필연적이고 합목적적인 최선의 결과다. 우리의 세계는 자본주의와 자유민주주의야말로 마침내 인류가 도달한 최종적인 종합에 해당한다고 이야기한다.

　반면 들뢰즈가 보기에 최종점이란 것은 존재할 수 없고, 존재해서도 안 되는 것이다. 모든 존재는 머무름에서 벗어나 무한한 운동 가운데에서 제 역능의 최대치를 가지며, 가장 탁월한 상태에 놓인다. 유토피아란 끊임없는 운동이자 생성의 과정을 의미한다. 그것은 특정한 내용을 지닌 목적지라든가, 최종적으로 도달해야 하는 결승점을 일컫는 말이 아니다. 그것은 추구하는 지향이자 방향이지 답이 미리 정해진 수학 문제나 원하는 결과를 도출해내야 하는 과학 실험이 아니다.

들뢰즈는 또한 "철학이 정치적이 되고 시대에 대한 비판의 최고 경지로까지 이르게 된 것은 언제나 유토피아와 더불어서"라고 지적한다. 유토피아는 주어진 현재, 지금-여기와 철학 간의 결합이다. 우리는 유토피아를 통해 "환경 속의 억눌린 힘들과 함께 연결"되고, "자본주의에 대항하는 투쟁"의 최대치에 이를 수 있다. 철학은 연루된 상황(자본주의) 안에서 혹독하게 정치화되어야 한다. 유토피아에서 관건은 철학을 상황 내에서 어떻게 순수하게 발현하느냐의 문제다. 이런 의미에서 우리는 유토피아를 가장 첨예하며 정치적인 철학이라 부를 수 있다.[7]

들뢰즈는 "혁명은 그 자체가 내재성의 유토피아"라고 말하고 있다. 혁명은 한 번의 극적인 사건으로 끝나는 것이 아니라, 부단히 반복되고 운동하며 변신하는 것이다. "내재성의 유토피아"로서 혁명은 앞선 혁명이 배반당할 때마다 매번 독특하고 새롭게 다시 시작되고, 끊임없이 갱신되며 다시 쓰인다. 우리는 유토피아를 철학의 현실화·현재화를 추구하는 투쟁과 혁명의 과정을 일컫는 이름이라고 정식화할 수 있다.

유토피아라는 용어를 창시한 영국의 법률가이자 사상가 토머스 모어Thomas More에 따르면 유토피아란 '어디에도 없는 곳'이다. 그러나 이것이 유토피아가 전혀 불가능하다거나 존재하지 않는다는 사실을 의미하는 것은 아니다. '없는 곳'이라는 의미는 유토피아라는 용어의 기본적인 속성을 나타낼 뿐이다. 우리는 현재에도 충분히 존재하는 대상을 꿈꾸거나 이미 이루어지고 실현된 세계를 또다시 간절하게 소망하지는 않는다. 우리가 강렬하게 욕망하는 대상은 언제나 현재에 '아직' 없는 대상이며, '미처' 이루어지지 않은 세계다.

우리는 현재에 부족하고 존재하지 않는 것들이 충족되고 달성된 미래를 꿈꾸며, 그런 세계에 도달하려고 노력한다. 유토피아는 다만 '현재에 없는 곳'이며 '현시되지 않은 곳'일 뿐이다. 상황 안에서 견해들은 입을 모아 유토피아란 불가능하다고 주장하지만, 유토피아는 불가능한 것이 아니라 현존하지 않는 세계를 지시할 뿐이다. 현시되지 않는다고 해서 존재하지 않는 것은 아니다. 셈해지지 않는다고 해서 무無인 것은 아니다. 우리가 유토피아를 사유하고 욕망할 때, 유토피아는 잠재성의 형태로 자리 잡는다.

유토피아란 사소한 변화나 사적인 욕심을 충족하려는 '개인적 상상'이 아니다. 남몰래 꿈꾸던 어떤 사적인 목표의 달성, 예컨대 체중 감량에 성공했다거나 내 집을 마련한 일을 두고 유토피아라 부르지는 않는다. 유토피아는 '사회적인 상상'이다. 유토피아는 실재하는 현실을 의심하고 억제된 가능성을 표현하며, 새로운 세계를 실현하려는 상상이다. 유토피아는 세계를 억압하고 재생산하는 종말의 이데올로기로부터 우리를 해방한다. 유토피아란 "아무 곳도 아닌 곳을 상상"함으로써 "가능성의 영역"을 열어놓는다.[8]

세계에 만연한 종말의 공포는 주체의 역능을 잠식하고 삶을 생존 투쟁의 장으로 만들려고 한다. 그러나 종말의 공포가 배가될수록 나는 유토피아의 가치를 옹호한다. 그것이 차마 말할 수 없으며, 불가능한 개념이 되어버렸을지라도, 설사 가당치 않고, 황당무계하고, 있을 법하지 않다고 여겨지더라도, 그럴수록 더욱 절실히 유토피아가 필요하다고 주장한다. 일상의 무게에 짓눌려 속절 없이 초라한 동물의 삶을 살아가는 대신, 사건을 따르고 유토피아를 추구할 때 인간으로서 고양되고 행복한 삶을 살 수 있다고 주장한다.

사건은 일상 안에 예외의 공간을 창출한다. 사건의 주체는 예외를 보편으로 확대한다. 예외적인 것은 보편적인 것과 충돌하지 않는다. 예외란 상황의 바깥에 존재하기에, 그것은 모두에게 공평하고 보편적으로 적용된다. 이런 의미에서 예외적인 것은 곧 보편적인 것이다. 또한 예외적인 것을 초월적인 것과 혼동해서는 안 된다. 사건은 엄밀하게 '내재하는 예외'다. 사건의 모든 조건은 상황 안에 내재하며 일상 중에 현존한다. 다만 사건이 가져오는 결과는 예외적이다. 이것이 정신분석자 자크 라캉Jacques Lacan이 외밀성 extimacy이라는 말로 설명하고자 했던 심오한 개념이다.

들뢰즈는 사건은 조건들로부터 발생하지만, 그렇다고 사건이 역사로부터 오거나 역사로부터 연역되는 것은 아니라고 말한다. 사건은 현재의 환경에서 비롯하고 결국은 역사로 다시 떨어지겠지만, 그렇다고 그것이 역사인 것은 아니다. 사건이란 역사에 저항하고 역사에서 벗어나려는 실험이며, 사건은 역사의 바깥에서 스스로 자립함으로써 내재적인 유토피아를 건설한다. 들뢰즈가 사건과 유토피아에 예외의 영역을 할당하는 것은 헤겔-하이데거의 도식에 정면으로 반대하기 위함이다. 헤겔-하이데거에게 모든 것은 역사 안에 존재하고 역사로부터 나올 뿐이며, 거기에 예외라는 관념은 들어 있지 않다. 하이데거가 존재의 빛을 찾아 역사를 뒤적거리고 반추하며 현재를 치유하고자 했던 것은 바로 이 때문이다.

사건은 하나의 종말이면서 동시에 하나의 가능성이다. 사건은 일상을 종결짓고 상황 전체를 재구조화할 수 있는, 가능성을 개방한다. 사건은 카오스에 잠겨 있어 보이지 않던 유토피아를 대지 위로 떠오르게 한다. 떠오른 유토피아는 아직 명백하게 가시적이거나 실현된 세계는 아니지만, 현실의 잠재태로서 미래 속에 자리 잡고 있다. 유토피아는 주체에게 익숙한 세계의 종말을 요청한다. 유토피아의 실현을 위해 잠재된 세계를 보편화, 현실화하는 행동으로 나설 것을 요청한다. 유토피아라는 긍정의 비전을 굳건히 간직하는 주체는 지금과는 다른 삶, 다른 인류, 다른 세계를 향해 꿋꿋이 걸어간다.

7.
자유

기입된 선택지 너머를 욕망하기

복고주의적 열망

앞서 우리는 재난 앞에서 사람들이 흔히 초월적인 대상에 대한 광신에 빠져든다거나, 괴상한 유언비어·가짜뉴스·음모론에 현혹되거나, 혹은 비합리적인 신비주의 등에 심취하게 된다는 사실을 살펴보았다. 이와 더불어 고난이 사람들에게 떠나보낸 날들을 상기시키고, 감상에 젖도록 만든다는 걸 덧붙여야 한다.

현재 세계는 지나간 '평온한 시절'에 대한 향수, 좋았던 옛날에 대한 복고주의적 열망에 사로잡혀 있다. 고단한 상황과 빼앗긴 일상에 대한 상실감 속에서, 우리는 미래를 사유하기보다는 당장 눈앞의 현실로부터 도피하고 싶어 한다. 과거를 떠올리고 추억에 잠기며 위안받고자 하는 것이다. 그러나 그리워하는 그 시절이 정말 평온했는지는 알 수 없다.

복고주의적 열망의 유행은 비단 코로나19 팬데믹 이후에만 두드러지는 현상이 아니며, 역사 속에서 끊임없이 반복되어왔다. 18세기 이후 본격적으로 산업 자본주의가 전성기를 맞이하게 되면서, 농촌은 초토화되고 일자리를 찾을 수 없는 공간이 되어버렸다. 사람들은 어떻게든 돈을 벌기 위해 정든 고향을 떠나 너 나 할 것 없이 도시로 몰려들었다.

노동자들은 낯선 도시에서 보잘것없는 저임금에 매일 16시간에 달하는 고강도의 노동을 하며 비참한 생활을 이어가야 했다. 그들은 일을 마친 후에 편히 쉴 수 있는 집도 없이, 약간의 돈을 내고 좁은 관 안에서 잠을 청하거나, 그 비용조차 지불할 여유가 없는 사람은 의자나 바닥에 앉은 채 꾸벅꾸벅 졸다가 다시 일하러 나섰다. 이런 현실 속에서 사람들은 부단히 옛날을 회상하는 일에 몰두했다. 그것만이 도시의 악몽 같은 현재로부터 도피할 유일한 방법이었기 때문이다.

되링만토이펠은 피로와 고단함에 지친 노동자들이 옛날을 떠올림으로써 현실에서 겪는 상실의 아픔을 치료받고 싶어 했다고 설명한다. 노동자들에게 옛날이란 이제는 변해버린 과거의 고향과 순수했던 전통문화 자체였다. 화려한 전통의상을 입던 그 시절엔 모두가 다 함께 행복했던 것만 같다. 잊혔던 옛날이야기와 전설, 민담이 다시 생명력을 얻어 유행하기 시작했다. 현실에서 아무런 희망을 가질 수 없었던 사람들은 옛날로 돌아가야만 행복을 되찾을 수 있다고 믿었다.[1]

어느샌가 훌쩍 지나가버린 옛날, 이제는 아련한 추억으로만 남은 그 시절엔 요새는 찾아보기 힘든 꿈과 낭만이 있었다. 회상 속 그 시절의 우리는 자유롭게 교류하고 왕래하며 서로 사랑을 속삭이고 이웃과 우정을 나누었던 것만 같다. 불안과 걱정으로만 가득한 현실, 아쉬움과 후회로만 점철된 불행한 인생을 사는 현재의 나와는 달리, 과거는 안정적이고 질서정연했으며, 어린 시절의 나는 지금보다 더 행복했던 것만 같다. 아, 다시는 돌아갈 수 없는 그리운 옛날이여! 그날처럼 다시 웃고 떠들며 행복으로 충만해질 수 있을까? 사람들은 어렴풋한 회한에 잠기며 짐짓 눈시울을 붉힌다.

이런 감정은 산업화가 진행되면서 노동자가 비참한 생활을 했던 시기에만 유행한 것이 아니다. 인간은 재난 앞에서 이해하기 힘든 비합리적인 판단과 결정을 내리곤 한다. 모든 사회적 자원이 전쟁과 무기 생산에 동원되던 세계대전 시기, 그리고 역병이 창궐해 수많은 사람이 죽어나간 암울한 시절이면 어김없이 복고를 향한 열망이 유행하기 마련이다.

오늘날 대중문화는 옛날의 부활을 꿈꾸는 복고주의로 빠져들고 있다. 팬데믹이 시작된 이래 2년간(2020~2021) MBC의 〈놀면 뭐하니?〉^(2019~현재)는 높은 시청률과 화제성을 기록하며, 브랜드 대상의 '올해의 주말 예능'으로 선정되었다. 초창기에 이 프로그램은 유재석을 중심으로 몇 주에서 몇 달 단위로 진행되는 소규모 에피소드들로 구성되었다. 거기서 유재석은 끊임없이 새로운 상황을 맞닥뜨리며 도전하고, 이 과정에서 다양한 '부캐'를 확장해나갔다. 그런데 팬데믹이 시작되면서 프로그램은 익숙한 과거를 뒤적거리는 복고주의에 온통 매몰되어 있다.

〈놀면 뭐하니?〉가 팬데믹을 틈타 불러온 복고 열풍의 목록은 다음과 같다. 먼저 2020년 여름 '싹쓰리' 프로젝트가 큰 성공을 거두었다. 유재석, 이효리, 비로 이루어진 프로젝트 그룹 '싹쓰리'는 이제는 사라진 1990년대 후반 유행했던 혼성 댄스그룹을 추억한다. 뒤를 이어 2021년에는 'MSG 워너비'가 그 자리를 차지했다. 8인의 남성으로 구성된 그룹 'MSG 워너비'는 2000년대 중반의 보컬 그룹을 추억한다. 2021년 말에는 2000년대 초중반 많은 인기를 끌었던 SNS '싸이월드'를 소환해, 그 시절 '미니 홈페이지'의 배경 음악으로 인기를 끌었던 노래들을 추억하는 일에 몰두한다.

동시에 〈놀면 뭐하니?〉는 해당 프로젝트 멤버의 전성기를 더듬으며 그들의 화려했던 젊은 시절을 전시한다. '싹쓰리'에서는 이효리와 비, '환불원정대'에서는 엄정화의 전성기를 보여주고, 'MSG 워너비'는 김정민을 예우하는 일에 집중한다. 여기서 제시되는 시절은 1990년대 후반부터 2000년대 중반까지 20여 년 정도의 기간이다. 이렇듯 〈놀면 뭐하니?〉는 복고를 테마로 옛날을 시기별로 샅샅이 훑으며 적당한 아이템을 물색한다. 그리고 '뉴트로'라는 이름으로 이 빛바랜 물건들의 겉 포장지를 바꾸고서, 구매력을 갖춘 30~50대의 추억과 향수를 자극할 새로운 상품으로 둔갑시켜 판매하는 일에 열중한다.

여기서 복고가 겨냥하는 시절은 잘 기억나지 않을 만큼 지나치게 멀지도, 그렇다고 구체적인 상황들이 떠오를 만큼 지나치게 가깝지도 않을 시점이다. 추억에 잠길 만큼 적당히 퇴색된 과거를 끄집어내 아름다웠던 지나간 시절로 포장하고, 그 시절 나의 '미숙하지만 순수했던' 행동과 감정들에 대한 애틋한 향수를 자아내게 만드는 것이야말로 복고주의 마케팅의 핵심이다. 새롭게 부활한 옛날을 보며 사람들은 추억에 빠진다.

〈놀면 뭐하니?〉는 추억 속의 옛날을 현실로 소환하며 이렇게 암시한다. 쿨과 룰라, SG 워너비와 같은 왕년의 스타들이야말로 더 가수다웠고 실력을 갖추었던 것만 같다. 현재의 아이돌은 온통 알아들을 수 없는 영어 가사와 빠른 랩들을 쏟아내지만, 과거의 가수들은 낭만적이고 따뜻한 서사로 가득한 노래를 불렀던 것만 같다. 삭막한 물질주의와 차가운 기계들로 가득한 지금과는 달리, 예전은 정과 감수성으로 풍부했고 사람과 사람 사이의 온기가 넘쳐났던 시절이었던 것만 같다. 스마트폰 없이 언제 울릴지 모르는 유선 전화를 기다리며 마음 졸이고, 간절한 마음을 손 편지로 옮기며 '진정한 소통'을 하던 지나간 그때로 돌아갈 수만 있다면….

물론 이런 분위기를 만든 가장 중요한 요소는 복고가 유행할 수 있을 만한 사회적 배경이다. 현실이 힘들고 암담할수록 우리는 옛것에 대한 아련함, 떠나간 이에 대한 그리움, 이루지 못한 꿈과 사랑에 대한 아쉬움, 지나가버린 젊음에 대한 안타까움, 그 시절에 대한 복고주의적 열망으로 빠져든다. 이를 통해 팍팍한 현재로부터 어떻게든 벗어나고자 하는 것이다.

바디우는 복고에 관해 이렇게 지적한다. "모든 복고는 사유를 두려워합니다. 모든 복고는 오로지 견해만을, 기조의 '부자 되세요!'라는 지상명령에 잘 농축된 특별히 지배적인 견해만을 좋아합니다."[2] 여기서 '사유'와 '견해' 간의 구분을 눈여겨보자. 견해란 현실 속에서 이미 통용되고 있는 이런저런 잡다한 지식들이다. 그것은 관습화되고 합의된 상식들이며 널리 퍼져 쉽게 접할 수 있는 의견들의 잡탕이다. 사유의 과업은 언제나 견해를 뛰어넘는 것이다. 세계 내부에서 유통되는 견해에 저항 없이 순응하고, 그것을 다시 삶 속에서 기계처럼 반복하는 일에는 사유가 필요 없다. 사유는 기존의 지배적인 견해들을 근본적으로 재검토하며 비판하고, 그것을 뛰어넘는 무언가를 발명하는 일이다. 사유는 세계의 내부에 자리 잡고 있지만 아직 명시적으로 드러나지 않은 잠재된 진리를 개방하는 열쇠다.

모든 복고는 사유를 두려워한다. 사유하지 않는 자들은 복고주의적 열망에 쉽게 유혹당한다. 그리고 통념들과 일반적인 의견들을 무비판적으로 수용한다. 그리하여 19세기 프랑스 정치가 프랑수아 기조François Guizot의 명령처럼 "부자 되세요!"를 삶의 목적으로 삼는다. 이 말은 얼핏 친절한 덕담이나 부드러운 조언 같아 보이지만 사실은 자본주의 체제의 완고한 명령이다. 부자가 되지 못한 자는 자본주의 세계에서 탈락한 자이며, 견해들이 보기에 보잘 것없는 능력을 지닌 무가치한 인간이다. 반면 부자란 현 세계의 법칙에 누구보다 잘 적응한 자이며, 그것들을 최대한 이용하고 권력의 도구로 삼는 자다. 따라서 부자란 '견해들의 영웅'이다.

사유하지 않는 자들은 이런 영웅을 숭배하고 부자가 되고 싶어 한다. 견해가 제시하는 '좋은 삶'을 누리는 부자는 사람들이 부러워하고 열망하는 존재이자 선망의 대상이다. 그러나 사유하는 자는 견해를 파괴하고자 한다. 그는 견해들의 영웅 대신 '진리의 주체'가 되기를 원한다. 진리의 주체는 고독한 투사가 될 수밖에 없다. 인구 대부분은 견해를 받아들이고 그것 안에서 살며, 도무지 밖으로 나갈 생각이 없기 때문이다.

견해가 제시하는 성공의 공식으로부터 탈락했지만, 여전히 견해에 반대할 마음이 없는 자들은 복고주의적 열망에 잠식된다. 나는 견해들이 칭송하는 영웅이 될 수는 없다. 그것은 극소수의 금수저, 선택받은 천재, 혹은 타고난 스타성을 지닌 미남 미녀들에게만 허락되기 때문이다. 나의 현재 상태로는 "부자 되세요!"란 도무지 실현될 수 없는 불가능한 꿈이다. 사람들은 좌절한다. 이런 어른이 되고 싶지는 않았는데…. 온갖 궁상맞은 고민들, 좌절과 열패감으로 가득한 지금보다 과거의 나는 더 행복했던 것만 같다. 그리고 지금보다 풍요로웠다고 여기는 시절을 떠올리며 위안을 얻는다. 부모님이 젊고 건강했던 어린 시절, 철없이 친구들과 공부하고 놀며 학교라는 작은 세계가 전부였던 그 시절, 친구들과의 우정과 설익은 짝사랑만이 최대 고민이었던 순수한 그 시절의 내가 그립구나….

"부자 되세요!"의 명령은 한국의 금융기업 광고에서 동일한 방식으로 반복된 바 있다. 2002년 BC카드는 광고를 통해 "여러분, 모두 부자 되세요! 꼭이요!"라는 기만적인 명령을 내렸다. 당시 한국 사회는 1997년 IMF 금융위기의 후유증에서 아직 벗어나지 못한 상태였다. 이 광고는 수많은 기업이 도산하고 노동자들이 직장을 잃고 길거리로 내몰렸던 시절, 사람들이 품었던 돈을 향한 간절한 열망과 집착을 포착했다. 희망을 잃고 멍하니 TV를 응시하던 사람들은 주야장천 반복되어 나오는 "부자 되세요!"의 광고를 보며 환상에 빠진다. "부자가 될 수 있다면 얼마나 좋을까? 내가 부자라면 실업자가 되더라도 집세나 생활비를 걱정하지 않았을 텐데." 생각만으로도 기분 좋고 행복한 일이다.

그런데 이 광고는 20년 만인 2021년 겨울에 부활해 그대로 반복되었다. 광고에 등장하는 인물만 바뀌었을 뿐, 나머지는 예전과 동일하다. 복장과 배경, 어조와 메시지 모든 것이 20년 전의 광고를 복사해놓은 듯하다. BC카드 측에서는 광고의 목적을 "IMF 때도 참 힘든 시기였고, 지금은 코로나19 극복을 위해 다 같이 힘을 내고 있는 시기인 만큼 국민들에게 힘이 되는 메시지를 전달하기 위해"라고 밝히고 있다.[3] 현재의 팬데믹 상황이 금융위기처럼 "참 힘든 시기"이기에, 힘을 주겠다는 것이다. 그러나 "부자가 되어라"는 건 위로와 격려가 아니라 마비와 도취의 명령이다.

"여러분, 모두 부자 되세요! 꼭이요!"에 담긴 진짜 메시지는 사실 이런 것이다. "여러분들 모두는 언젠가 반드시 부자가 될 수 있다. 그러니 좌절하지 말고 다시 희망을 품고 노력하라. 열심히 노동하고 소비하는 노예로 복귀하라. 견해에 저항하지 말고 혁명이라는 불가능한 꿈을 꾸지 말라. 현 세계를 떠받들고 유지하라. 돈을 숭배하라. 부자를 선망하라. 돈을 벌고 부자가 되기 위해 노력하는 것만이 네 삶의 유일한 목적이다." 이 광고는 또한 20년 전 과거를 그대로 반복함으로써 복고주의적인 향수를 자극하고 있다. "그 시절 우리는 모두 참 힘들었지만, 지나고 나서 회상해보면 다 추억이고 그리운 한때이지 않은가? 그때를 잘 지나왔듯이 이번에도 노력한다면 잘 극복할 수 있을 것이다."

바디우는 "복고란 혁명은 불가능한 것이요 추한 것이라고 선언" 한다고 지적한다.[4] 복고란 지배적인 견해들의 성공 담론으로부터 탈락하거나 상처받은 자들을 위로하고 달래는 달콤한 마약이다. 탈락한 자들은 견해들을 뛰어넘으려 하지 않는다. 그 대신 모멸감 속에서 자신의 내면 깊숙한 곳으로 재빠르게 도피한다. 복고주의 에는 현실을 개선하기 위한 계획도, 어떠한 투쟁의 의지도, 미래를 향한 아무런 비전도 없다. 복고주의가 그리는 세계란 존재한 적 없으며, 추억으로 미화된 거짓의 유토피아다. 복고주의는 돌아갈 수 없는 과거 안에 상상의 유토피아 왕국을 건설하고자 한다. 복 고주의에 빠진 사람들은 현실의 고단함 속에서 원인을 찾고 비판 하고 바꾸려 하기보다는 몽롱한 정신으로 옛날을 회상하며 회한 에 잠긴다. 날카로운 사유 대신 충만해진 감수성으로 이성을 마비 시킨다. 지배적인 견해가 주입하는 성공 공식을 달성하지 못했다 는 이유로 자기 환멸에 잠식된 자들에게 견해들을 뛰어넘는다는 것은 생각할 수 없는 일이다.

혁명은 삶을 즐기고 만족스러운 날들로 꾸미는 일에 관해 말하 지 않는다. 혁명은 지배적 견해가 제시하는 '좋은 삶'과는 다른 '참 된 삶'의 가능성에 관해 말한다. 혁명은 삶을 진정으로 가치 있는 것으로 만들고 세계를 바꾸는 행동에 관해 이야기한다. 혁명의 이 념은 견해들이 말하는 부러운 삶과는 정반대의 삶, 번거롭고 힘든 삶, 때로는 추하고 폭력적이라는 비난을 감내하는 삶을 살기를 명 한다. 혁명은 우리에게 복고라는 안락하지만 낡고 폐쇄된 동굴로 부터 벗어나 과거를 떨치고 일어날 것을, 이념의 인도하에 참된 삶을 향해 나아갈 것을 명한다.

양치기 소년의 역설

아감벤은 팬데믹 상황에서 "불길은 없고 숫자와 수치 그리고 거짓말만 있다"라고 말한다.[5] 아감벤을 비롯한 일부 좌파는 여전히 의심에 가득 찬 불신의 눈초리로 재난을 바라본다. 재난이란 통계로 조작된 '거짓말'에 불과하며 '불길' 따위는 처음부터 존재하지 않았다는 것이다. 그들은 바이러스라는 과학적 진실 자체를 신뢰하고 싶어 하지 않는다. 사실 이전부터 아감벤은 과학기술에 대한 불신과 혐오를 꾸준하게 표출해왔다. 그에게 근대화 과정이란 곧 병리적인 퇴보와 다르지 않은데, 이는 그가 하이데거의 후예이기 때문이다.[•]

아감벤은 "눈앞의 현재만을 향한다면 우리는 퇴보할 것"이지만, "과거를 바라보면 올바르게 전진할 수 있을 것"이라고 말한다. 니체가 현재의 해방을 위해 과거로부터의 단절을 선언했던 것과는

• 하이데거를 계승하고 있는 아감벤이 팬데믹과 관련해 레비나스를 낭만적인 방식—특히 '얼굴'과 관련해—으로 소비하는 것은 치명적인 오류일지도 모른다. 유대인인 레비나스가 평생에 걸쳐 맞서고자 한 대상은 바로 하이데거의 철학(특히 후기 하이데거)이다. 하이데거의 '존재의 철학'에서 벗어나기 위해 레비나스는 '존재자의 철학'을 개진했다.

반대로, 그는 하이데거의 뒤를 쫓아 현재를 구원할 답을 찾기 위해 과거에 매달린다. 아감벤이 재난 앞에서 과학을 불신하고 뜬금없이 "잊혀진 태고적 선사 시대의 언어"와 "그 힘을 지키고 기억하고 있는 철학과 시"를 찬양할 때,[6] 그것은 그리스 시대 이후 상실된 고향과 언어를 그리워하며 그리스 철학의 복원과 프리드리히 횔덜린Friedrich Hölderlin의 시를 비롯한 낭만주의 시—낭만주의는 문명과 현대화에 맞서 상실된 고향, 근원, 원시를 되찾고자 했다—에서 구원을 찾고자 했던 하이데거의 몸짓을 그대로 반복한 것에 지나지 않는다. 그들은 한결같이 불길 앞에서 '위대한 시'를 읊어대며 급작스럽게 낭만주의와 복고주의로 퇴각하고 만다.

아감벤이 보기에 인간이 과거로부터 들려오는 목소리에 귀를 기울이다가 번쩍 정신을 차리게 될까 봐 걱정하고 온갖 훼방을 놓는 건 바로 권력이다. 그는 "권력은 과거로부터 우리를 분리하는 것을 가장 먼저 고려"한다고 주장한다.[7] 하지만 그의 생각과는 반대로, 오늘날 권력이 가장 선호하는 상태란 바로 사람들이 과거에 얽매여 있고, 과거를 추억하고 떠올리며 아련한 향수에 젖어 있는 것이다. 재난 이후에 사람들의 시선을 분산시키고 진통제를 주사하기 위해 얼마나 많은 복고주의 프로그램이 우후죽순처럼 생겨나고 인기를 끌었는가 떠올려보자. 결론적으로 아감벤이 가장 경계하는 건 세계가 위기를 핑계로 '예외상태'를 확장하고 강화하려는 알량한 시도를 하려는 게 아니냐는 것이다.

한편으로는 그의 심정이 전혀 이해가 가지 않는 건 아니다. 우리가 살펴보았듯, 자본주의는 실제로 그동안 위기를 활용하거나,

심지어 조장하면서 마음껏 자본을 축적하고 자신의 통치를 공고히 해왔기 때문이다. 그런데 아감벤이 모르거나 간과하고 있는 사실은 재난이 '진실'이라는 점이다.

아감벤을 비롯한 일부 좌파는 양치기 소년 우화의 역설에 사로잡혀 있다. 양치기 소년은 마을 공동체의 귀중한 재산인 양 떼를 관리하고 위협으로부터 보호하는 중요한 일을 맡고 있다. 소년은 양들이 잘 자라도록 먹이를 주고 도망가지 않나 감시하면서, 마을 바깥의 늑대무리로부터 양들을 지켜내기 위해 고용되었다. 그런데 양치기 소년은 자꾸만 거짓말을 한다. 자신의 권한을 남용하며 들판에 늑대가 출현했다며 소리를 지른다.

마을 사람들은 놀라서 저마다 무기를 챙겨 양들이 있는 곳으로 뛰어온다. 그러나 늑대는 처음부터 나타난 적이 없었기에 아무런 일도 일어나지 않는다. 소년은 늑대가 왔다가 이미 도망갔다고 변명한다. 마을 사람들은 안도하며 다시 마을로 돌아가 생업에 종사한다. 그런데 거짓말에 재미를 붙인 소년이 얼마 지나지 않아 다시 늑대가 출현했다고 소리를 지른다. 사람들이 다시 놀라 뛰어왔지만, 늑대는 코빼기도 보이지 않는다.

현대판 양치기 소년 우화에서 소년의 권한은 더욱 막강하다. 소년은 스스로 늑대 전문가이자 보안 전문가라고 자처한다. 자신이 늑대의 습성과 특성을 잘 알고 있다며, 언제쯤 늑대무리가 습격할지 예측할 수 있다고 주장한다. 소년은 늑대무리로부터 양 떼를 지켜야 한다는 이유로, 마을의 공동 재산인 양을 팔아다가 커다란 감시탑을 세우고 각종 보안 장비를 설치했다. 양 떼와 마을 사람들의 안전을 위해 감시탑 안에 안락한 침대와 소파를 들여놓은 것은 피치 못할 사소한 투자일 뿐이다. 마을 사람들은 보안 전문가가 아니기에 소년의 말을 신뢰할 수밖에 없다.

그러나 소년은 여전히 심심하고 굶주려 있다. 그는 또다시 늑대가 나타났다고 소리친다. 이제 사람들은 슬슬 의심을 품기 시작한다. 그러나 보안을 이유로 다른 사람은 감시탑 안에 들어가는 것이 허용되지 않는다. 소년은 양을 지키겠다며 양을 더 팔아 과감하게 마을을 갈취하기 시작한다. 감시탑은 점점 높게 올라가고 값비싼 첨단 장비들이 설치된다. 누가 알겠는가? 그것이 실제로 늑대를 막기 위해서인지, 아니면 단순히 소년의 사치와 허영을 충족시키기 위함인지.

이런 일이 계속 반복되자, 마을 사람들은 점차 양치기 소년이 거짓말을 하고 있다고 확신하게 된다. 양치기 소년의 거짓말에 노심초사하며 불려 다니는 동안, 마을 살림은 거덜 나기 시작했다. 이제 사람들은 소년이 뭐라고 하든 믿지 않고 내 할 일이나 해야겠다고 결심한다. 그러나 마을의 평화와 안전을 위해 고용된 양치기 소년은 어느새 거대하고 폭압적인 권력이 되어버렸다. 그는 마을의 위기를 막아야 한다는 명목으로 마을 공동의 재산을 강탈하고 사람들을 강제로 공사에 동원한다.

사람들은 화가 나지만 감시탑 안에서 무장하고 있는 소년을 쫓아낼 수는 없다. 밤낮으로 시달리고 수탈당한 사람들은 이제 피로하고 지쳤다. 그런데 이윽고 어디선가 정말로 흉포한 늑대무리가 나타난다. 놀란 소년은 고래고래 소리를 지르고 사람들에게 늑대를 막아야 한다고 경고하지만, 이제는 더 이상 아무도 소년의 말을 믿지 않는다. 결국 양 떼는 모조리 물려 죽고 만다. 양을 모조리 먹어치운 늑대들은 다른 먹이를 찾아 마을로 내려올 것이다.

이야기의 결말은 다음과 같다. 소년은 위기가 찾아왔다는 거짓말을 일삼으며 돈을 빼돌리고 재미를 보다가 늑대의 습격을 막지 못했다. 굶주린 늑대무리에게 마을 사람들마저 전부 잡아먹혔다. 안전한 감시탑에서 소년은 홀로 살아남았다. 감시탑 밖에는 사나운 늑대무리로 가득하다. 그러나 소년을 위해 위험을 무릅쓰고 탑까지 식량을 가져다줄 사람은 아무도 남아 있지 않다. 결국 소년은 높은 탑 안에서 혼자 굶어 죽고 말았다.

양치기 소년 우화를 통해 우리는 현재 처한 상황을 명징하게 파악할 수 있다. 자본주의는 그동안 위기를 핑계로 이득을 취해왔다. 사람들은 위기라는 명목으로 직장을 잃고 재산을 빼앗기고, 길거리로 내몰리면서도 아무런 불평조차 하지 못했다. 좌파는 이에 분개한다. 늑대가 없었듯이, 위기란 애초에 존재한 적 없기 때문이다. 이들의 분석은 일정 부분 타당하다. 진짜 늑대가 출현하기 전까지는 말이다. 진짜 재난이 닥치기 전까지는 말이다.

아감벤은 마을에 사는 의심으로 가득한 강퍅하고 성질머리 나쁜 노인이다. "위기가 닥쳤다고? 내가 어리석게 네가 내뱉는 거짓말에 '또' 속을 줄 알아? 나는 믿지 않을 테고 아무것도 너에게 협조하지 않겠다. 마스크고 이동 제한이고 전부 너의 연기이자 사기극에 불과하다는 걸 나는 간파하고 있다. 위기를 핑계로 네 배 속만 채우려는 검은 속셈을 알고 있다. 늑대는 결코 오지 않는다, 위기란 없다."

한편 마을에 사는 젊고 버르장머리 없는 자유주의자 청년도 결정을 내렸다. "나는 위기 따위를 믿지 않는다. 내 눈으로 보지도 못한 늑대를 막자고 놀러 다니지도 못하고 매번 강제로 동원되느니, 그 시간에 나는 마음대로 즐기며 사는 걸 선택하겠다. 설사 마을에 위기가 닥친다 해도 그게 나와 무슨 상관이지? 각자 알아서 능력껏 살아남는 게 이 세상의 이치 아니던가?"

자, 이렇게 마을 주민들은 〈멸종 행진〉의 뱀파이어들과 동일한 판단을 내리고 만다. 즉, 위기를 애써 부정하며 하던 일을 계속할 뿐, 아무런 조치도 취하지 않다가 결국 종말에 이르고 마는 자본가들과 같은 입장에 선다. 어리석은 마을 주민들은 뱀파이어와 마찬가지로 2종 재난(사회적 재난)과 3종 재난(인류적 재난)을 구분하지 못한다.

이 지점에서 지젝은 극단적인 우파와 아감벤을 비롯한 일부 좌파를 동일시한다. 지젝에 따르면 '극우 진영'과 마찬가지로 '사이비 좌파'는 감염병의 현실을 직시하지 않는다. 그들은 '사회적 의미'를 명목으로 감염병의 현실을 무시하고 있을 뿐이다. 결과적으로 '사이비 좌파' 아감벤은 극우주의자들과 같은 노선을 선택하고 만다.[8] 양 진영은 모두 '사회적 의미'를 앞세워 감염병을 과장된 위협으로 취급한다. 먼저 극우 진영은 '자유'라는 가치, 특히 자유의 기표인 '얼굴'의 사회적 의미를 앞세우며 실재하는 바이러스의 위력을 무시하고 얕잡아본다. '사이비 좌파'는 위기 앞에서 '예외상태'라는 사회적 의미를 앞세운다. 위기라는 게 실재하지 않거나 실제보다 과장된 것임에도, 통치 권력이 이를 핑계로 시민을 통제하고 권리를 억압하려 한다고 주장한다.

지젝은 아감벤을 맹렬하게 비난하지만, 그의 일반화에는 과도한 측면이 있다. 지젝은 두 진영이 결론적으로 유사한 주장을 개진한다는 현상만을 강조한다. 왜 그런 결과가 벌어졌는지, 그리고 그들의 출발점과 추구하는 목표가 다르다는 사실은 말하지 않는다. 극우 진영은 현 상태의 세계를 통제하지 말고 자유롭게 놓아두기를 원한다. 감염병의 위협이 기업의 자유로운 경제 활동을 방해해 시장이 위축되는 것을 바라지 않는 것이다. 시장이 경색되면, 많은 실업자가 생길 것이고 많은 사람이 고통에 빠지게 될 테니 말이다. 그들이 원하는 자유란 궁극적으로 '시장의 자유'이며 '소비하는 자유'다.

극우 진영은 항상 현상에 관심이 많다. 그들이 보기엔 현상이 세계의 전부인 셈이며, 세계 내에 현상적인 다양성과 차이들을 보장하고 장려하는 것이야말로 윤리적인 일이다. 그들은 재난의 피해나 본질에는 큰 관심이 없다. 재난은 각자가 단독적인 책임하에 맞서야 할 사적인 고난일 뿐이다. 국가가 일률적으로 재난에 대처하겠다며 개인을 억압해서는 안 된다. 따라서 그들에게 재난으로 인해 보이지 않는 곳에서 죽어가는 타인의 존재보다 더 중요한 것은 마스크라는 '통제의 기표'다.

극우 진영은 재난이든 뭐든 간에 자유를 말살하는 끔찍한 기표가 나의 얼굴이나 타인의 얼굴을 덮고 있는 꼴이 보고 싶지 않다. 자유주의 우파가 차도르를 아랍 문화의 대표적인 여성 억압의 상징으로 지목하고 벗기려고 노력할 때, 그들은 여성이 차도르를 덮어쓰도록 만든 구조적인 본질을 보려 하지 않는다. 아랍 문화가 서구 문화에 맞서 자신의 전통을 수호하기 위해 애쓰는 이유가 글로벌 자본주의의 무분별한 침탈과 극심한 국제적 불평등 때문이라는 사실은 외면한다.

반면 '사이비 좌파'는 사태의 진단에 실패했다. 그들은 '감염병 현상'이라는 '핑계'를 이용해 정부가 무분별하게 통제를 강화하고 더욱 비대한 권력을 휘두르는 통치 체제가 된다면, 세계를 바꾸는 게 더 어려워질 거라고 걱정한다. 아감벤에 따르면 전염병은 '발명된 것'이며, 현실은 진실을 가리는 '장막'에 불과하다. 현실에 휘둘리고 현상에 급급하다가는 혁명의 동력을 상실하고 정작 중요한 본질을 놓치게 된다. 아감벤은 재난이란 그저 "숫자와 수치" 따위에 불과할 뿐이며, 미심쩍은 재난 대신 "근본적인 문제"를 파악해야 한다고 주장한다. '재난의 광기'로 인해 집이 불타버렸지만, 오히려 "불타버린 집에서만 건축 설계의 근본적인 문제를 파악"할 수 있다는 것이다.[9]

물론 집이 왜 불타게 되었는지 "건축 설계"를 들여다보고 "근본적인 문제를 파악"하는 일은 중요하다. 하지만 지금 당장 시급한 건 활활 타오르는 불길을 잡고 사람들을 구하는 일이 아닌가? 아감벤은 본질을 골똘히 생각하고 거기에 집중하다가 현실의 위급함을 잊어버렸다. 아감벤은 저 혼자 답답해서 미칠 지경이다. "예외상태라는 거짓말은 사람들의 몸과 마음을 움츠러들게 하고, 손에 쥔 것을 놓지 않게 만든다. 지금 가진 것도 뺏기게 될 상황인

데, 혁명이니 투쟁 따위가 다 무슨 소용이란 말인가? 위기일수록 사람들은 죽음을 두려워하며 생존과 안정을 추구할 뿐이며, 변화를 주장하는 목소리는 묻히게 된다. 하지만 본질은 그게 아닌데 말이야!" 아감벤은 위기의 현상을 애써 무시함으로써 다시금 '혁명의 자유'가 도래하기를 원하는 셈이다.

극우 진영은 쓸데없는 변수에 휘둘리지 말고 다시 이전처럼 익숙한 일상으로 돌아가 자유롭게 살자고 주장한다. 반면 '사이비 좌파'는 바이러스 따위에 '미혹'당하지 말고, 자본주의를 향한 투쟁과 전복이라는 목표에서 멀어지거나 흔들리지 말자고 주장한다. 여기서 좌파는 기존의 일상이 이미 비정상적이라는 것을 전제하고 있다.

우리는 극우 진영과 동맹을 맺을 수 없다. 그들은 애초에 자본주의적 일상에서 벗어나고 싶은 생각이 없다. 그들은 사회나 공동체의 가치 따위에 큰 관심이 없다. 하지만 '사이비 좌파'와의 관계는 좀 다르다.

물론 우리는 재난의 본질과 투쟁해야 한다. 나는 아감벤의 현실 인식과 대안에 전혀 찬성할 수 없지만, 그가 주장하는 '근본적인 원인'에 대한 진단에는 일부 공감할 수 있다. 근본적인 원인은 글로벌 자본주의의 끝없는 파괴와 팽창이다. 아감벤은 워낙 많은 '위기'라는 수사에 속아와서, 이번에도 그럴 거라고 착각하고 있다. 그들이 지금의 위기가 이전까지의 위기와는 다른 '실재'라는 사실을 깨닫고 생각이 교정된다면, 어쩌면 우리는 함께 전선을 형성할 수 있을지도 모른다. 이들은 사회적 가치와 공동체의 중요성을 알고 있다. 현실에 드러난 문제점의 본질이 무엇인지 알고 있다. 다만 본질에 집중하느라 현상의 위기를 과소평가하고 있다.

근본적 원인을 파악하고 그것을 교정하는 것과 동시에 우리는 눈앞에 닥친 위기에 적극적으로 대처해야 한다. 당장 바이러스로 인해 고통받고 죽어가는 수많은 사람이 있다. 아감벤은 "생물학적 생명은 추상적"이며, "우리가 지배하고 치료한다고 주장하는 생명"이 바로 "추상적인 것"이라고 주장한다.[10] 그러나 감염되어 죽어가고 있으며 백신과 치료를 필요로 하는 사람들은 가상이나, 음모나, 기표가 아니다. 그들은 추상적인 숫자가 아니라 숨 쉬고 살아가는 한 명의 인간이다. 일단 물에 빠진 사람은 건져내고 나서 본질을 찾아야 할 게 아닌가?

마을 어귀에 쳐놓은 담이 무너져 늑대무리가 마을로 들어왔다. 사람들이 늑대에게 쫓기고 물어뜯겨 죽어가고 있다. 가장 먼저 해야 할 일은 사람들을 구하는 것이다. 위기에 빠진 사람에게, "나는 네 위험의 근본 원인을 알고 있어. 네 고단한 처지의 본질은 알량한 늑대 따위가 아니라 마을의 담이 무너졌다는 사실에서 초래되지. 잠시 참고 기다리도록 해. 내가 그 담을 수리하고 올 테니"라고 말할 수는 없는 노릇 아닌가? 담을 고친다 해도 마을 사람이 모두 죽어버린다면 무슨 소용인가? 반대로 눈앞의 다친 사람의 생명을 구하더라도, 무너진 담을 수리하지 않는다면 어떻게 될까? 지금 당장은 늑대를 쫓아내 안전해 보일지라도 조만간 다시 늑대무리가, 혹은 늑대보다 더욱 위험한 무언가가 마을을 침범할지 모른다. 마을은 다시 위험에 빠질 것이고 재난은 반복된다.

위기의 현상이냐 본질이냐, 둘 중 무엇이 더 중요한지 따지고 하나만을 선택해야 한다는 오류에 빠지지 말자. 우리는 둘 다 선택해야 한다. 위기라는 현상을 최소화하기 위해 마스크 착용을 비롯한 방역 수칙을 성실히 지키고 정책에 협조하자. 그것은 최대한 많은 사람의 생명을 지키는 일에 동참하는 행동이다. 하지만 그게 전부라고 믿지는 말자. 마스크를 쓰고 백신을 접종하고 나서 할 일을 다했다고 여기지는 말자. 위기의 본질이 무엇이고, 재난이 어디서부터 초래됐는지 끊임없이 되새기면서 잊지 말아야 한다. 눈앞에 닥친 현상에 대처하면서 동시에 위기의 진정한 원인을 사유하고 근본적으로 해소하려는 노력과 행동을 게을리하지 말자.

스피노자와 자유

자유주의가 가정하는 핵심적인 전제는 다음과 같다. "(개인은) 근본적으로 자신의, 혹은 자기 능력의 소유자이며 사회에 아무것도 빚지지 않았다 (…) 인간의 본질은 타인의 의지로부터 자유롭다는 것인데, 자유는 소유의 작용이다."[11] 자유주의에서 인간은 누구의 소유물이 아니고, 어딘가에 속하지 않는 자유롭고 독립적인 존재다. 개인은 자신과 능력에 대한 소유권을 오롯이 스스로 갖고 있으며, 그것은 누구도 빼앗을 수 없는 인간의 본질이다. 나의 소유권은 전적으로 나에게 귀속되기에, 나는 사회에 갚아야 할 아무런 빚도 없다. 이는 정치철학자 토머스 홉스와 존 로크John Locke 가 주장한 '자연 상태', 즉 시장과 사회가 형성되기 이전의 상태를 가정한 데서 비롯했다. 이에 따르면 자신에 대한 소유권은 시장 관계나 사회의 발생보다 선행하는 것이다. 따라서 나는 노동력을 판매하고 임금을 받는 시장 관계를 형성할 수 있다. 또한 권리의 일부를 양도하고 국가의 보호를 받는 사회적 관계를 형성할 수 있다.

그렇다면 시장 관계나 사회가 형성되기 이전 '자연 상태'의 모습은 어떠했을까? 자유주의가 상상하는 시원적 장면에서 인간은 고삐 풀린 망아지처럼 제멋대로 날뛰는 미치광이이자 전투광과 다르지 않다. 개인은 자유롭게 자신의 욕구를 해소하기 위해 아무렇지 않게 타인을 해치고 전투를 벌인다. 타인을 다치게 하고 타인의 소유물이나 영토를 침해하며, 심지어 살인을 저지른다. "인간은 인간에게 늑대"라는 문장은 자유주의자가 가정하는 시원적 장면을 함축하고 있다. 인간들은 닫힌 세계에서 한정된 식량과 자원의 소유권을 두고 싸우는 경쟁자이며 적대자이다. '자연 상태'에서 끝없는 다툼과 분쟁에 지치고 피폐해진 개인은 공동체를 이룬다. 공동체에 소속된 개인은 자신의 안전과 안녕을 보장받기 위해 자유의 일부를 양도하기에 이른다. 자유를 헌납한 개인들이 모여드는 규모가 커지고 확장되면서 국가가 형성된다. 이는 사회계약론자들이 주장하는 국가의 형성 과정을 보여준다.

자유주의자에게 자유란 홀로 있을 때 최대한의 범위와 크기를 갖는다. 인간들이 모여들수록 나의 자유는 줄어들고 제한당하기 마련이다. 혼자 있을 때 나는 마음대로 눈에 보이는 어떠한 물건이든 소유할 수 있다. 아무 데서나 소리를 지르고, 아무렇게나 쓰레기를 버리거나 주위의 모든 걸 파괴하고 부술 수 있다. 하지만 사회에서 이런 식으로 모든 사람에게 자유를 절대적으로 보장한다면, 사회는 결국 항구적인 전쟁상태에 이르게 될 것이다. 그렇기에 사회 내에서 자유는 제한받게 된다. 개인의 자유를 최대치로 인정하는 것이 타인의 자유를 침해하기 때문이다.

사회에 속한 모든 개인은 자신이 누릴 수 있는 자유 중 일부를 제한받아야 한다. 그러나 개인은 여전히 양도한 자유를 제외한 나머지 범위 내에서는 최대한의 자유를 누릴 권리를 지니고 있다. 사회는 개인이 스스로 양도한 권리 이상의 것을 과도하게 요구하거나 침해해서는 안 된다. 자유주의 구도에서 마스크 착용이나 방역 패스 정책 따위는 내가 양도한 적 없는 자유에 대한 침해다. 자유란 사회보다 선행하는 생득적이며 선험적인 권리다. 따라서 사회는 나에게 그런 걸 요구할 권리가 없다. 자유주의적 개인은 자신의 소유권에 근거해서 마스크를 쓰지 않은 맨얼굴을 드러낼 것이다.

그러나 '무법적 자연 상태'라는 관념은 사회계약론자들이 시장 관계로 접어든 이후에 과거를 생각하며 구성해낸 상상의 산물이다. 정말로 인간의 본성이 야만적이고 폭력적이며, 원시사회가 무법천지의 항구적인 전쟁상태였을지 여부는 증명될 수 없는 불분명한 가설이다. 오히려 영장류학자 프란스 드 발Frans de Waal은 침팬지와 보노보에 관한 연구를 토대로, 인간은 본성적으로 이타적인 존재이며, 자연 상태에서 인간들은 사회적 연대와 도덕 규칙에 기반을 둔 원시사회를 구성했을 거라고 주장한다.[12] 게다가 자유주의자가 가정하는 '자유로운 자아'의 선험성이란 시장 관계에 의한 사후적인 '생산물'이지 시장 관계보다 선행하는 주체가 아니다. 그것은 시장 관계가 형성된 이후에 이를 정당화하기 위해 꾸며낸 사후적인 가정에 불과하다.[13]

라캉의 유명한 정식 "인간은 타자의 욕망을 욕망한다"를 굳이 떠올리지 않더라도, 우리는 타자의 욕망과 선험적으로 구분되는 나만의 고유한 욕망을 상상하기란 불가능하다는 사실을 쉽게 알 수 있다. 내가 무언가를 욕망한다고 여길 때, 그것이 온전한 나의 것인지 아니면 타인의 것인지 확인할 길은 없다. 애초에 타인이나 세계로부터 무관한 자유라는 것은 존재할 수 없으며, 외부의 의견이나 의지에 영향받지 않은 '나 자신에게서만 비롯되는 자유'를 선별적으로 구분해낼 방법은 존재하지 않는다.

그렇다면 '자유로운 자아'란 처음부터 불가능하며 '타인과 사회에 빚지지 않은 개인'이란 존재하지 않는다. 네그리는 사회계약론은 "시민사회의 권력이 국가로 양도되는 것을 합법화시키는 기능"을 수행하고 있을 뿐이며, "국가라는 법적인 개념의 토대를 마련한 명백히 사회학적인 허구"에 지나지 않는다고 지적한다.[14] 소유권을 지닌 개인이 자신의 자유를 자발적으로 국가에 양도했다는 도식은 국가의 부당한 침해와 통치를 합법화하기 위해 만들어낸 거짓말인 셈이다. 개인이 사회에 빚진 것이 없으며, 홀로 있을 때 최대의 자유를 누린다는 자유주의의 전제는 그 출발부터 오류를 갖고 있다.

물론 신자유주의가 전면화하면서, 국가의 과도한 침해를 거부하는 자들의 논리에도 어느 정도 일리가 생겼다. 신자유주의는 "개인은 사회에 빚진 게 없다"라는 자유주의의 상상적 전제를 현실로 만들었다. 즉, 자유주의의 오래된 강령대로 개인에게 아무것도 제공하거나 보장하지 않는 사회를 만들었다. 신자유주의는 문명화 이전의 야생 상태, 즉 생존하기 위한 치열한 다툼의 상태야말로 자유이며, 그것이 인간의 본래 모습에 알맞다고 주장한다. 적자생존과 승자독식의 규율은 인간의 타고난 본성에 알맞으며, 결국 사회를 가장 효율적으로 발전시킬 방법이라는 것이다. 신자유주의 사회에서 자유란 사회에게는 '아무것도 책임지지 않을 자유'이며, 개인은 '모든 것을 홀로 책임질 자유'다. 이렇게 신자유주의는 개인을 사회로부터 분리해 고립시키는 데 성공했다.

신자유주의 사회는 실제로 개인의 자유를 억압할 권리가 없다. 신자유주의 사회의 개인은 이렇게 생각한다. "사회가 지금껏 나에게 해준 거라곤 아무것도 없다. 내가 이룬 모든 건 온전히 나의 힘과 노력으로 일궈낸 결과물이다. 그런데 이제 와서 사회가 곤란해지니까 과도한 요구를 한다고? 게다가 지키지 않으면 강제력을 동원한다고? 정말 터무니없으며 염치없는 짓이다. 나는 사회의 부당한 침해를 좌시하지 않을 것이다." 이렇게 신자유주의적 개인은 단단히 화가 났다. 소중한 자유를 지켜야 한다며 시위를 벌이고 마스크를 불태운다. 물론 여기에서 레비나스의 철학을 가져온다면 개인의 탄생에 선행하는 이른바 '존재론적 빚짐'의 구도를 제시할 수도 있을 것이다. 주디스 버틀러를 비롯한 레비나스의 후예들은 실제로 이런 구도를 현실에서 적용하려고 애를 쓰고 있다. 그러나 이것만으로는 자신의 '경험적 층위'에서 빚진 게 없다며 막무가내로 구는 개인들을 설득할 수 없다.

다뤄본 적 없는 위기와 저항에 마주한 신자유주의는 진퇴양난의 곤경에 빠져 있다. 재난을 막기 위해 개인의 자유를 침해하자니, '빚진 게 없다고 주장하는 개인들'은 좀처럼 말을 듣질 않는다. 그렇다고 손 놓고 바라보자니, 피해가 눈덩이처럼 불어나 시장에 악영향을 미친다. 하지만 관점을 바꾼다면 해결책은 의외로 간단하다. 사회가 이전처럼 복지를 최소화하고 사회적 비용 지출을 꺼린다면 사람들을 달랠 수 없다. 그들을 설득하기 위해서는 사회가 지금보다 더욱 과감하게 많은 것을 책임지고 보장해야만 한다. 방역 수칙 준수를 요구하기 위해서는 그동안 도입된 신자유주의적 조치들이 전면적으로 철폐되어야 한다. 책임을 개인에게만 돌릴 것이 아니라 공동체와 사회가 적극적으로 나서서 책임을 져야 한다. 국가가 전폭적인 지원을 제공함으로써 삶을 책임지고 개인과 공동체와의 연결을 다시 회복해야 한다. 개인과 공동체가 공동 운명체이며 이익을 공유한다는 사실을 깨달을 때, 개인은 기꺼이 사회를 위한 제한에 동참할 것이다.

여기서 철학자 스피노자의 사유를 빌려 자유에 관한 논의를 더 멀리까지 끌고 가보자. 스피노자는 자유주의자들과는 전혀 다른 방식으로 국가와 자유를 정의한다. 스피노자는 이렇게 말한다. "국가 밖에는 자유가 없다. 자유는 언제나 구성되는 것이다. 고독한, 개인적인 자유란 존재하지 않는다." 스피노자에게 자유란 항상 "유대를 전제로 하는 자유"다.[15] 여기서 스피노자가 말하는 '국가'란 근대적이고 제도화된 '국민국가'라든가 계약론자들이 일컫는 '시장국가'를 의미하지 않는다는 걸 염두에 두자. 스피노자는 오히려 인간은 이런 것들로부터 해방되는 만큼 자유로울 수 있다고 보았다. 스피노자가 추구하는 이상적인 '국가'란 자유로운 개인들이 자발적으로 구성하는 '역능의 공동체'이며, '절대적 민주주의'를 일컫는 이름이다. 여기서 핵심은 국가 내에서 나의 자유와 타인의 자유가 서로 충돌하는 게 아니라 상호 보완되며 하나로 구성된다는 점이다.

스피노자에게 자유란 타인이 아니라 세계와 관련된다. 자유란 세계 내에서 발현할 수 있는 역능의 크기와 범위다. 역능은 세계를 구성하고 건설하며 변화시키는 힘이자 능력이다. 자유란 자유로운 개인들이 모여들수록 더욱 커지며, 그렇게 모인 공동체는 세계를 변화시킬 더 큰 역능을 공유하고 발현할 수 있다. 인간이 홀로 있을 때 세계와 관련해 할 수 있는 일은 많지 않다. 홀로 있는 인간은 지극히 적은 자유를 향유할 수 있을 뿐이다. 사회로부터 동떨어져 아무도 없는 무인도에 홀로 있는 개인을 상상해보자. 그는 무인도에서 갖은 고생 끝에 작은 움막을 짓고 텃밭을 일굴 수 있을 것이다. 손재주가 좋다면 나무를 엮어 뗏목을 만들고 작살을 사용해 물고기를 잡으며 꽤 오랫동안 살아남을 수도 있을 것이다.

그가 가진 능력으로 건설할 수 있는 세계란 그 정도의 범위로 한정된다.

하지만 혼자 있는 인간보다 공동체를 형성하고 사회를 이룬 인간은 세계 안에서 더 커다란 역능을 발현할 수 있다. 별다른 장비가 없던 시절에도 인간들은 모여서 피라미드나 만리장성과 같은 거대한 건축물을 짓고, 집단으로 농장을 일구거나 가축을 길러 문명사회를 이룩했다. 도구를 만들고 과학기술을 발전시켜, 거대한 도시를 건설하고 우주에까지 도달하게 되었다. 스피노자의 구도에서 이런 방식으로 개인은 모여들어 집단을 구성하고 자유를 확장하면서 세계를 건설해나간다. 인간은 홀로 있을 때가 아니라 공동체에 속해 있고 적절한 배치 안에 자리할 때, 최대한의 자유를 공유하고 행사할 수 있다.

만일 공동체를 떠난다면 개인이 홀로 누릴 수 있는 자유의 크기와 범위는 현격히 줄어들 수밖에 없다. 뜻밖의 사고로 공동체가 해체된다거나 갑작스러운 재난이 닥쳐 커다란 피해를 입게 된다면, 거기에 소속되어 있는 개인의 자유 역시 감소할 수밖에 없다 (《산부인과로 가는 길》의 임산부 화영을 떠올려보자. 사회가 와해되면서 화영은 출산할 수 없는 처지에 놓인다. 하지만 다른 사람들과 힘을 합치자 아이를 낳을 수 있게 된다). 반대로 공동체가 지닌 힘과 역능이 커진다면 개인이 향유할 수 있는 자유의 크기 또한 함께 증대된다. 사회와 공동체의 안녕을 배려하는 것은 개인의 자유를 침해하는 게 아니라, 전체의 역능을 함양함으로써 자유를 더욱 확장하는 방법이다.

물론 공동체의 능력이 커진다고 해서, 그게 반드시 세계를 좋은 곳으로 만들고 개인의 자유를 증대하는 결과로 돌아오는 것은 아니다. 공동체의 능력은 양면성을 가지고 있다. 변화를 가져올 범위와 능력이 커졌을 뿐, 능력 안에 변화의 목적과 방향이 새겨져 있는 것은 아니다. 세계를 변화시킬 수 있는 역능이 커진다는 것은 동시에 세계를 효율적으로 착취하고 파괴할 권력이 커졌다는 사실을 의미하기도 한다. 또한 개인을 억압하고 한없이 나약한 존재로 억누를 예속의 힘이 커졌다는 의미이기도 하다. 사회가 이런 방향으로 능력을 사용할 때, 우리는 칸트가 말한 '반자연적 종말'로 나아가게 된다.

여기서 하이데거의 후예들은 과학이 가져다주는 자유를 '존재의 망각'으로 단정 짓고 능력을 억압하는 방향으로 선회한다. 과학기술 자체를 폐기하고 전통으로 회귀해야 한다고 주장한다. 그러나 과학기술은 분명 인간에게 자유를 가져다줄 수 있는 사유의 양식이자 역능이다. 다만 글로벌 자본주의에 사로잡힌 인간이 이를 제대로 활용하지 못하고, 세계를 파괴하는 힘으로 사용하고 있을 뿐이다. 수단이 잘못 사용되었다고 해서 반드시 폐기해야만 하는 것은 아니다. 파괴의 힘은 사용하기에 따라 얼마든지 생성의 역능으로 바뀔 수 있다.

스피노자를 따라 자유를 정의하게 되면, 우리는 개인의 자유와 공동체의 자유가 상충하는 것이 아니라 일치한다는 사실을 알 수 있다. 자유란 마스크 착용과 방역 수칙을 거부하며, 다른 사람이 감염되든 말든 내가 내키는 대로 행동하겠다는 무례하고 초라한 권리가 아니다. 자유란 무언가를 할 수 있는 나의 능력, 무언가를 이룰 수 있는 세계의 잠재성과 관련된다. 자유란 타인과 더불어 삶을 변화시키고 사회를 염려하며 세계를 구성할 수 있는 역능의 공유다. 개인이 타인과 사회의 안전을 위해 필요한 제한을 받아들일 때, 공동체의 자유가 지켜질 수 있다. 그것은 공동체뿐만 아니라 개인이 누릴 수 있는 자유의 크기와 범위를 확장하는 일이기도 하다.

자유로운 세계

오늘날 우리의 가능성을 앗아가는 적은 바로 '자유'라는 거짓말이다. 자유란 아마도 가장 오염되고 오용된 개념 중 하나일 것이다. 자유주의는 세계를 구성하고 조건 짓는 주요한 이데올로기로 자리 잡았다. 세계는 '자유'민주주의를 바람직하고 이상적인 사회 체제라고 선전한다. 동성애에 반대할 권리, 특정 인종이나 국가를 비난할 권리를 달라며 부르짖는 사람들은 하나같이 '자유'를 연호한다. 누군가를 혐오할 권리 또한 '자유'라고 말한다. 팬데믹을 맞아 사람들은 마스크를 쓰지 않을 '자유'와 백신 접종을 거부할 '자유'를 보장하라며 아우성친다.

자유로운 세계에서 우리는 모두가 각자의 정의, 윤리, 공정을 외치는 윤리 과잉 현상을 목격한다. 어떻게 살든 본인의 자유이며 선택이기에 서로 다른 윤리관은 우열을 가릴 수 없으며, 모두가 존중받아야 할 가치관이라 여겨진다. 그러나 사실 우리는 이 중에 아무것도 찾아볼 수 없는 '윤리 부재의 시대'를 살고 있다. 모든 게 일리가 있고 의미가 있다는 말은 사실상 무엇이 옳은 것이며 무엇이 윤리적인 것인지 도무지 분별할 수가 없다는 의미다. 각자가 모두 고유한 가치를 지녀 서로 비교할 수 없으며 차이와 다양성을 절대적으로 존중해야 한다는 주장이 절대적 가치가 되어버렸기 때문이다.

전 세계의 인구만큼 많은 'n개의 윤리'가 있다는 말은 도리어 윤리가 없다는 사실을 드러낼 뿐이다. 이것은 자유주의가 세계를 휩쓸게 되면서 일어난 자연스러운 현상이다. 여기에서는 언제나 시시한 타협과 중재를 통한 소소한 변화만이 가능할 뿐, 어떠한 근본적 변화도 불가하다. 모두의 주장이 옳고 모두의 입장이 첨예하게 다른데, 어떻게 특정한 주장을 관철시키고 실현할 수 있단 말인가? 자유로운 세계에서 윤리란 협의의 윤리, 의사소통의 윤리, 대화의 윤리, 상호인정의 윤리로 축소되었다. 사람들은 거대한 변혁에 앞장서고 사건을 마련하는 대신, 상황에 안주하며 세계를 그저 내버려 둔다.

중요한 것은 먼저 오늘날 통용되는 능력주의, 성과주의, '기회의 평등' 따위가 윤리와 아무런 상관이 없다는 사실을 깨닫는 것이다. 이들은 모두 신자유주의의 '경쟁 지상주의'와 '승자독식' 이데올로기를 구성하는 하위항목들일 뿐이다. '기회의 평등' 논리 뒤에는 평등한 경쟁의 결과로 할당되는 위치를 감내하고, 엄청난 격차의 불평등을 받아들여야 한다는 전제가 숨어 있다. 또한 오늘날 윤리는 '생존의 윤리'로 축소되었다. 세계가 언제든 파괴될 수 있고 재난이 닥칠 수 있다는 생각과 더불어, 최고의 윤리는 재난으로부터 우리를 지켜주는 것이 되었다. 그러나 윤리는 새로운 세계를 제안하고 그것을 위해 힘쓰는 일이어야 한다. 그것이 '사건의 윤리'의 근본적 조건이다.

자유주의가 제시하는 자유란 실제로 예속의 한 양태라고 말할 수 있다. 자유로운 세계는 겉으로 모든 것이 용인되며 가능하다고 선전한다. 거기서 개인은 자유롭게 행동하고 열망하며 대상을 취사선택할 수 있다고 여겨진다. 하지만 자유로운 세계는 이념을 주장하는 걸 용납하지 않으며, 특히 거기에서 비롯하는 연대와 투쟁을 혐오한다. 자유주의를 제외한 모든 이념은 자유에 반한다. 누군가 이념을 찬성하는 만큼, 누군가는 그 이념을 반대할 자유가 있지 않은가? 자유로운 세계가 보기에 모두가 특정한 이념을 말하며 연대한다는 것은 끔찍한 일이다. 그것은 자유가 말살된 디스토피아의 모습과 다르지 않다. 특히 소외된 자들 간의 연대라든가 노동운동 따위는 촌스러운 20세기의 유물이나 흉물스러운 '공산주의'의 잔재라 여겨진다.

자유주의가 투쟁보다 더 혐오하는 것은 강요와 통제다. 자유주의 세계는 타인의 자유를 침해하지 않는 범위 내에서 개인의 모든 자유를 관용한다고 말한다. "네가 무슨 생각을 품고 어떤 생활양식으로 살아가든 그것은 너의 자유다. 다만 너의 생각이나 관점을 절대 나에게 '강요하지 말라.'" 이런 세계에서 혁명이란 불가능하다. "너의 혁명은 그저 너의 것일 따름이다. 나는 너와 생각이 다르고, 나에게 그것을 강요할 수 없다." 모든 이념적 투쟁과 혁명의 역능은, 그것은 다양한 견해 가운데 하나일 뿐이며 견해들 사이에는 우열이 없다는 자유주의 이데올로기 안에서 '무해한 상품'으로 분쇄된다.

혁명이 추구하는 변화는 사적 세계를 넘어 타인에게도 영향을 미친다. 혁명은 사회적 세계를 넘어 인류의 세계에 근본적인 변화를 요청한다. 그것은 자유주의자가 보기에 부당한 폭력과 다름없다. "내가 나의 관점을 너에게 강요하지 않았는데, 너는 무슨 권리로 나에게 너의 관점을 강요하지?" 이렇게 자유로운 세계에서 혁명이란 옛날이야기에서나 존재 가능한 고전적이고 낭만적인 주제가 되어버렸다. 세련된 관용의 세계에서 혁명이란 촌스럽고 무례한 단어다. 그것은 앞으로 누군가의 자유를 심대하게 침해하겠다는 선전포고와 다름없기 때문이다. 자유로운 세계라면 마땅히 '혁명하지 않을 자유' '혁명을 거부할 자유' '혁명이 필요하다는 의견에 반대할 자유'를 보장해야 할 것이 아닌가?

자유로운 세계에서 우리는 새로운 세계를 향한 사유, 변화를 위한 욕망, 행동의 능력을 전적으로 상실했다. 남은 것은 세계를 떠받들고 체제를 유지하는 데 봉사하는 치안 보조자라는 안전한 영웅의 형상뿐이다. 소방관 영웅의 이미지는 자유주의 이데올로기에 전적으로 부합하며, 자유로운 모든 개인의 심기를 거스르지 않는다. 소방관은 누구의 이득을 침해하지 않고 무언가를 강요하지도 않으며, 결과적으로 상황을 바꾸지도 않는다. 그들이 활약하고 영웅으로 호명되는 세계란 반복되는 위기로 가득하지만 아무런 제도적 개선이 시도되지 않음을 의미할 뿐이다.

자유로운 세계는 우리에게 보고 싶은 것, 먹고 싶은 것, 듣고 싶은 것, 소유하고 싶은 모든 것은 이미 세계 안에 존재한다고 유혹한다. 따라서 우리가 해야 할 전부는 욕심을 품고, 노력해 돈을 벌고, 값을 지불해 대상을 쟁취하는 것이다. 광고를 따라 행동해 상품을 획득할 때, 우리는 삶에 그럭저럭 만족한다. 세계가 제시하는 좋은 삶이란 이런 것이다. 열심히 노력해 좋은 대학에 진학하고, 많은 보수를 받는 직업을 갖고, 좋은 조건의 배우자를 만나 결혼하고, 공부 잘하는 자녀를 두고, 호화롭고 사치스러운 물건을 구매하고, 해외를 돌아다니며 마음껏 소비하는 관광객으로서의 향락을 누릴 때 우리는 자기 삶에 흡족해한다. 우리는 그것을 남들이 부러워할 만한 괜찮은 삶이라 여긴다.

이런 삶에서 자유란 세계가 제시하는 보기 중 하나를 선택하는 자유다. 가능한 것을 추구하고 소비할 자유다. 이미 실현된 것을 또다시 그대로 재현할 자유다. 하지만 자유로운 세계에서는 불가능한 것을 욕망해서는 안 된다. 불가능한 것을 추구하는 행동은 범죄다. 자유로운 세계는 미리 가능한 것들의 목록을 범주화하고 누구나 탐낼 만한 반짝거리는 진열장 안에 분류해 놓았다. 국가마다, 사회마다, 세대마다, 성별마다, 개인마다 전시된 다양한 상품들을 자유롭게 구경하고 소비할 수 있다. 개인은 자유롭게 둘러보고 선택하며 가능성들을 유희한다. 자유주의가 제안하는 자유의 범위는 거기까지다. 자유란 미리 안배된 선택지 중에서 골라야 하는 사지선다 문제에 불과하다. 가능성을 선택하는 자유는 진정한 자유를 은폐한다.

자유로운 세계에서 금기란 공산주의, 유토피아, 혁명과 같은 것들이다. 이들이 공통적으로 지시하는 건 사건의 범주이며 상황의 급변이다. 자유로운 세계는 모든 것이 가능하다고 말하지만, 사실 상황의 변화를 금지한다. 자유로운 세계에서 허용되는 갈등과 다툼이란 이런 것들이다. "탕수육 부먹 대 찍먹" "민트초코 선호 대 비선호". 이런 식의 생활 양식과 문화를 둘러싼 시시한 차이를 가지고 사람들은 다투고 논쟁을 벌인다. 사소한 논쟁을 벌이고 서로 공격하며 자유를 만끽한다. 사람들은 또한 누군가에게 원색적인 악성 댓글을 달고 혐오를 표출하면서 자신이 자유를 누리고 있다고 착각한다. 어떤 경우에도 '표현의 자유'를 개진하는 일에 제한이 있어서는 안 되며, 자유로운 의사소통은 무엇보다 중요하다고 생각한다.

상황 안에서 허용되는 자유의 범위 내에서 벌어지는 다툼이란 자본주의 생산의 찌꺼기를 두고 벌어지는 이해관계들 사이의 꼴사나운 갈등일 뿐이며, 궁극적으로 우리에게 어떠한 변화도 가져다주지 못한다. 그것은 매번 지긋지긋하고 뻔한 약간의 수정, 그리고 흔해 빠진 것의 따분한 재현이라는 굴종적인 타협만을 반복해서 끌어낼 뿐이다. 그러나 자유는 재현의 자유가 아니며, 또한 죽음 충동과 관련되는 부정적이고 파괴적인 힘이 아니다. 자유란 생명과 관련되는 긍정성이며, 새로운 삶의 방식을 발명하는 생성의 역능 자체다. '자유주의적 자유'에서 벗어나 '역능의 자유'를 발현하기 위해서 우리는 상황의 억압으로부터 탈주해 사전에 안배된 자유의 바깥을 향해야 한다.

8.
미래

소진된 가능성의 끝에 도래하는 것

베케트의 방식

사뮈엘 베케트Samuel Beckett는 종말을 집요하게 탐색하고 실험한 작가다. 베케트의 소설《이름 붙일 수 없는 자》에서 이름 없는 '나'는 비루하고 비참한 현실 속에서 고통받으며 얼마 남지 않은 마지막 순간을 기다리고 있다. 나는 차라리 모든 게 하루빨리 끝장나버리기를 고대하고 있다.

나는 홀로 이런저런 소리로 떠들며 신세를 한탄하다가, 불쑥 "끝이 오면 아마도 결국 이전의 상태와 똑같게 될 거"라고 말한다. 아무것도 하지 않고 가만히 있더라도 분명 끝은 올 것이다. 하지만 나에게 끝은 지금과 다르지 않으며, 결국 끝난다 해도 이전과 똑같다. 나는 "아무것도 할 줄 모르고, 그 무엇으로도 있을 줄 몰랐던 자"이기 때문이다.

나는 자신이 누구인지, 무엇을 해야 하는지, 무엇을 할 수 있는지 알지 못한다. 나는 정체성이 없고, 계획이 없고, 따라서 아무런 능력도 없는 '무엇'이다. 나에게는 아무런 욕망이나 추구하는 목표도 없다. 나는 그저 세계에 던져진 익명의 존재다. 나에게는 현재와 종말이 다르지 않으며, 일상과 재난은 구분되지 않는다.

나는 재현의 폐허 속에서 망가진 몸을 웅크린 채 가만히 앉아있다. 주저앉아 혼자 질문하고 대답하면서 고민에 빠져 있다. 한참을 더 망설이던 나는 이윽고 결단을 내린 듯 간신히 몸을 일으킨다. 종말을 향해 위태롭게 걸어가며 중얼거린다. "그렇다면 어쩌겠어, 우연하게라도 좋은 생각이 날 때까지, 사색하고, 사색해야지, 별수 있겠어." 종말 안에서 나는 끊임없이 혼자 지껄이고 실험하며, "좋은 생각이 날 때까지" 사색에 잠긴다.[1]

베케트의 작품 대부분은 알 수 없는 곳에서, 알 수 없는 인물이, 알 수 없는 일들을 하다가 급작스럽게 끝나고 만다. 무언가 있을 것 같지만 부재하고, 누군가 등장할 듯하지만 등장하지 않으며, 무슨 일이 일어날 듯하지만 아무런 일도 없이 지속되면서 시작과 끝이 구분되지 않는다. 이는 종말의 상황에서 펼쳐지는 장황하고 우스꽝스러운 독백의 나열들처럼 보인다.

그러나 흔히 오해하는 것처럼 베케트는 절망과 허무주의의 작가가 아니다. 베케트는 마지막까지 희망을 간직하려 했던 작가다. 그는 희망하기 위해 의도적으로 절망한다. 그는 종말로부터 달아나기 위해 거꾸로 종말을 향해 나아간다. 그는 인간이 무엇이 될 수 있는지 알아보기 위해 신체를 비정형이며 비결정된 무엇—기형, 미발육, 퇴화된 것—으로 만든다. 베케트는 가능하다고 여겨지는 것들을 하나씩 제거하고, 마침내 '가망이 없는' 상태가 됨으

로써 그로부터 은폐되어 있던 예상치 못한 가능성을 발견하고자
한다.

베케트는 끊임없이 되풀이되는 종말의 연쇄로부터 빠져나와 세
계를 생성하기 위해서는 종말의 한복판, 내밀한 최후의 장소까지
나아가야 한다는 사실을 잘 알고 있다. 베케트는 필름에 담긴 빛
의 흔적을 추적하기 위해 암실로 들어가는 사진사처럼, 미래가 발
산하는 미약한 빛을 수신하기 위해 가장 어두운 곳으로 향한다.
거기서 베케트는 종말의 상황을 이용해 언어를 고문하고 세계를
실험하면서 새로운 에너지를 길어 올리고자 한다.

베케트는 먼저 공간을 생각지 못했던 곳으로 바꾸기 위해 장소
성과 시간성을 제거한다. 익숙한 장소는 어디인지 알 수 없는 익명
의 공간이 된다. 베케트는 공간에서 모든 걸 최대한 덜어내고 제거
해, 선이나 면과 같은 최소한의 기하학적인 것만을 남기고자 한다.
불쑥 덩그러니 남겨진 공간은 텅 비고 어색한 곳이 되지만, 베케
트는 브레히트처럼 무언가를 낯설게 만들어 인식적인 충격을 주
려는 목적으로 그러는 것만은 아니다. 최대한 감산함으로써 그곳
은 어디든지 될 수 있는 보편성을 지닌 공간, 무엇으로든 변할 수
있는 잠재성으로 충만한 공간이 된다.

가능성의 소진

피로한 인간은 가능한 것이 무엇인지 잘 알고 있다. 그는 가능한 것을 달성할 수단과 방법에 관해 능숙하게 파악하고 있다. 다만 그는 가능한 것을 실현할 의지 또는 능력을 상실했다.

상황에 '만족하는 인간'은 정신적으로 피로하다. 그는 가능한 것을 자유롭게 즐기다가 그만 질려버리고 말았다. 그는 반복되는 삶이 무료하고 권태롭다. '만족을 원하는 인간'은 가능한 것을 손에 넣으려고 안간힘을 쓰다가 실패해 주저앉고 말았다. 그는 육체적으로 피로하다. 아무리 애써도 도무지 나아질 기미가 보이지 않는 삶에 이제 지쳐버렸다.

피로한 인간들은 세계가 허락하고 용인한 자유의 바깥으로 움직이지 않는다. 만족하는 인간은 나가고 싶은 마음이 없다. 만족을 원하는 인간은 그럴 엄두를 내지 못한다. 무력해진 그들은 그 자리에 그대로 누워 휴식을 취할 것이다. 한동안 쉬어 몸과 마음을 회복하고 힘을 비축하고 난 뒤, 어쩌면 다시 가능성들을 사냥하러 나설 것이다.

반면 소진된 인간은 "다 써버린 인간, 고갈된 인간, 기진맥진한 인간, 탕진한 인간"이다. 들뢰즈는 "소진된 인간은 피로한 인간을 훨씬 넘어"선다고 말한다.[2] 소진된 인간에게는 가능한 것이 조금도 남아 있지 않다. 소진된 인간은 더 이상 가능하게 할 수 없다. 그는 존재하는 가능성들을 전부 탕진해버렸다. 그렇다고 그가 가능성들을 모조리 써버리겠다고 흥청망청 사치했다는 건 아니다. 그는 가능성들을 즐기는 데 별다른 관심이 없다. 그 대신 그는 녹초가 될 때까지 세계 내의 모든 걸 철저히 폐기했다. 기진맥진한 그는 이제 멀찌감치 떨어져 앉아, 그것들이 증발하는 걸 가만히 바라보고 있다.

최후까지 고갈되어버린 인간, 그것은 다름 아닌 좀비의 형상을 지시하는 단어다.* 좀비는 최소한의 몸짓만을 남겨두고 스스로 소진되어버렸다. "나는 할 일이 아무것도 없"고, "할 말이 아무것도 없"다. 일과 언어와 표정과 활력을 전부 잃어버린 나에게 가능한 것이라곤 아무것도 남아 있지 않다. 나의 느린 동작은 하던 일의 우스꽝스러운 패러디이며, 이미 죽어버린 세계의 희미한 그림자다.

좀비는 세계의 끝에 서서 무대도 관객도 없이 홀로 무언극無言劇을 공연하는 고독한 예술가다. 나는 아주 힘겹게, 하지만 분명한 몸짓으로 타인을 소진시키고 사물들을 소진시키고, 마침내 세계 전부를 소진해버렸다. 마침내 나는 "여기에는 아무것도, 찾아볼 만한 건 아무것도 없고, 남아 있는 말을 줄여줄 만한 것도 전혀 없"게 만들었다.[3]

이제 나는 세계 내에서 최소의 공간만을 차지하기 위해 팔과 다

---

* 이와 관련해 나는 《좀비학》에서 '포스트좀비'라는 개념을 통해 좀비가 지닌 주체적 역능의 가능성을 다루고자 했다.

리, 그리고 몸 여기저기를 신중하게 떼어낸다. 붉어진 몸뚱이만 덩그러니 남아버린 나는 몸을 공처럼 한껏 둥글게 웅크려 애벌레로 돌아간다. 이제 나에겐 아무런 가망이 없다. '가망이 없다'는 것은 '희망이 없는 상태'가 아니라 실현할 수 있는 남겨진 '가능성이 없다'라는 의미다.

가능성의 부재, 그것은 잠재성으로 충만해진 상태를 의미한다. 좀비의 뒤틀리고 꺾인 기형의 몸은 무엇으로든 변신할 수 있는 배아적 신체다. 나는 사력을 다해 가능성들을 남김없이 침몰시키고는, 고요한 표면으로부터 무엇이 떠오르는지 보고자 한다. 이제 자신이, 그리고 세계가 무엇이 될는지.

우리는 미래의 희망을 놓지 않고 간직하기 위해 베케트의 방식을 참고할 필요가 있다. 눈에 띄지 않는 극도로 희미한 미광을 발견하기 위해서는 주변의 빛이 자취를 감추는 아주 어둡고 내밀한 곳까지 들어가야 한다. 칠흑 같은 어둠과 고요함 속에 머무를 때, 감각은 가장 예민한 상태가 된다. 베케트는 공간과 사물과 신체를 비우고 제거함으로써, 가능한 것들을 하나씩 지워나간다. 베케트를 좇아 거추장스러운 장식물을 벗어던지고 그럴듯한 속임수들로부터 떠나, 가능성들의 종말 한복판으로 나아가자. 세계를 감산하고 덜어내는 작업에 착수하자.

종말로부터 벗어나기 위한 실험의 세 단계는 다음과 같다. 첫 번째, 가능성들의 스펙터클에 현혹되지 말 것. 우리의 세계는 성공의 공식들을 제시하며, 누구나 원하고 노력만 한다면 무엇이든 이룰 수 있고 성공할 수 있다고 속삭인다. 삶이란 끝없는 도전의 연속이며, 그 과정에서 인생은 성취와 가능성들로 충만해질 수 있다고 선전한다. 다만 네게 그럴 만한 '자격'이 있는지 피비린내 나는 경쟁을 통해 스스로를 증명하면 말이다. 그러나 가능성들이 보여주는 거짓말과 환상에 속지 말자. 가능한 것은 우리의 역능을 제한하고 세계의 변화를 가로막는다. 가능한 것은 세계 안에 이미 충분하게, 질리도록 실현되어 있는 것이다. 거기에서 우리는 어떠한 새로운 것도 발견할 수 없다. 거기엔 끝없이 반복되는 지겹고 넌더리 나는 상품들만이 있을 뿐이다.

두 번째, 환영들을 피해서 가장 어두운 곳으로 나아갈 것. 휘황찬란한 상품들과 소란스러운 견해들을 떠나 아무것도 없는 침묵의 장소를 향해 가야 한다. 그 무엇도 즐기거나 선택하지 않음으로써 주어진 가능성을 모두 소진해야 한다. 이것은 어쩌면 가장 어려운 일이 될 것이다. 지루하기 짝이 없는 객관식 시험지와 같은 세계는 우리에게 미리 만들어진 문항을 보여주면서, 그것이 가능한 전부라고 설득한다. 그중에서 마음 내키는 대로 고르는 행위가 자유이며, 그 결과에 홀로 책임을 지는 게 세상의 법칙이라고 말한다. 그러나 우리는 제시된 것 안에는 실로 어떠한 자유도 없다는 사실을 깨달아야 한다. 자유로운 세계가 제안하는 선택지를 고를 자유를 거부하고 가능성들을 소진해 침묵에 빠뜨리자.

세 번째, 소진의 끝에서 무엇이 떠오르는지 두고 볼 것. 가능성의 소진, 그것은 잠재성을 떠오르게 하는 방법이다. 가능한 모든 것을 제거할 때, 우리는 세계의 끝에 근접할 수 있다. 세계의 끝은 종말의 순간이 아니다. 그곳은 시간과 공간을 잊은 무한한 가능성의 지평이다. 거기에서 우리는 환영에 가려 보이지 않았던 것들의 모습을 볼 수 있다. 가능성을 모조리 소진할 때 잠재성이 조용히 윤곽을 드러낸다. 자유란 가능한 것을 고르는 게 아니며, 실현된 것을 재현하는 일이 아니다. 자유란 제시된 선택지를 거부하는 것이며, 재현을 파괴하는 것이다. 선택지 바깥에 은폐된 가능성을 추구하고, 잠재된 것을 현실화하는 것이야말로 자유로운 주체의 역능이다. 진정한 자유란 자유 바깥의 금지된 것들—이를테면 공산주의, 유토피아, 혁명과 같은 것들을 욕망하는 자유다. 그것은 가능한 모든 것을 폐기하고, 그 너머의 것을 욕망하는 자유다.

종말과 사건

우리가 미래에 관해 말할 수 있을까? 우리는 미래가 올 거라는 확신을 가질 수 없는 세계에 살고 있다. 베라르디는 "더 이상 미래는 없다"라고 단언한다.[4] 그가 '미래 없음'을 선언했을 때, 그것은 시간의 흐름 속에서 언젠가 다가올 미래에 관해 말한 건 아니다. 그는 미래에 있을 세계의 진보와 발전을 기대하는 전망의 종말을 말하고자 했다. 앞으로 인류가 더 나은 존재가 될 것이며, 세계가 더 좋아질 거라는 믿음의 끝장 말이다.

그러나 오늘날 우리는 단지 '진보'라는 역사철학적 개념이 의문에 처했다는 사실을 염려하고 있는 것이 아니다. 우리는 '실질적으로' 인류에게 미래가 없을 수도 있다는 불안에 떨고 있다. 미래가 오더라도, 그 세계에 인류는 존재하지 않을 수도 있다. 어쩌면 미래에 관해 말한다는 것은 아무짝에도 쓸모없는 공연한 일이 될 것이다.

앞으로 재난이 끊이지 않고 닥칠 것이며, 팬데믹은 단지 시작에 불과하다는 전망은 우리를 침울하게 만든다. 세계가 불안과 공포의 분위기로 가득할 때면, 사람들은 쉽게 절망하거나 체념에 빠지게 마련이다. 그러나 우리는 미래를 기대할 필요도 두려워할 필요도 없다. 현재의 억압으로부터 벗어나지 못한다면 미래는 오지 않을 것이고, 그로부터 벗어날 수 있다면 미래는 자연스럽게 찾아올 것이다. 미래는 도달해야 할 특정한 목적지나 획득해야 할 승리의 트로피가 아니다.

내가 이야기하고자 했던 건 미래를 어떤 내용으로 채워야 할지에 관한 게 아니다. 나는 상황이 우리를 어떻게 예속하는지 보여줌으로써, 이를 끝장내고 흐름을 바꿀 방법을 모색하고자 했다. 우리는 과거로부터 현재를 해방하고 예속으로부터 탈주해야만 미래를 꿈꿀 수 있다. 상황이 변하지 않은 채 그대로 흘러가는 세계라면 우리는 이미 종말의 날들을 살아가는 셈이다. 이것이 모든 좀비영화가 보여주고자 하는 가장 중요한 통찰이다. 예측 불가능한 사건의 가능성에 열려 있지 않은 삶은 예속된 좀비의 삶이다. 틀에 박힌 일상의 반복으로 채워지는 삶이란 무의미하고 공허한 삶이다. 삶은 죽음과 다르지 않고, 지상은 지옥으로 수렴되며, 시작은 끝과 구별되지 않는다. 거기서 미래는 지워지며, 세계는 필연적인 종말로 수렴된다.

내가 데리다로부터 얻은 가르침 중 하나는 어떤 일이 있더라도 결코 불가능한 것에 대한 확신과 집념을 놓치지 말아야 한다는 사실이다. 데리다는 해체 불가능한 것, 예측 불가능한 것, 계산 불가능한 것, 환원 불가능한 것이 '실존한다는' 확신을 갖고 있었다. 데리다는 그것이 상황 안에서 불가능하고 일어날 수 없다고 여겨지더라도, 불가능한 것을 향한 믿음을 놓아버리는 순간 인간은 동물로 격하될 거라고 보았다. 우리는 불가능한 목표를 추구하고 근접하기 위한 최선의 행동 속에서, 지향과는 전혀 다른 세계에서 이루어지는 매번의 조율과 결정 속에서, 매 순간 신념을 포기하지 않는 충실성 속에서 인간으로서 존재할 수 있다.

우리는 불가능하다고 여겨지는 것을 욕망하고 그것을 성취하려고 노력할 때 사건의 주체가 된다. 이미 계산되고 실행 가능한 목표를 실현하는 것은 전혀 놀랍지도 새롭지도 않은 일이다. 가능한 것은 이미 상황 안에 널려 있는 것이다. 가능한 것만을 실행하는 인간은 사전에 입력된 프로그램대로 정해진 루트를 따라 움직이는 로봇과 다르지 않다. 인간은 예측불허의 도전과 마주치고 위험천만한 내기를 감행해 불가능한 결과를 도출해내는 자유로운 주체다. 데리다가 "불가능한 것이 지닌 가능성에 대한 신앙"이 "우리의 모든 결정들을 지배해야 한다"라고 말할 때 의미하는 바가 바로 이것이다.[5] 우리는 불가능한 것이 실존한다는 진리에 대한 믿음을 간직해야 한다. 이러저러한 복잡한 현실과 상황 안에서 결정을 내릴 때, 진리에 대한 믿음이 판단을 주도하는 기준이 되어야 한다. 사건을 향한 충실성 속에서 이루어지는 현실의 결단은 매번 타협 없이 독특하게 발생해야 한다.

불가능한 것이란 가능하지 않은 것이다. 가능하지 않다는 말의 의미는 단지 현 상태의 세계 내에서의 지배적인 평가라는 것을 염두에 두어야 한다. 불가능하다는 건 어디까지나 통념들의 관점이며, 견해들의 일방적인 주장일 따름이다. 견해란 언제나 지배의 언어이자 기만의 언어다. 그러나 이전까지 불가능하다고 여겨졌던 사건은 항상 발생해왔다. 사건이란 항상 과거에는, 그리고 사건이 일어나기 직전까지도 불가능하다고 여겨지는 무엇이다. 2016년 이전까지 우리가 광장에 1,600만 명에 달하는 사람들, 역사상 최대 규모로 많은 시민이 한데 모여 한목소리로 정부를 향해 퇴진을 요구하게 될 거라고 상상할 수 있었을까? 그것은 있을 수 없고, 말도 안 되며, 불가능한 일로 여겨졌다. 하지만 사건은 어느 순간 예측 불가능하게 도래하고, 계산 불가능한 사건으로 현시되며, 환원 불가능한 새로운 언어를 요청한다.

미래 가능성

우리에게 미래를 가질 권리가 있을까? 이 질문에 망설임 없이 "예"

라고 대답하는 사람은 순진한 얼간이거나 아니면 질 나쁜 사기꾼이다. 우리는 삶을 만족스러운 순간들로 채우느라 충분히 많은 것들을 파괴했고, 세계를 지나치게 망가뜨리고 오염시켰다. 현 상태의 인류라면 미래가 주어지지 않는 편이 더 나을지도 모르겠다.

오늘날 세계는 바라던 모든 게 이루어졌으며, 더 이상 혁명 따위는 필요치 않으며 일어나지 않을 거라고 주장한다. 그리고 재난이 닥쳐올수록 우리를 죽음의 공포로 압도하고 삶을 옴짝달싹 못하는 동굴에 가두어 둔다. 동굴 안에 그럴듯한 장난감들을 던져주고는 그걸 즐기는 게 자유이며, 가능한 전부라고 선전한다. 그러한 자유란 세계에 의해 미리 기입된 것이며, 거기에 순종할 때 얻을 수 있는 처량한 열매다.

자유냐 독재냐? 삶이냐 죽음이냐? 생존이냐 종말이냐? 혹은 시장이냐 방역이냐? 종말의 위력과 다가올 파국의 무시무시함을 설파하는 자들은 살아남기 위해서 우리가 지금보다 더 희생하고 강력한 제약을 받아들여야 하며, 더 심각해질 위협들과 생활고를 감내해야만 한다고 주장한다. 그것만이 종말을 유예하고 지금까지 누려온 변변찮은 삶을 이어갈 유일한 방법이라고 설파한다.

그러나 생존만을 추구하는 삶이란 찰나의 기표들로 채워진 텅 빈 삶이다. 그것은 실로 죽은 삶이다. 만일 우리가 여전히 과거를 그리며 복고주의적 열정에 사로잡혀 있다면, 생존이라는 탈이데올로기적 유령에 예속되어 있다면, 끝내 향락적 일상을 유지하는 일에만 골몰한다면, 우리는 초라하고 비참한 노예가 될 뿐이다. 거기서 인간은 온전한 삶을 상실하고 머지않아 최후의 순간과 마주할 것이다.

참된 삶은 세계 내에 실현되어 있지 않다. 그것은 상황 안에서 아직 보이지 않으며 불가능하다고 일컬어지는 것이다. 보이지 않는다는 사실이 존재하지 않음을 의미하는 것은 아니다. 그것은 세계 내에 있지만 예외로 있는 무엇이다. 그것은 잔잔한 수면 아래에 어지럽게 소용돌이치는 물살 속에 머물러 있다. 그것은 미처 현시되지 않았지만, 사물 내에 잠재해 있다. 그것은 현실의 기층에 자리 잡고 있지만 아직 구체화되어 드러나지 않았을 뿐이다. 진정한 욕망의 대상은 실현되지 않은 것, 현시되지 않은 것, 가능하지 않은 것이다. 우리는 재현의 영겁회귀에서 벗어나 불가능한 것의 생성을 욕망한다.

종말에 관한 사유는 곧 미래를 개방하는 사유다. 그것은 다름 아닌 새로운 인간, 새로운 사회, 그리고 새로운 세계를 예비하는 사유다. 우리는 20세기 이후로 반역과 범죄로 몰려 종적을 감추어버린 거대한 프로젝트를 다시금 시작해야 한다. 인류 전체의 해방을 위한 정치적 기획을, 도래할 유토피아의 지평을 사유해야만 한다.

종말이 임박하고 최악의 위기가 머지않았음을 감각하고 나서야 비로소 다른 세계를 떠올릴 수 있게 되는 듯하다. 그럭저럭 살만하다고 여겨질 때 세계는 가능한 것 외에는 아무것도 제시하지 않으며, 인간은 나태하고 게으른 동물로 만족하기 마련이다. 가능한 것들을 유희하는 것만으로도 세계는 충만하고 삶은 충분하다고 여겨지기 때문이다.

그러나 재난은 세계가 이대로는 더 이상 지속될 수 없음을, 근본적인 혁명이 필요하다는 진실을 시시각각 일깨운다. 미래는 아직 우리에게 주어져 있지 않다. 잠재된 세계는 가능성들 너머에 자리한다. 그것은 상황과 일상으로부터 해방될 때 떠오른다. 눈앞에 현시된 손쉬운 답을 거부해야 한다. 주어진 답은 함정에 불과하다. 고를 수 있는 선택지를 모두 제거할 때 생각지 못한 대안이 그 모습을 보이기 시작한다. 그것은 즐기는 삶을 폐기하고 가능한 모든 것을 소진할 때 어렴풋한 윤곽을 드러낸다. 불가능한 미래가 가능성의 지평으로 떠오른다.

물론 잠재적인 것을 현실화하는 건 그리 손쉽거나 간단한 일이 되지는 않을 것이다. 그것은 지루하고 힘겨울 것이며, 충격적이며 고통스럽고, 때로는 험난한 투쟁과 고난을 요구하는 일이 될 것이다. 그렇지만 그것은 무엇보다 충만한 행복이며 참된 삶을 지시한다.

세계의 위기는 사유의 빈곤으로부터 비롯한다. 우리는 무사유의 결과물이 재난이라는 형태로 귀환하는 현상을 보고 있다. 스스로 사유하지 않는 인간에게 종말이란 마땅한 대가이며 자연스러운 종착지다. 그러나 나는 여전히 인간이 그 이상의 존재가 될 수 있으며, 세계가 더 나은 곳이 될 수 있다는 믿음을 고수한다.

종말을 끝장내기 위해서 우리는 중단되었던 사유의 운동을 재개해야 한다. 사유하는 인간은 세계를 무너뜨려온 파괴력의 방향을 뒤집어 세계를 건설할 탁월한 역능으로 발현한다. 올바르게 사유하고, 불가능한 것을 욕망하고, 결단을 내리고 행동함으로써 끝내 현실화하라. 그것만이 다가오는 종말의 운명을 거스를 방법이다.

다시 한번, 새로운 시작을 알리는 나팔 소리가 울려 퍼진다.

왁자지껄한 소란들을 뚫고, 먼 곳으로부터 루이 암스트롱Louis Armstrong의 즉흥연주 소리가 희미하게 들려온다. 당장 보이지는 않지만 분명하게 실존하는 세계를 향하여, 나는 신중하게, 그리고 굳건하게 발을 내디디려 한다.

미주

서문: 좀비가 '일상의 폐허'를 끝장내는 방법

1. 지오반나 보라도리, 《테러 시대의 철학: 하버마스, 데리다와의 대화》, 손철성·김은주·김준성 옮김, 문학과지성사, 2004, 90쪽.
2. 맥스 브룩스, 《좀비 서바이벌 가이드》, 장성주 옮김, 황금가지, 2011, 11쪽.
3. 맥스 브룩스, 《세계대전 Z 외전》, 진희경 옮김, 황금가지, 2012, 13~14쪽.
4. 아이작 마리온, 《웜 바디스》, 박효정 옮김, 황금가지, 2011, 120쪽.

1. 종말: 대안적 세계를 향한 급진적 사유

1. 임마누엘 칸트, 〈만물의 종말〉, 《칸트의 역사 철학》, 이한구 옮김, 서광사, 2009, 101쪽.
2. 맥스 브룩스, 《좀비 서바이벌 가이드》, 장성주 옮김, 황금가지, 2011, 229쪽.
3. 같은 책, 232쪽.
4. 같은 곳.
5. 칸트, 〈만물의 종말〉, 108쪽.
6. 같은 글, 110쪽.
7. 같은 글, 108쪽.
8. 크리샨 쿠마르, 〈오늘날의 묵시, 천년왕국 그리고 유토피아〉, 《종말론》, 맬컴 불 엮음, 이운경 옮김, 문학과지성사, 2011, 286쪽.

2. 세계: 사유의 종말에서 사유의 책임으로

1. 알랭 바디우, 《행복의 형이상학》, 박성훈 옮김, 민음사, 2016, 75~76쪽.
2. 알랭 바디우, 《세기》, 박정태 옮김, 이학사, 2014, 24쪽.
3. 같은 책, 11쪽.
4. 자비네 되링만토이펠, 《오컬티즘: 이성과 계몽의 시대를 거역한 이단의 문화사》, 김희상 옮김, 갤리온, 2008, 302~303쪽.
5. 바디우, 《세기》, 117쪽.
6. 같은 책, 128쪽.
7. 질 들뢰즈·펠릭스 가타리, 《철학이란 무엇인가》, 이정임·윤정임 옮김, 현대미학사, 1995, 156~159쪽.
8. 알랭 바디우, 《철학을 위한 선언》, 서용순 옮김, 길, 2010, 45쪽.
9. 같은 책, 47~48쪽.

3. 자본주의: 곤경에 빠진 탈영토화된 괴물

1. 알랭 바디우, 《우리의 병은 오래전에 시작되었다》, 이승재 옮김, 자음과 모음, 2016, 23~26쪽.
2. 안토니오 네그리·마이클 하트, 《어셈블리》, 이승준·정유진 옮김, 알렙, 2020, 28쪽.
3. 바디우, 《우리의 병은 오래전에 시작되었다》, 91쪽.
4. 슬라보예 지젝, 〈민주주의에서 신의 폭력으로〉, 조르조 아감벤 외, 《민주주의는 죽었는가?》, 김정운·양창렬·홍철기 옮김, 난장, 2010, 177쪽.
5. 맥스 브룩스, 〈멸종 행진〉, 《세계대전 Z 외전》, 진희경 옮김, 황금가지, 2012, 61쪽.
6. 같은 글, 68쪽.
7. 같은 글, 73쪽.
8. 같은 글, 83쪽.
9. 같은 글, 80~81쪽.
10. 프랑코 '비포' 베라르디, 《죽음의 스펙터클》, 송섬별 옮김, 반비, 2016, 100~101쪽.
11. 같은 책, 114쪽.
12. 같은 책, 101쪽.
13. 같은 책, 115~116쪽.

14. 같은 책, 102쪽.

15. 브룩스, 〈멸종 행진〉, 《세계대전 Z 외전》, 86쪽.

16. 바디우, 《행복의 형이상학》, 82쪽.

17. 브룩스, 〈멸종 행진〉, 《세계대전 Z 외전》, 83쪽.

18. 브룩스, 〈클로저 리미티드〉, 《세계대전 Z 외전》, 28쪽.

4. 팬데믹: 지극히 매끄러운 세계에 닥친 필연

1. 맥스 브룩스, 《좀비 서바이벌 가이드》, 장성주 옮김, 황금가지, 2011, 52~53쪽.

2. 되링만토이펠, 《오컬티즘》, 71쪽.

3. 같은 책, 75쪽.

4. 같은 책, 93~95쪽.

5. 같은 책, 30~31쪽.

6. 같은 책, 264쪽.

7. 같은 책, 369쪽.

8. 같은 책, 77~78쪽.

9. 같은 책, 72~73쪽.

10. 브룩스, 《좀비 서바이벌 가이드》, 352쪽.

11. 유발 하라리, 《호모데우스: 미래의 역사》, 김명주 옮김, 김영사, 2017, 24쪽.

12. 브룩스, 《좀비 서바이벌 가이드》, 228쪽.

13. 데보라 코웬, 《로지스틱스》, 권범철 옮김, 갈무리, 2017.

14. 프랑코 '비포' 베라르디, 《미래 가능성》, 이신철 옮김, 에코리브르, 2021, 165쪽 재인용.

15. 되링만토이펠, 《오컬티즘》, 76쪽.

16. 슬라보예 지젝, 《팬데믹 패닉》, 강우성 옮김, 북하우스, 2020, 61쪽.

17. 조르조 아감벤, 《얼굴 없는 인간》, 박문정 옮김, 효형출판, 2021, 147~148쪽.

18. 같은 책, 138쪽.

19. 같은 책, 148쪽.

20. 에마뉘엘 레비나스, 《신, 죽음 그리고 시간》, 자크 롤랑 엮음, 김도형·문성원·손영창 옮김, 그린비, 2013, 25쪽.

21. 주디스 버틀러, 《위태로운 삶》, 윤조원 옮김, 필로소픽, 2018, 192~193쪽.

22. 마크 포사이스, 《걸어 다니는 어원사전》, 홍한결 옮김, 윌북, 2020, 25~26쪽.

23. 존 줄리어스 노리치, 《교황연대기》, 남길영·임지연·유혜인 옮김, 바다출판사, 2014, 142쪽.

24. 지젝, 《팬데믹 패닉》, 30쪽.

25. 같은 책, 31쪽.

26. 로지 브라이도티, 《포스트휴먼》, 이경란 옮김, 아카넷, 2015, 112~113쪽.

27. 같은 책, 56~57쪽, 85쪽, 145쪽.

28. 같은 책, 242~243쪽.

29. 같은 책, 182쪽.

30. 알랭 바디우·파비앵 타르비, 《철학과 사건》, 서용순 옮김, 오월의봄, 2015, 60~61쪽.

31. 같은 책, 61쪽.

32. 같은 곳.

33. 서경원, 「코로나가 극빈층을 1억명 늘렸다」, 〈헤럴드경제〉, 2020. 10. 8.

34. 서경원, 「세계 극빈층 6000만명 늘때 500대 부자 재산 2000조 증가」, 〈헤럴드경제〉, 2021. 1. 18.

35. 브룩스, 《좀비 서바이벌 가이드》, 37쪽.

36. 보라도리, 《테러 시대의 철학》, 222~223쪽.

5. 좀비: 몰락한 아버지의 세계를 폭로하는 타자

1. 5장의 내용은 다른 곳(翁 편집부, 《翁》 12호, 문학실험실, 2021)에 실었던 글을 발전시킨 것이다.

2. D. H. 로렌스, 《로렌스의 묵시록》, 김명복 옮김, 나남출판, 1998.

3. 마우리치오 랏자라또, 《정치 실험: 신자유주의 시대 권력관계들의 군도와 정치적인 것의 실험적 재구성》, 주형일 옮김, 갈무리, 2018, 38쪽.

4. 〈나는 살아있다〉 공식 홈페이지. (http://program.tving.com/tvn/imasurvivor/2/Contents/Html)

5. 〈재난탈출 생존왕〉 공식 홈페이지. (https://program.kbs.co.kr/1tv/culture/exit/pc/detail.html?smenu=c8e571)

6. 랏자라또, 《정치 실험》, 243쪽.

7. 같은 책, 265쪽.

8. 바디우, 《행복의 형이상학》, 55쪽.

6. 유토피아: 우리가 '미처' 도달하지 못한 세계

1. 보라도리, 《테러 시대의 철학》, 90쪽.
2. 베르톨트 브레히트, 《갈릴레이의 생애》, 차경아 옮김, 두레, 2001, 152쪽.
3. 같은 책, 153쪽.
4. 들뢰즈·가타리, 《철학이란 무엇인가》, 146쪽.
5. 알랭 바디우, 《윤리학》, 이종용 옮김, 동문선, 2001, 21쪽.
6. 같은 책, 22~24쪽.
7. 들뢰즈·가타리, 《철학이란 무엇인가》, 146~147쪽.
8. 폴 리쾨르, 《텍스트에서 행동으로》, 박병수 옮김, 아카넷, 2002, 408~409쪽.

7. 자유: 기입된 선택지 너머를 욕망하기

1. 되링만토이펠, 《오컬티즘》, 219~220쪽.
2. 바디우, 《세기》, 57쪽.
3. 류영상, 「IMF때 대박 터졌던 "부자 되세요" 20년만에 이달소 '츄'가 외친다」, 〈매일경제〉, 2021. 12. 03.
4. 바디우, 《세기》, 57쪽.
5. 아감벤, 《얼굴 없는 인간》, 137쪽.
6. 같은 책, 142쪽.
7. 같은 책, 141쪽.
8. 지젝, 《팬데믹 패닉》, 98쪽.
9. 아감벤, 《얼굴 없는 인간》, 137~138쪽.
10. 같은 책, 139쪽.
11. 캐서린 헤일스, 《우리는 어떻게 포스트휴먼이 되었는가》, 허진 옮김, 플래닛, 2013, 25쪽.
12. 프란스 드 발, 《착한 인류: 도덕은 진화의 산물인가》, 오준호 옮김, 미지북스, 2014.
13. 헤일스, 《우리는 어떻게 포스트휴먼이 되었는가》, 25쪽.
14. 안토니오 네그리, 《전복적 스피노자》, 이기웅 옮김, 그린비, 2005, 63쪽.
15. 같은 책, 256쪽.

8. 미래: 소진된 가능성의 끝에 도래하는 것

1. 사뮈엘 베케트, 《이름 붙일 수 없는 자》, 전승화 옮김, 워크룸프레스, 2016, 127~129쪽.
2. 질 들뢰즈, 《소진된 인간》, 이정하 옮김, 문학과지성사, 2013, 46쪽.
3. 베케트, 《이름 붙일 수 없는 자》, 43~44쪽.
4. 프랑코 '비포' 베라르디, 《미래 이후》, 강서진 옮김, 난장, 2013, 33쪽.
5. 보라도리, 《테러 시대의 철학》, 210쪽.

좀비, 해방의 괴물

© 김형식, 2022

초판 1쇄 인쇄 2022년 5월 24일
초판 1쇄 발행 2022년 5월 30일

지은이   김형식
펴낸이   이상훈
편집인   김수영
본부장   정진항
인문사회팀 김경훈 권순범
마케팅   김한성 조재성 박신영 조은별 김효진 임은비
사업지원   정혜진 엄세영

펴낸곳   (주)한겨레엔 www.hanibook.co.kr
등록   2006년 1월 4일 제313-2006-00003호
주소   서울시 마포구 창전로 70 (신수동) 화수목빌딩 5층
전화   02) 6383-1602~3 | 팩스 02) 6383-1610
대표메일   book@hanien.co.kr

ISBN   979-11-6040-820-1 03100